LES

PAYS-BAS

OUVRAGES DU MÊME AUTEUR

PUBLIÉS PAR LA LIBRAIRIE HACHETTE ET Cie

Souvenirs de Bourgogne, 2º édition. 1 vol. in-16, avec vignettes, broché.   4 fr.

En Bourbonnais et en Forez, 2ᵉ édition. 1 vol. in-16, avec vignettes, broché.   4 fr.

Poètes et artistes de l'Italie. 1 vol. in-16, broché.   3 fr. 50

Types littéraires et fantaisies esthétiques. 1 vol. in-16, broché.   3 fr. 50

Essais sur la littérature anglaise. 1 vol. in-16, broché.   3 fr. 50

Nos Morts contemporains. Première série (*Béranger, Charles Nodier, Alfred de Musset, Alfred de Vigny*). 1 vol. in-16, broché.   3 fr. 50

Nos Morts contemporains. Deuxième série (*Théophile Gautier, Eugène Fromentin, Charles Gleyre, Saint-René Taillandier, Maurice de Guérin, Eugénie de Guérin*). 1 vol. in-16, broché.   3 fr. 50

L'Angleterre et ses colonies australes, 2º édition. 1 vol. in-16, broché.   3 fr. 50

Le maréchal Davout, son caractère et son génie. 1 vol. in-18, broché. Publié par la librairie Quantin.   4 fr.

Coulommiers. — Typog. Paul BRODARD et Cⁱᵉ.

LES PAYS-BAS

IMPRESSIONS
DE VOYAGE ET D'ART

PAR

ÉMILE MONTÉGUT

DEUXIÈME ÉDITION

PARIS

LIBRAIRIE HACHETTE ET Cie

79, BOULEVARD SAINT-GERMAIN, 79

1884

LES
PAYS-BAS

INTRODUCTION

—

Je rassemble ici quelques impressions et quelques souvenirs d'une excursion en Belgique et en Hollande. La littérature de voyage est une des modes de notre temps, et nous devons à cette mode quelques chefs-d'œuvre et nombre de récits agréables ; cependant il est un défaut que je voudrais rencontrer plus rarement dans les productions qu'elle enfante. Ce défaut, c'est le désir d'être trop complets, qui semble tourmenter outre mesure nos modernes voyageurs. Eh ! qu'importe qu'ils soient incomplets, pourvu que leurs observations portent la marque de leur propre personnalité ! A la vérité on peut bien, en quelques semaines, voir par les yeux du corps et même de l'intelligence tous les trésors que contient un pays ; mais les sentir tous également bien est chose impossible. Les forces de l'esprit et celles du corps ne suffisent pas à une telle tâche, car la contemplation est de tous les plaisirs le plus difficile à prolonger et le plus épuisant. Il est possible à toutes les heures de la journée de se rendre compte du sujet, de la composition, des qualités techniques et de métier d'une œuvre d'art, de rassembler et de grouper les circonstances historiques qui ont présidé à sa formation, ou au milieu desquelles elle s'est produite ; mais plus rares sont les heureuses minutes où, sous l'influence de l'admiration et de la sympathie, nous découvrons qu'elle répond à quelque chose qui est en nous, où notre vie et la sienne s'associent, où en même temps que nous pénétrons dans ses profondeurs cachées, elle, de son côté, semble aussi pénétrer en nous et nous découvrir des sentiments que nous n'y soupçonnions pas. Voulez-vous savoir si vous avez vraiment compris une œuvre d'art, posez-vous toujours cette question : au moment où j'ai cru surprendre son secret, ai-je senti qu'elle m'arrachait quelqu'un des miens? Si vous pouvez répondre oui, vous l'avez comprise; si vous répondez non, son secret vous est resté fermé, ou bien elle correspond à quelque chose que la nature n'a pas mis en vous, ou que l'expérience ne vous a pas encore donné. Or, je le demande, combien de ces heures bénies peut-on rencontrer dans un de nos rapides voyages modernes? Pour moi, j'avoue, sans faux respect humain, que ces heures sont toujours rares, et que je ne considère point comme conquises à mon intelligence toutes les choses sur lesquelles mes yeux se sont arrêtés. Combien j'envie le privilège de ceux qui n'ont pas à faire un aussi humiliant aveu, et qui peuvent oser dire : J'ai tout *vu* et non pas tout *regardé !* Leur attention n'a donc jamais été lassée? Leurs yeux n'ont donc jamais été distraits? Le souvenir tout palpitant encore du chef-d'œuvre qu'ils venaient de quitter n'a donc jamais contrarié chez eux l'intelligence du nouveau chef-d'œuvre devant lequel ils venaient se placer? Il n'y a donc jamais eu en eux conflit de sentiments et d'admirations? Leur imagination est donc toujours prête, et lorsqu'ils l'ont appelée pour les aider dans quelque évocation morale ou quelque résurrection historique, ils ne l'ont donc jamais trouvée sortie? Voilà une imagination bien sédentaire et qui ne mérite guère son nom traditionnel de folle du logis. La mienne est plus rebelle, j'en conviens, ce qui est une bien grande ingratitude, car elle est de toutes nos conseillères intimes celle que j'aimerais le plus consulter à toute heure et dont j'aimerais le mieux écouter les leçons.

Cette courte préface a pour but de prévenir ceux de nos lecteurs qui arrêteront les yeux sur ces pages, qu'ils ne doivent y chercher que des impressions d'une nature purement personnelle. Tant pis si les œuvres dont je les entretiendrai sont de caractère divers ou même si contraire qu'il serait impossible de les grouper systématiquement ensemble. J'ai toujours considéré que la première chose qu'un écrivain devait à son lecteur, c'était sa personnalité, et c'est pourquoi, me taisant sur les choses que j'ai vues seulement, je me bornerai à celles que j'ai senties plus ou moins vivement, et qui ont accru en moi à quelques rares minutes le plaisir d'exister.

BELGIQUE

I

GASPARD DE CRAYER

Le Musée de Bruxelles est le premier que l'on rencontre quand on passe de France en Belgique, et cela est vraiment heureux, car il paraîtrait bien insignifiant et bien pâle, si on le visitait après le musée d'Anvers, l'église de Saint-Bavon de Gand et l'hôpital de Saint-Jean de Bruges. Cependant il mérite que le curieux lui consacre une longue journée de son temps, car c'est là qu'il fera pour la première fois connaissance intime avec un artiste dont nous ne possédons que de trop rares échantillons, et qui est pour nous singulièrement attachant et sympathique, l'intelligent, le chaste Gaspard de Crayer.

Bien qu'il ait été contemporain de Rubens et de Van Dyck, et que sa mort ait précédé d'une dizaine d'années celle de Jordaens, on peut con-

sidérer Gaspard de Crayer comme le dernier représentant non seulement de l'école d'Anvers,
mais de la peinture flamande tout entière. Le
sentiment pathétique, qui avait soutenu toute la
peinture des Flandres depuis son origine, dit
avec lui son dernier mot; avec lui, on touche à
ces extrêmes frontières après lesquelles l'inspiration change nécessairement de nature, comme
le paysage change de physionomie lorsqu'on
passe d'une région dans une autre. La meilleure
méthode pour dire ce qu'il fut, c'est de le mettre
en contraste avec ces deux autres grands peintres qui furent ses émules et ses rivaux, et qui
ont été plus heureux que lui devant la gloire et
la postérité; et ici admirons combien universelle
est l'inspiration du vrai génie, comment elle sait
féconder les natures les plus diverses, les apti-
tudes les plus contraires, et, pour tout dire, les
âmes les plus ennemies.

Van Dyck, Jordaens, Gaspard de Crayer, sont
trois fleurs splendides écloses autour du tronc de
Rubens; toutes trois ont bu la même sève puissante, mais que leurs couleurs, leurs formes et
leurs parfums diffèrent! Quelle ressemblance y
avait-il donc entre l'âme élégante de Van Dyck,
l'âme robuste et vulgaire de Jordaens, l'âme la-
borieuse et chercheuse de Gaspard de Crayer,

pour que la même inspiration pût donner l'essor
à leurs talents? C'est que les hommes de génie
souverain comme Rubens ont en eux un si riche
mélange qu'ils sont semblables à la nature, qui,
avec les mêmes éléments inégalement distribués,
alimente la vie chez les organisations les plus opposées. Le charmant Van Dyck, d'une âme élégante comme son corps, absorba les éléments les
plus nobles de Rubens, la magnificence et la puissance pathétique : mais comme cette âme avait, en
vertu même de son essence, un besoin suprême
d'élévation, comme elle était dominée avant tout
par l'aspiration vers tout ce qui était haut, et
trahissait ainsi une certaine faiblesse, — les
hommes tout à fait supérieurs en effet ne connaissent pas l'aspiration, car leur nature est en
parfait équilibre, et ils ne peuvent monter plus
haut qu'eux-mêmes, — il *féminisa*, pour ainsi
dire, cette puissance pathétique par crainte
d'être vulgaire, et, à force de vouloir ne lui rien
faire exprimer qui ne fût conforme à la noblesse,
il la dépouilla d'une partie de sa vigueur. Certes
il est bien touchant, ce *Stabat mater dolorosa*
qu'il a chanté avec l'instrument du pinceau et
la gamme des couleurs; cette élégie peinte qu'il
a refaite toute sa vie sans se lasser, vous la rencontrerez partout sur votre route, à Malines, à

Anvers, à Gand, toujours attendrissante, et vous laissant dans un trouble délicieux, composé d'angoisse pour la douleur qu'elle vous exprime, et d'allégresse pour le ravissement qu'inspire toujours un noble spectacle ; mais que nous sommes loin de la puissance pathétique de Rubens! Ce ne sont pas de douces larmes que ce dernier appelle au bord de vos yeux, et ce n'est pas un trouble délicieux qu'il vous fait ressentir; ce sont vos larmes les plus amères qu'il vous arrache, ce sont les puissances même de la vie qu'il révolte en vous. Votre sensibilité fait explosion, les sanglots montent du fond de votre poitrine et vous étreignent la gorge; vous faites effort pour ne pas éclater devant les inconnus qui sont à vos côtés et qui sont étrangers peut-être à de telles émotions, et vous détournez la tête, incapable de supporter le degré d'angoisse qu'inspirent des spectacles comme *la Descente de croix*, *le Christ entre les deux larrons* et ce terrible *Christ à la paille*, dernier mot de la peinture comme expression, car au delà commence le rôle de la parole et du drame.

C'est au spectacle inverse que Jordaens nous fait assister; de même que Van Dyck n'a pu absorber que les atomes les plus nobles du riche mélange de Rubens, Jordaens n'a pu absorber

que ses atomes les plus terrestres. Il lui a pris
l'éclat, le mouvement, le sentiment populaire, la
fougue physique, le sentiment de la réalité ;
mais, comme sa nature n'est que force, elle a
pour ainsi dire vulgarisé tous ses emprunts. La
réalité de Rubens, en passant chez lui, est devenue trivialité, la fougue physique est devenue
cynisme, le sentiment populaire est devenu po-
pulacier. Tous ces éléments robustes, qui chez
Rubens engendraient la parfaite santé, mainte-
naient l'équilibre de la nature et empêchaient les
qualités plus hautes de s'affadir en mignardises
ou de s'évaporer en vaines aspirations, engen-
drent chez Jordaens une pléthore de vie qui est
une véritable maladie et qui étouffe sous son
poids tout germe noble. Rubens vit de la réalité,
Jordaens en crève.

Fort différent de ces deux hommes remarquables est le bon et sage Gaspard de Crayer. Il est
certains tempéraments délicats et débiles qui ne
peuvent absorber les éléments les plus salubres
qu'à doses homéopathiques, que les calmants
pris en quantité ordinaire affaiblissent, que les
toniques pris en quantité modérée enivrent. Gaspard de Crayer était de ceux-là. Élevé à une autre école que celle de Rubens, il a ressenti sa
forte influence, et il lui a cédé avec une docilité

et en même temps une modération qui témoignent
d'une singulière intelligence. Il a pris de Rubens
ce qu'il en pouvait prendre, ni plus ni moins,
sans que sa personnalité courût le risque de dé-
voyer ou d'être écrasée; éclectiquement comme
l'abeille compose son miel, il a extrait de toutes
les qualités du maître la dose même qu'il en fallait pour servir de remède et de correctif à sa
propre nature. C'est Rubens qui a réchauffé d'un
feu doux ses conceptions, qui sans lui auraient
été trop tièdes; c'est Rubens qui a donné du ton
à ses pensées, qui dans leur délicatesse auraient
paru souvent malingres; c'est Rubens, en un mot,
si l'on peut s'exprimer ainsi, qui a stimulé son
sang pur, mais sans vivacité, et fait monter le
vermillon à ses joues trop pâles. C'était un génie
un peu valétudinaire que Gaspard de Crayer, et
il est permis de croire que sans l'influence de
Rubens, réduit à ses propres ressources et à l'influence de son maître Van Coxcie, il eût souvent
manqué des moyens de mettre en saillie ses qualités fines et rares; mais jamais grand homme ne
fut le médecin d'un plus intéressant malade.

Gaspard de Crayer se sépare de tous les autres peintres de l'école flamande de cette glorieuse période par le caractère propre de son
inspiration. L'inspiration des peintres flamands

de l'école d'Anvers est une inspiration toute de
nature et de tempérament, que l'on pourrait appeler physique, si ce mot n'était pas une espèce
de calomnie pour désigner une opération où
l'être vivant de l'homme est tout entier engagé.
Ils peignent de fougue, d'un jet spontané et libre,
où les esprits de la chair ont autant de part que
ceux de l'âme. Malgré la constante élévation,
Van Dyck lui-même ne constitue pas une exception à cet égard, et, s'il fait à beaucoup l'illusion
de chercher plus particulièrement que ses maîtres
ou ses rivaux ses inspirations ailleurs que dans
le bouillonnement intérieur de la vie, c'est tout
simplement qu'il traduit une nature composée
d'éléments plus exclusivement fins et nobles. Au
fond il peint avec sa chair tout autant qu'un Jordaens : seulement cette chair, fine et belle, animée
d'émotions qui correspondent à ses qualités, est
une manière d'âme, tandis que la chair chez Jordaens, lourde et brutale, est une manière de robuste limon. Mais le bon Gaspard de Crayer
n'avait pas cette force de nature, et sa seule ins-
piratrice était la faculté abstraite de l'intelligence,
qui sera toujours dans les arts une muse secondaire. Tout ce qu'il a peint porte le cachet d'une
méditation patiente, d'un labeur curieux et pro-
longé, d'un choix arrêté après de longs tâtonne-

ments, d'un triage scrupuleux de pensées et de sentiments. Infinis sont les soins qu'il a pris pour varier les sujets traditionnels usés par tant de magnifiques peintures, pour en faire sortir des œuvres qui fussent bien réellement siennes, pour ne rappeler en rien ses rivaux et ses maîtres. A ces précautions et à ces soins, il a dépensé une intelligence tout à fait rare. Nul peintre n'a mis plus d'idées dans ses tableaux; on peut dire qu'il y en a mis une par chaque coup de pinceau. Il résulte de cette extrême abondance d'idées un défaut des plus marqués : ses tableaux manquent d'inspiration centrale et se composent d'épisodes. C'est que l'inspiration centrale n'existe que dans les œuvres qui sont nées d'un jet spontané, parce qu'alors la force de la nature entraîne dans un flot général les idées accessoires, et les fait toutes converger vers le sentiment principal dont elles dépendent; mais, lorsque l'artiste a recours à la seule intelligence, faculté qui ne sait que diviser et dissoudre, chacune de ces idées accessoires prend une importance égoïste : la méditation ne peut s'en détacher qu'après les avoir successivement exprimées dans leur intégrité; elle ne croit les avoir jamais exactement rendues, et au milieu de cet excès de scrupule l'artiste oublie

Martyre de saint Blaise.

son but principal, et l'unité de son œuvre est perdue.

Je veux prendre un exemple, un seul, pour montrer l'originalité propre à ce talent, et je choisirai pour cela un tableau qui n'est pas estimé parmi ses plus belles œuvres, mais qui, selon moi, a le mérite de découvrir plus clairement qu'aucun autre ses qualités et ses défauts. Parmi les treize toiles de Gaspard de Crayer que renferme le Musée de Bruxelles, il en est une qui représente un martyre, celui de saint Blaise, je crois. Le simple bon sens indique que le personnage central du tableau doit être le martyr, et que c'est dans ce personnage qu'il faudra chercher l'unité de l'inspiration. Crayer y a incontestablement pensé, mais il s'est trouvé que par la faute de son intelligence curieuse et scrupuleuse il s'est arrêté trop longtemps à un de ses personnages secondaires, si bien que l'intérêt de son tableau a été déplacé, et doit être cherché non dans le saint, mais dans un de ses bourreaux. C'est une merveille d'intelligence que le personnage de ce bourreau; mais alors Gaspard de Crayer aurait dû débaptiser son tableau, et l'appeler non *le Martyre de saint Blaise*, mais *un Miracle de la grâce*, ou, pour prendre un titre plus purement philosophique, *le Triomphe*

de la nature. Le saint est suspendu, attaché
à une branche d'arbre, les yeux levés au ciel
avec une expression de religieuse ferveur. Un
des bourreaux est à genoux à ses pieds, qu'il a
liés et qu'il martyrise; il fait son horrible besogne avec indifférence et impartialité, car, ne
voyant pas le visage du saint, rien ne le trouble
et ne l'émeut. Il n'en est pas ainsi du bourreau
qui est en train d'écorcher le bras droit du saint.
C'est une figure de Flamand roux qui en temps
ordinaire doit être fort bestiale, mais que la circonstance fait rayonner des meilleures émotions
de l'humanité. Ses regards sont tournés vers le
martyr, il voit sa douceur, sa résignation, sa
piété, et son cœur s'émeut. La bonté se lève sur
ce visage à l'état d'aube; l'attendrissement n'a
pas éclaté, il pointe seulement; la sensibilité
éveillée jette une faible lumière; les yeux ne
pleurent pas, mais ils se revêtent de ce brillant
voile humide qui est l'indice physique des émotions contenues. La grâce opère visiblement,
mais elle n'est pas encore assez dominante pour
faire abandonner au tourmenteur son sinistre
devoir. Il en résulte dans l'esprit du contemplateur une sorte de point d'interrogation qui crée
l'émotion la plus irritante qu'on puisse ressentir.
Ce personnage se convertira-t-il ? Devant tout

autre tableau, on ne songerait pas à se poser une question aussi oiseuse; mais comme, par suite du soin avec lequel Crayer l'a étudié, le bourreau est devenu, à l'insu du peintre, le personnage principal, et que c'est sur lui que se porte notre sympathie, on se retire mécontent de l'émotion indéfinie, incomplète, qu'il fait éprouver. Tel est l'intérêt des toiles de Gaspard de Crayer, le peintre chez lequel on peut le mieux étudier peut-être le charme et la faiblesse des talents qui se composent d'intelligence.

Mais tous ceux qui ont une tendance au dilettantisme aiment Gaspard de Crayer malgré ses défauts et à cause même de ses défauts. Quand nous avons dépassé un certain degré de culture, ce qui nous charme dans les arts, ce sont moins les qualités saillantes et incontestables que les détails et les nuances, saisissables seulement pour ceux qui, dans les mystères de l'intelligence, se sont élevés au grade de rose-croix. En poésie, par exemple, nous tirons notre plaisir de la coupe d'un poème plutôt que du sentiment qu'il exprime : en musique, nous faisons grâce à un morceau pour une demi-mesure qui s'y trouve enclavée, et que nous voudrions entendre répéter indéfiniment en dispensant le musicien de ce qui la précède et de ce qui la suit. Tel est le plaisir fin et rare que Gaspard de Crayer fait éprouver. Je ne puis lui trouver d'analogue dans le domaine des différents arts que le musicien Mendelssohn. Comme Mendelssohn, il demande son inspiration à l'intelligence; comme lui, il est tout en nuances, en intentions, en détails, en idées détachées; comme lui, il est sage, fin, scrupuleux, et, pour que la ressemblance soit plus étroite encore, leur situation d'artiste a été la même. Tous deux sont venus à la fin d'une grande période d'art, tous deux ont ressenti les mêmes difficultés et ont eu besoin des mêmes efforts.

Lorsque dans le cours d'un grand mouvement d'art on voit apparaître des hommes comme Gaspard de Crayer et Mendelssohn, on peut se tenir pour sûr que ce mouvement est achevé. Grands artistes venus quelques instants trop tard, leur rôle est celui de glaneurs sur un champ complètement moissonné. Studieusement ils ramassent les épis tombés inaperçus des moissonneurs qui ont précédé, ou dédaignés par eux dans la fougue de leur travail. Cependant ces épis appartenaient à la riche moisson qui a été récoltée; c'est la même paille, le même grain. Aussi celui qui contemple leur gerbe à distance peut-il aisément les confondre avec leurs prédécesseurs;

mais ce n'est là qu'une illusion. Ce sont des puissances et des facultés autrement hautes que l'intelligence qui donnent naissance aux grandes époques d'art; c'est le travail des siècles arrivé à maturité, c'est l'esprit universel qui, trop long-temps errant ou muet, demande à se fixer et à parler, et qui s'abat sur d'innocents interprètes, heureuses victimes passives qui expriment des pensées plus grandes qu'elles-mêmes; c'est la vie générale contenue dans de nobles individua-lités qui arrive à faire explosion. Ame universelle des choses, souffle errant dans l'infini, instinct obscur et à l'insaisissable labeur, voilà les véri tables promoteurs des grands mouvements d'art, et non la chétive intelligence aux combinaisons lentes et peu sûres. Cependant des hommes comme un Gaspard de Crayer ou un Mendels-sohn sont encore de très grands artistes, parce que leur intelligence ne cherche pas ses ressour-ces en elle seule et qu'elle s'applique surtout à découvrir et à utiliser les miettes dédaignées du riche banquet dont ils voient la fin; mais quand enfin ces miettes ont disparu, quand l'intelli-gence est réduite à ses propres ressources, quand l'artiste se trouve en face de sa propre individua-lité, ah quel isolement, quelle indigence, quels efforts! Alors commence le régime des acadé-

mies, des écoles, des systèmes; beaucoup de
nobles personnalités apparaissent encore, mais
elles n'ont plus d'autre loi qu'elles-mêmes et ne
répondent qu'à elles-mêmes. L'âme universelle
a trouvé satisfaction, et, passant d'un pays à un
autre, elle laisse à l'état de nains le pauvre
groupe d'hommes que par ses dons acceptés
avec inconscience elle avait un moment remplis
d'orgueil et exaltés jusqu'à se croire un peuple
de géants. *Allah!* Dieu seul est grand!

Des artistes comme Gaspard de Crayer marquent une transition en même temps qu'ils marquent un achèvement. Je disais en commençant
qu'ils indiquent que l'inspiration change de nature, comme en voyage on est averti qu'on
change de contrée par la différence de plus en
plus tranchée de la physionomie du paysage.
Quand on regarde Crayer, quoiqu'on se sente
bien en Flandre, il semble cependant que l'on
approche de la France, et, en effet, savez-vous
qui l'on trouve en Gaspard de Crayer, quand, le
dépouillant de la riche influence de Rubens, de
sa douce couleur, des trouvailles pittoresques
qu'il doit à l'émulation ou à l'imitation ingé-
nieuse, de cet appétit plus ou moins vif de
beauté que ne peut manquer de ressentir un
artiste qui a vécu dans un tel milieu, on le réduit

à sa propre individualité? Eh bien, on trouve un frère de Philippe de Champaigne, Flamand comme lui, mais nôtre par le génie. Par sa sagesse, son bon sens, son intelligence, son art de composition, son austérité, Gaspard de Crayer marque la transition de la Flandre à la France, à laquelle passe alors pour un temps trop court le sceptre du grand art.

Maintenant, si vous voulez vous dispenser d'étudier Gaspard de Crayer, si vous voulez l'admirer d'emblée dans toute sa perfection, allez à Gand dans l'église de Saint-Michel, asseyez-vous dans la chapelle de Sainte-Catherine, qui se trouve juste en face de la chapelle où, de l'autre côté de la nef, est suspendu l'admirable *Christ mourant* de Van Dyck, et contemplez-y pendant une heure la charmante *Assomption* de cet intéressant artiste.

II

Il y a dans notre nature plus de contrastes
encore que Shakspeare lui-même n'en a noté.
Vous est-il jamais arrivé, par exemple, de n'être
préoccupé que de pensées nobles lorsque vous
marchiez vers la satisfaction d'une curiosité qui
n'avait rien de commun avec la noblesse? Notre
visite à la riche galerie du duc d'Arenberg à
Bruxelles nous a fait connaître un contraste de
ce genre. Que de souvenirs nous assaillaient pendant notre voyage à cet hôtel d'aspect si grave
et si imposant! Nous pensions au Sanglier des
Ardennes, au *Quentin Durward* de Walter
Scott, au *Massacre de l'évêque de Liège* de De-
lacroix, à notre chroniqueur Fleuranges; nous
pensions surtout à l'homme noble de fait comme
de nom qui forma cette galerie, et qui eut l'in-

signe honneur et l'insigne humanité de comprendre et d'aimer le grand Mirabeau insulté par ses pairs. Et pourquoi allions-nous visiter cette illustre maison, s'il vous plaît? Pour contempler *les Noces de Cana* de Jean Steen, œuvre capitale du plus licencieux des peintres, car c'est surtout cette curiosité que nous tenions à satisfaire.

Cette galerie, composée avec un goût exquis, ne contient presque que des toiles de premier choix, et pourrait être regardée comme le véritable Musée de Bruxelles, si elle n'était consacrée presque exclusivement aux peintres hollandais et aux petits Flamands. Cependant il s'y rencontre plus d'une œuvre faite pour éveiller des pensées plus grandes que celles qui naissent devant un Jean Steen ou ses émules, et dans le nombre nous ne devons pas oublier une petite toile qui nous intéresse particulièrement, nous Français. Nous voulons parler d'un portrait de la reine Marie-Antoinette à la veille de sa décapitation, œuvre d'un brave peintre du nom de Kokarski. Il avait fait le portrait de la reine dans ses jours heureux, et bien des années après, pendant ses stations de garde national au Temple, il eut l'adresse de dérober à la course vertigineuse de ces heures redoutables l'image dernière de celle qui allait être emportée. Après la Révolution, l'existence de ce portrait vint à la connaissance du duc d'Arenberg, et l'homme qui avait fait le plus sérieux effort qu'on ait tenté pour sauver la monarchie française par le rapprochement de Mirabeau et de Marie-Antoinette voulut acquérir l'image dernière de celle qu'il avait essayé de sauver de l'orage alors qu'il portait encore le nom et le titre de comte de La Marck.

Ce portrait manquait à l'exposition des souvenirs de Marie-Antoinette qui fut organisée au Petit-Trianon lors de l'Exposition universelle de 1867, et ce fut vraiment dommage : les organisateurs de cette exposition n'en eurent-ils donc pas connaissance, ou bien son détenteur actuel eut-il la cruauté de nous le refuser pour quelques jours? Il vérifie et consacre plusieurs des détails que la tradition nous a transmis sur la personne de la reine à l'heure de sa décapitation. Voilà bien, en effet, le costume sous lequel on nous a raconté qu'elle était allée à l'échafaud, le simple bonnet, le fichu de coton blanc, la robe de laine noire, voilà bien la chevelure prématurément blanchie; mais les ravages de la douleur n'ont pas poussé plus loin leur triomphe, et le portrait est surtout curieux en ce qu'il constate que la tête que Marie-Antoinette livra au bourreau avait conservé sa beauté non moins que sa fierté. Ce visage est étonnamment grave et fort ; il s'y lit de la tristesse, aucun accablement, aucune déchéance intérieure. L'âme à laquelle ce visage sert d'interprète porte le poids de la fatalité, mais elle le porte avec une noblesse où l'aisance s'allie à la vigueur... Nous devions saluer ce portrait au passage, puisque le hasard l'a mis sur notre chemin ; mais un sujet plus bas nous réclame, et nous ne pouvons nous attarder.

Puisque me voilà devant une des toiles capitales de Jean Steen, je profiterai de cette occasion pour rassembler en un seul tout les impressions éparses que j'ai ressenties devant les tableaux de cet artiste, tant en Flandre qu'en Hollande. Comme Jean Steen est peu connu chez nous, et que le vaste public n'a pas eu l'occasion de donner son verdict sur le mérite de ce peintre, sa renommée est encore livrée à la controverse parmi les rares personnes qui ont pu voir ses tableaux. Il a ses détracteurs et ses enthousiastes, et chose curieuse, les uns et les autres ont également raison. Jean Steen est en même temps un très grand artiste et un peintre secondaire. Son coloris est sans grand caractère et la plupart du temps sans charme, sauf dans quelques parties de la *Fête aux huîtres* de la Haye, et dans

le ravissant petit tableau de la *Jeune fille malade*
du Musée Van der Hoop; pour la vigueur du
faire, la finesse du rendu, la conscience patiente
de l'exécution, il est bien loin de tous ces petits grands maîtres qui s'appellent Van Ostade,
Mieris, Metzu, Gérard Dow. Pour de l'esprit, il
en a beaucoup, il n'en a pas plus cependant
qu'un Adrien Brauwer, par exemple, et surtout
il l'a moins franc et moins naturel. Jean Steen
manque absolument de simplicité, ce qui est
étrange, étant donnés les sujets vulgaires qu'il
traite; il est singulièrement compliqué, entortillé,
quelquefois même alambiqué. Il sous-entend souvent des espèces de symboles et des idées d'une
philosophie douteuse sous ses scènes de débau-
che et ses charges bouffonnes; cependant c'est
un très grand artiste malgré tous ces défauts, car
nul peintre hollandais ne possède à ce point la
poésie des sujets qu'il traite, et nul n'a saisi à ce
point, toute palpitante, toute chaude de ses basses émotions, l'âme vivante de la canaille dont il
a transporté sur sa toile le bestial emportement.

A quoi pensait donc le pauvre Henri Heine, —
me suis-je écrié intérieurement, une fois, devant
un tableau de Steen, — lorsque dans une de ses
fantaisies il entonnait un hymne à cet artiste
comme au peintre des joies de la vie et des bril-

lantes sensualités? Lui, Jean Steen, un apôtre de cette fameuse réhabilitation de la chair dont il fut tant question après juillet 1830! Mais, au contraire, ces tableaux semblent faits exprès pour rendre à toute âme un peu délicate le même service que les aristocratiques Spartiates demandaient aux ilotes. Cependant, en réfléchissant un peu, on voit très bien ce qui a séduit et égaré Henri Heine : c'est précisément cette force poétique que nous indiquions tout à l'heure comme le grand mérite de Jean Steen. Eh quoi! direz-vous, il peut y avoir de la poésie dans ce qui est franchement ignoble? Eh! mon Dieu, oui, car la poésie est partout où la vie se rencontre avec intensité. Le troupeau de pourceaux que Jésus anima des démons qu'il avait tirés du corps du possédé fut certainement poétique un moment, pendant qu'il courait se précipiter dans la mer. Les voyez-vous, les immondes animaux, stimulés par l'éperon intérieur du diable, s'abandonnant à une course vertigineuse que n'égalèrent jamais les *fantasias* arabes les plus effrénées? Entendez-vous la formidable musique de leurs grognements? Voyez-vous ce suicide en masse qu'ils exécutent par le fait d'une force qui leur est inconnue, comme des victimes de la fatalité antique? C'est une semblable poésie qui distingue le troupeau de pourceaux humains que nous présente Jean Steen.

Tous ceux qui ont habité la Hollande s'accordent à déclarer que ce peuple d'apparence impassible et flegmatique, qui semble alourdi et assagi par l'excès de la lymphe, est de tous les peuples celui qui se rue au plaisir avec le plus brutal empressement. C'est cette frénésie que nous montre Jean Steen, mieux que Téniers, mieux que Van Ostade, mieux que Brauwer lui-même, car il met dans ses tableaux toute la fougue que ses rivaux ne connaissent pas, — sauf Brauwer, et encore chez Brauwer il y a plus de tapage que de fougue, — et il fait fi de la décence relative que les autres n'oublient jamais. Dans leurs scènes les plus basses, en effet, les autres Hollandais ne perdent jamais une certaine réserve, soit qu'ils aient été retenus par une sorte de puritanisme imposé par la société générale, soit que la patience et la lenteur de leur art, amoureux du rendu à l'excès, aient glacé cette spontanéité qui peut seule exprimer la fougue. Leur trivialité est inoffensive; ils peuvent blesser le bon goût, la délicatesse, le sentiment de l'élégance, ils ne blessent pas le sens moral. Prenez Téniers, par exemple, dans quelqu'une de ces fêtes de village qu'il a si souvent reproduites; c'est une basse idylle que vous contemplez, mais enfin ce n'est qu'une idylle. Téniers, il est vrai, peut paraître un exemple mal choisi, car, de même que sa couleur et sa touche proviennent de Rubens, le peuple qu'il a montré buvant et chantant est le bon, le violent mais docile peuple flamand, et non le peuple hollandais, le plus carrément indépendant qu'il y ait peut-être sur le globe. Prenez Isaac Van Ostade en ce cas, examinez-le dans ses scènes populaires, si remarquables et comme perfection de peinture et comme réalité d'observation; par exemple, dans ces deux perles inimitables du musée de la Haye, l'*Extérieur* et l'*Intérieur d'une chaumière*. Certes ce ne sont pas des mœurs bien relevées qu'on y contemple; mais rien n'y choque le sens moral : tout ce qu'on observe de plus mauvais sur les visages de ces paysans, c'est une certaine âme âpre, dure, calleuse, que ne peuvent voiler ni les fumées de l'ivresse, ni les joies de la sociabilité, l'âme d'un peuple tout entier à des pensées de gain, et qui épie les biens matériels de ce monde d'un regard plus attentif qu'aucun autre. Prenez encore ce vaurien si spirituel d'Adrien Brauwer; la galerie d'Arenberg contient justement un excellent spécimen des sujets qu'il affectionne. Deux vieux magots ayant bu trop de bière se sont pris aux cheveux en dépit de leur âge, et se cassent leurs brocs sur la tête avec une vivacité sénile des plus amusantes : ces pétulants vieillards sont à mettre au violon et à renvoyer ensuite à leurs familles ; mais le mauvais exemple qu'ils donnent n'est pas grand. Gaietés de tapageurs, de buveurs, de fumeurs, Adrien Brauwer, le plus débraillé de tous ces peintres, ne sort pas de là ; ce sont mœurs fort bruyantes, mais après tout peu scandaleuses. Quant à ces autres maîtres exquis dans leur trivialité, un Gérard Dow, un Mieris, je n'ai pas besoin de dire combien ils sont honnêtes et réservés.

Jean Steen est bien autre chose. — Il peint avec cette même verve abondante en images avec laquelle les poissardes invectivent. Voyez-le, par exemple, dans ce petit tableau du Musée d'Anvers, *une Noce de village*, où il a reproduit le cancan de l'ancienne canaille hollandaise avec une souplesse de vie vraiment admirable. C'est une noce de riches paysans ou plutôt de demi-bourgeois, et tous les serviteurs de la ferme s'en donnent à cœur joie dans la cuisine où, selon l'antique coutume, le repas de noce a été servi. Pour laisser place à leurs ébats, on a relégué dans un coin la table des époux, où trône une blonde mariée d'une gentillesse insignifiante, mais la seule personne décente de cette société.

Quel quadrille échevelé ! il faut aller au dernier de nos bals de barrières pour en trouver un pareil. Et cette frénésie ne respecte ni le sexe ni l'âge. Au milieu de ces personnages, il en est un qui se fait remarquer plus particulièrement par une certaine allure traînante, une manière d'étendre la jambe, de laisser pendre les bras, de plier la hanche, d'imprimer au corps une molle attitude, qui fait autant d'honneur à la souplesse du pinceau de Steen qu'elle en fait peu à son gai compère, car ce compère est un vieillard. Dans un coin de la salle, un mirliflore de village, placé au pied de l'escalier qu'il s'apprête à monter, cligne de l'œil à une servante à laquelle il a visiblement besoin de dire deux mots, et celle-ci, en fille bien apprise, s'empresse de dépêcher sa besogne afin de ne pas faire attendre ce si beau monsieur.

Quelquefois on ne sait pourquoi ni comment la verve de Steen atteint aux effets bouffons les plus puissants. Le Musée de Bruxelles contient de cette verve un spécimen qu'on ne peut contempler sans un éclat de rire. Une grosse commère assise dans une cabane sourit à un jeune gars, pêcheur de son état, sans doute, qui lui montre un beau poisson qu'il vient de prendre. Or cette capture rend le gars si fier qu'il en danse sur un pied en tirant à la bonne femme une langue longue de deux pouces. Ce qu'il y a d'esprit dans l'expression de cette jovialité saugrenue est incroyable. Cependant il y a un tiers dans cette scène, un personnage méphistophélique dont les traits rappellent ceux de notre romancier C..., — si C..., par parenthèse, a vu les tableaux de Jean Steen, il doit beaucoup les aimer, — et ce personnage, de sa main étendue en éventail sur la pointe de son nez prise comme base de sa grotesque opération, fait la nique aux deux autres avec un sourire d'un machiavélisme dont la bêtise ne laisse rien à désirer. C'est évidemment un malin qui en pense plus long qu'il n'en dit; mais que diable pense-t-il? La réunion de ces trois variétés de la bêtise produit un effet comique, dont il est fort difficile de se rendre compte, mais qui est incontestable.

Ce personnage méphistophélique du tableau de Bruxelles se rencontre fréquemment dans les toiles de Steen, et toujours avec le même visage, des traits maigres et allongés, un grand nez, un œil luisant, clignotant ou démesurément ouvert, et une sorte de sourire bêtement vicieux. Tel est le malin du tableau que nous venons de citer, le mirliflore de la noce d'Anvers, et un certain fantôme équivoque qui figure dans une des toiles de la *Trippenhuys* d'Amsterdam, la *Fête de saint Nicolas*, sujet qu'il affectionne, car il l'a varié plusieurs fois [1]. C'est la fête de saint Nicolas, et la mère de famille distribue à ses enfants les récompenses remises pour eux par le patron du jour. Dans le nombre, il se trouve un gentil marmot qui n'a pas été sage, et le saint n'a rien envoyé pour lui. Il pleure à chaudes larmes ; mais qu'il se console, la Saint-Nicolas ne se passera peut-être pas sans apporter quelque cadeau, car dans le fond, tout près de l'alcôve, se dresse un grand diable de fantôme, de sexe indéfinissable, qui pourtant a forme féminine, et ce fantôme montre discrètement à l'enfant une belle pièce ronde. Qu'est-ce que ce fantôme qu'on n'ose pas trop interroger. Est-ce une grand'mère? Elle est d'aspect bien singulier. Est-ce Astaroth en personne? Il est bien déplacé dans cette scène de famille.

Ce Méphistophélès est évidemment un symbole, car ce grotesque Steen a des prétentions à la satire morale. Il a une philosophie, et il l'a exprimée plusieurs fois, notamment dans un certain tableau qui se trouve au Musée de la Haye et qui s'intitule, selon les livrets, soit la *Fête aux huîtres*, soit le *Tableau de la vie*. Cette philoso-

1. Notamment dans une toile, cette fois irréprochable, qui se trouve au Musée de Rotterdam.

Fête de saint Nicolas.

phie est d'une portée médiocre, car voici l'image singulière sous laquelle Steen s'est représenté la vie humaine. Il paraît que chacun de nous a une huître à faire avaler, et qu'il passe son temps à chercher qui l'avalera. La société est figurée dans ce tableau sous la forme d'une immense salle de taverne hollandaise, où compères et commères de toute condition, les uns en vêtements populaires, les autres en beaux pourpoints et en robes d'étoffes somptueuses, sont occupés à débattre les conditions de leurs précieux marchés. Eh bien! et quand l'huître est avalée, la vie est-elle close? En ce cas, elle est moins qu'une des bulles de savon que souffle ce jeune gars placé dans la soupente, bulles qui symbolisent sans doute le néant de notre existence. On voit que la philosophie de Jean Steen ne vaut pas sa verve.

On a comparé Steen à Hogarth. Il y a en effet quelques ressemblances entre eux; mais l'analogie n'est que superficielle. Hogarth est toujours moral, quelque sujet qu'il traite; Steen ne l'est jamais. Hogarth, esprit autrement profond que Steen, a toute la philosophie que celui-ci n'a pas, mais en revanche Hogarth, malgré son génie d'observation comique, reste toujours prosaïque, tandis que l'esprit de poésie circule constamment dans les ruisseaux de Steen, quelque boueux

qu'ils soient. Non, Steen se rattache à une tout
autre famille de talents, et, quand nous les aurons
nommés, le lecteur comprendra tout de suite pourquoi nous insistons sur le don poétique de ce
peintre, et quelle est la nature de la poésie que
présentent ses ouvrages. Ses vrais confrères dans
les arts, c'est Callot, c'est Goya ; dans la littérature, ce sont les picaresques espagnols, et, chose
qui surprendra peut-être un peu, Hoffmann. Qu'il
possède le même genre de verve cynique, le
même comique débraillé, le même pittoresque
sans scrupule que nous admirons chez les picaresques espagnols, cela n'a pas besoin d'être dé-
montré après l'analyse que nous avons faite de
quelques-uns de ses tableaux. Ne tenez compte
qué de la ressemblance des formes d'esprit et de
talent, établissez la différence naturelle qui doit
exister entre la chaude Espagne et la blafarde
Hollande, et vous qui avez vu Steen, dites si
jamais picaresque espagnol a mis plus de franchise dans l'expression de l'ignoble que n'en a
mis le peintre dans la scène d'ivresse que l'on
voit au Musée Van der Hoop. Une fille bestiale-
ment jolie est étendue ivre-morte sur le banc
d'une échoppe ou d'un cabaret; dans la même
auge, tout près d'elle, un vieillard, vaincu par le
même démon de l'orge et du houblon, est couché

tout de son long. C'est le dernier degré de l'igno-
minie, mais toute la lourdeur du sommeil de
l'ivresse est dans ce morceau de boue animée que
les trompettes du Jugement ne réveilleraient pas.

La poésie de Jean Steen n'est pas seulement
dans cette franchise et cette fougue cyniques.
Chez lui comme chez les artistes dont nous avons
cité les noms, plus encore que chez eux peut-
être, la réalité la plus basse conduit aux visions
fantastiques les plus grimaçantes, et la vulgarité
engendre l'hallucination. C'est que comme eux il
a découvert que nos actions les plus communes
étaient déterminées par le jeu de secrets ressorts
qui sont cachés dans l'organisme même de notre
être à une telle profondeur qu'ils nous en restent
inconnus, et que par conséquent leurs effets
lorsqu'ils se présentent nous étonnent par une
singularité dont la cause nous échappe. Ce sont
ces esprits vitaux qui circulent invisibles à travers les actes mêmes les plus repoussants de la
vie humaine qu'il fait suinter pour ainsi dire
des pores de ses personnages. Comme Goya et
Hoffmann, il a remarqué avec quelle complaisance la réalité, loin de proscrire le rêve et la
vision, leur ouvre au contraire la porte toute
grande par le branle singulier que certains de ses
détails impriment à l'imagination. Un nez d'une

forme excentrique, l'aboiement d'un chien, le cri
d'un perroquet, une paire de bras trop longs, une
taille ramassée en boule ou allongée en peuplier,
détails assez insignifiants par eux-mêmes, deviennent facilement le point de départ d'une série de
combinaisons fantastiques et chimériques par la
provocation qu'ils exercent sur l'imagination. Léonard de Vinci donnait à ses élèves le conseil singulier de chercher des éléments de figures et de
paysages dans les taches de pluie des vieux murs,
les salissures des plafonds, les formes des nua-
ges. Un Goya, un Callot, un Jean Steen, un Que-
vedo, un Hoffmann, nous disent de même : Voulez-vous peindre des tableaux ou écrire des contes fantastiques, observez attentivement les nez
bossus, les verrues excentriquement placées, les
bouches mal fendues, que vous rencontrerez, et
vous y trouverez le point de départ des combinaisons les plus comiques. Et voilà en quoi consiste
la poésie de Jean Steen, c'est dans ce talent d'utiliser la réalité au profit de l'imagination ; seul il
possède ce caractère parmi les peintres hollandais, qui luttent au contraire de toute la puissance de leur art pour ne pas obéir à ces provo-
cations de la réalité, même quand ils dessinent
leurs caricatures les plus outrées. Je recomman-
derai volontiers à ceux qui voudraient se rendre

compte de cette faculté particulière à Jean Steen, l'examen d'un petit tableau du Musée de la Haye où il a représenté un idiot bossu, bancroche, brè-che-dents, qui porte des poulets entre ses bras dans une basse-cour ; ce n'est pas un de ses bons tableaux, mais c'est le meilleur exemple que l'on puisse citer pour faire comprendre le caractère de ce fantastique tiré directement de la réalité, car là il se laisse saisir nettement, tandis que dans la plupart des autres tableaux il est finement dissimulé.

Tel est Jean Steen, artiste vulgaire et vivant, esprit médiocre et vrai poëte. Cependant la règle la plus générale souffre des exceptions, et Steen n'est point tout entier dans l'ignoble et le grotesque. Une ou deux fois il a eu du charme, entre autres dans le ravissant petit tableau du Musée Van der Hoop où est représentée une jeune fille recevant la visite de son médecin. Quel est son mal? On ne sait, mais elle en guérira sans doute, car elle écoute de l'air de la personne la plus rassurée sur son sort. Plusieurs fois il a eu de la bonhomie et de la gaieté décente, lorsqu'il s'est peint dans des repas de famille et entouré de ses amis. Enfin une fois il a été sérieux autant qu'un homme comme lui pouvait l'être, dans les *Noces de Cana* du Musée d'Arenberg. Ce tableau a du

mouvement et de la vie; mais il n'y faut point
chercher, bien entendu, la suave austérité du
Nouveau Testament. Cela dit, nous ne pouvons
partager l'avis de quelques critiques sur la bouf-
fonnerie de ces *Noces* et l'anachronisme qu'aurait commis Steen en plaçant la scène dans une
taverne hollandaise. Steen a fait ce qu'avaient fait
avant lui des hommes autrement grands, Rubens
et Véronèse. Véronèse, vivant à Venise, a donné
aux *Noces de Cana* le milieu splendide d'un
palais de marbre, les convives les plus choisis et
les plus magnifiquement vêtus; Steen, vivant en
Hollande, leur a donné le milieu d'une salle de
kermesse, ornée de ces guirlandes de feuillage,
ordinaire parure des boutiques de gaufres, dra-
pées de blanc et de rouge, que l'on rencontre dans
les faubourgs des villes hollandaises. En réalité
les *Noces de Cana* ne sont pas plus mal placées
dans une taverne hollandaise que dans un palais
vénitien, elles y sont même mieux placées, car il
est plus probable qu'elles se passèrent dans un
logis modeste que dans une habitation somptueuse. Les convives aussi ne durent pas beaucoup
différer par la condition de ceux de Jean Steen,
et il n'y a rien de choquant ni de contraire à l'orthodoxie à penser que le miracle de l'eau changée
en vin fut accueilli par des hourras d'enthousiasme

pareils à ceux que peuvent pousser et que poussent en effet tous les braves gens sans belles manières qui se bousculent autour de Jésus. Ce tableau est l'œuvre capitale de Steen, en ce sens qu'il est l'effort le plus réellement sérieux qu'il ait tenté; mais nous sommes souvent trahis par nos bonnes intentions, et cette œuvre très louable, qui ne peut soutenir la comparaison avec les scènes analogues sorties du pinceau des maîtres illustres, a moins fait pour la gloire de Jean Steen que ses drôleries si souvent révoltantes.

III

MUSÉE WIERTZ

Tous ceux qui s'intéressent à l'art, et surtout aux questions qu'il soulève, devront bien se garder de quitter Bruxelles sans rendre une longue visite à l'atelier du peintre Antoine Wiertz, aujourd'hui transformé en musée. C'est un spectacle plein d'enseignements, fait pour rappeler aux artistes les prodigieux efforts qui leur sont commandés, en même temps que les obstacles contre lesquels ils viendront se heurter, s'ils se trompent sur la vraie mission de leur art, et s'ils ont le noble mais imprudent entêtement d'être plus fidèles à la voie qu'ils se sont tracée qu'aux conditions de la nature, royale personne qui ne tient compte de la puissance toute républicaine de la volonté humaine qu'autant que cette volonté est conforme à ses lois.

Nous ne raconterons pas à nos lecteurs quels furent la vie courageuse et les efforts d'Antoine Wiertz. Un savant professeur de l'université de Liège, dont l'œil est ouvert sur bien des choses, M. Émile de Laveleye, s'est chargé de ce soin [1], et il l'a fait avec la compétence naturelle à un compatriote de Rubens et à un homme qui vit dans le voisinage de tant de belles œuvres. Nous partageons toute son estime pour le caractère dont une telle vie fait preuve, pour cette volonté constante de maintenir l'art à une grande hauteur; mais nous lui demanderons la permission de laisser notre admiration un peu en deçà de la sienne. Le Musée Wiertz est bien curieux et bien instructif, mais il est curieux et instructif surtout en ce qu'il enseigne ce qu'il faut éviter plutôt que ce qu'il faut imiter. Antoine Wiertz avait engagé un combat dans lequel il ne devait pas, il ne pouvait pas triompher. Grandes furent ses erreurs; heureusement pour sa mémoire, l'histoire des hérésies célèbres fait partie de l'histoire de la vérité, et pour cette raison Wiertz est certain d'occuper une place considérable dans l'art de son temps. Wiertz professait sur la nature et le but de l'art une opinion que nous avons

1. Voyez la *Revue des Deux Mondes*, 15 décembre 1866, et le volume intitulé *Études et Essais*, Paris, Hachette.

vue trop souvent adoptée dans notre siècle, et qui a égaré plus ou moins bien des artistes éminents, mais jamais au point où elle l'a égaré. Cette opinion, très logique en apparence, très-erronée en réalité, c'est que l'art est capable de servir de véhicule aux idées abstraites, qu'il peut jouer le rôle d'initiateur philosophique. A première réflexion, rien de plus raisonnable que cette opinion ; mais, dès qu'on insiste et qu'on la creuse, l'illusion se dissipe, et l'on découvre qu'elle est juste à l'opposé de la réalité. Cette opinion est cependant très difficile à détruire, car elle repose sur un sophisme involontaire engendré par la confusion presque inévitable que les esprits de la plupart des hommes établissent entre la vérité *abstraite* et la vérité *réalisée*, entre les idées qui sont encore à l'état métaphysique et les idées qui ont pris corps.

La plupart de ceux qui se sont aperçus des résultats désastreux pour l'artiste qu'engendrait cette opinion se sont placés à l'extrême opposé, et ont alors assigné pour but à l'art la seule beauté. Ils ont prêché à l'artiste l'évangile de l'indifférence morale ; l'erreur est moindre, cependant c'est encore une erreur. Dans les conditions que la nature a faites aux arts plastiques,

la vérité et la beauté se confondent nécessairement, parce que, si l'artiste obéit naïvement à
ces conditions, la vérité ne viendra tenter son
imagination que lorsqu'elle sera revêtue de
beauté. Dire que la vérité n'est pas le but de
l'art serait donc faux; mais quelle est cette vérité?
et surtout à quel état la prenez-vous? Avez-vous
compté tous les états que traversent les idées
avant de devenir sensibles et de régir nos destinées? D'abord à l'état métaphysique pur, leur
première incarnation est le verbe, la parole. Tant
qu'elles sont dans cet état, elles n'ont point de
corps saisissable, et, filles directes de la pensée,
elles ne s'adressent qu'à la pensée. Un nouvel
effort se produit, et les idées, s'imposant à ceux
qui les ont conçues et acceptées, deviennent la
règle de conduite de leurs actions. Elles ne sont
pas encore sensibles, mais elles sont déjà visibles aux yeux humains par leurs effets. Peu à peu,
par la contagion de l'exemple, elles se propagent
et, en se propageant, elles acquièrent une puissance de durée qui leur permet de revêtir un
nouveau corps, l'habitude, d'où naissent les
mœurs. Lorsqu'une fois elles ont passé dans les
mœurs, tout caractère abstrait a disparu d'elles,
elles font partie désormais de la création extérieure. Eh bien, dans lequel de ces états les idées

philosophiques se prêteront-elles le plus docilement aux désirs de l'artiste?

La vérité non incarnée, non encore connue et acceptée, la vérité à l'état métaphysique, dans son essence pure, ne convient pas à l'artiste, et cela peut se démontrer par une sorte de *truisme* ou de vérité de M. de La Palisse qui est absolument irréfutable. L'artiste a besoin de corps pour réaliser sa pensée, car il ne montre pas les choses en essence, il ne montre que leur enveloppe; s'il veut par exemple représenter la Vérité, il devra de toute nécessité peindre une belle femme toute nue, en sorte que par suite de la fatalité de son art, au moment où il veut dire une chose, il est obligé d'en montrer une autre, sinon contraire, au moins fort différente. C'était la Vérité qu'il voulait peindre, et ce qu'il a présenté fatalement, c'est d'abord la beauté. Les arts plastiques sont donc, pour les idées pures, le plus détestable des véhicules, car ils les laissent en chemin, et se méprennent sur elles, — qu'on nous passe la vulgarité de cette comparaison, — comme un conducteur de diligence qui, au moment où il croirait emmener certains voyageurs, en voiturerait d'autres que ceux qui sont inscrits sur sa feuille de route. La vérité a des véhicules pour chacun des états que nous avons nommés, et son véhicule, lorsqu'elle est encore à l'état abstrait, c'est la parole, corps immatériel parfaitement approprié à une abstraction, qui ne l'écrase, ne l'étouffe, ni ne la fausse, mais qui, sous son enveloppe aérienne, la laisse apparaître avec clarté; la parole, qui, afin de modérer la vitesse naturelle à la pensée et de rendre cette fugitive visible un instant aux yeux humains, attache à ses ailes ce poids léger des mots qui assure au moins à sa course la lenteur relative de l'éclair.

Cette nécessité où ils sont de donner un corps à des choses qui n'en ont pas encore rend donc les arts plastiques absolument impuissants comme instruments de propagande politique, philosophique, sociale. Ces idées nouvelles dont il s'agit de fonder l'empire, comment les représenter aux yeux, puisque les yeux ne leur connaissent pas de corps? Comment les rendre sensibles au cœur, puisqu'elles ne rappellent aucun souvenir et ne sont associées à aucune habitude? Alors il arrive de deux choses l'une, ou bien que l'artiste a recours à l'allégorie, dont l'expérience des siècles a montré la froide impuissance, même entre les mains des plus grands hommes, même avec le secours de la parole, ou bien qu'il doit se résigner à exprimer ces idées encore à l'état de *deve-*

nir au moyen des symboles consacrés de ce passé qu'elles prétendent remplacer. Ce dernier moyen est le plus raisonnable, mais il est encore bien incertain, et combien il est choquant! Par exemple, s'il s'agit d'exprimer la vérité des modernes idées de liberté et d'égalité, l'artiste aura recours aux symboles chrétiens et à l'histoire du christianisme; c'est ce parti que Wiertz a suivi la plupart du temps. Ainsi, au moment même où il prétend exprimer des idées à leur naissance ou en voie de formation, l'artiste ne peut satisfaire son ambition que par le secours de cette vérité dès longtemps réalisée et familière aux cœurs des hommes.

Voilà pourquoi les arts plastiques, quand ils ne s'adressent pas directement à la nature extérieure ou au monde présent, c'est-à-dire quand ils ne se renferment pas exclusivement dans le paysage, les natures mortes, les peintures d'animaux ou la peinture de genre, sont forcément rétrospectifs. Ils ont besoin d'un corps pour exprimer des conceptions d'essence intellectuelle, et ce corps, la vérité *réalisée*, c'est-à-dire associée depuis longtemps aux mœurs de l'homme et vivant de la même vie que lui, peut seule le leur donner. De là une nouvelle nécessité pour l'artiste : c'est qu'il faut qu'il y ait un rapport harmonique entre ses conceptions et la tradition, c'est que, quelle que soit la hardiesse de ses pensées, il doit accepter dans une certaine mesure cette antique vérité réalisée; or elle ne peut se prêter également à l'expression de toutes les idées. C'est par une intelligence instinctive de l'opinion que nous émettons ici que nos artistes contemporains, fils d'un siècle de doute, se sont détournés de la peinture historique, c'est-à-dire de celle qui exprime des conceptions intellectuelles, et qu'ils se sont jetés de préférence dans la peinture de genre et le paysage : ils ont eu, et ils ont raison.

Un seul art peut, dans une certaine mesure, exprimer ces idées d'avenir, qui, pareilles à des esprits en peine, gémissent pour avoir un corps, *infantum gemitus in limine primo*. Cet art est la musique, parce qu'il lui est donné de satisfaire pleinement l'esprit par la suggestion non de ce qui est, mais de ce qui peut être. Le désir et la rêverie créent un état de bonheur parfaitement déterminé, et cependant ne s'adressent à rien de certain. C'est sur ces facultés d'aspiration qu'agit la musique : comme elles et par leur moyen, elle nous satisfait en nous donnant le sentiment de ce qui est possible, et elle n'a pas besoin de dénaturer les idées en les traduisant en actes et en leur donnant un corps qui serait nécessairement celui dont le temps revêtit d'autres idées.

C'est pour n'avoir pas compris ces limites nécessaires de son art que Wiertz a lutté toute sa vie afin de réaliser un but qui réclamait d'autres instruments. On l'aurait probablement blessé si on lui eût dit que les feuilles volantes de *l'Indépendance belge* ou de tout autre journal servaient beaucoup plus qu'il ne pourrait jamais la servir par ses toiles la cause de la démocratie et du progrès, et cependant rien n'eût été plus vrai. Une de ses toiles les plus absurdes comme conception est intitulée : *Rien n'est impossible à l'homme.* Eh bien, cette toile est la réfutation la plus directe de ce qu'elle prétend prouver, et par suite du système de Wiertz tout entier. Pardon, il y a quelque chose d'impossible à l'homme, c'est de forcer la peinture à dire que rien ne lui est impossible d'une manière claire et immédiatement intelligible. Je défie qui que ce soit de comprendre le sujet de ce tableau, y consacrât-il sa vie, sans avoir recours au livret. Regardez, et dites-moi ce que vous voyez. J'entends d'ici votre réponse : je vois des acrobates d'une habileté consommée qui font tourner en l'air des boules dorées, et qui tournent dans l'espace en même temps qu'elles.

Grands dieux, quelle étrange fantaisie est-ce donc
là? Fort heureusement, pendant que vous vous
creusez la tête pour comprendre, vous avez pour
vous consoler de vos peines la contemplation de
ce joli corps de femme qui reporte votre imagination vers Rubens, et qui témoigne d'une étude
intelligente et fructueuse de ce grand artiste;
mais enfin cette contemplation a un terme, et,
vous continuez à ne pas savoir ce que l'artiste a
voulu dire. Enfin vous avez recours au livret, et,
au moyen de l'explication qu'il vous donne, vous
arrivez à comprendre que ces acrobates sont les
puissances de l'âme humaine, que ces boules
sont les sphères célestes, et que le tout, voulant
dire que l'homme va toucher les astres par la
pensée, n'est qu'une traduction humanitaire du
sic itur ad astra adressée comme encourage-
ment aux générations de l'avenir.

Cette toile est bien l'expression de l'état d'esprit
dans lequel Wiertz semble avoir passé toute sa
vie, rêvant d'aller décrocher les sphères, et retombant à terre, faute de support, dès qu'il avait
atteint les hauteurs d'un troisième étage. C'est là
ce qui s'appelle partir de la rue Saint-Denis pour
conquérir le monde et arriver aux Batignolles.
La vérité est que le principe de ces erreurs est un
immense entêtement, et qu'au fond de ces concep-

tions trop souvent confuses, fréquemment incertaines et toujours discutables, il se cache un
orgueil de Titan. Sans s'en douter, Wiertz n'a
fait autre chose dans ces toiles démesurées que
tracer le portrait de cet orgueil et écrire avec le
pinceau une sorte d'interminable autobiographie.

L'esprit de système possède une tyrannie qui
lui est propre, et quand on a le malheur de lui
rester fidèle, son poids, loin de s'alléger avec
les années, devient toujours plus accablant. Des
natures autrement douées que Wiertz, un Goethe,
un Beethoven, n'y ont pas résisté. L'esprit de
système engage le talent dans une voie si particulière qu'au bout d'un certain temps on doit forcément perdre de vue la nature et dépasser le
domaine de la vie. Le second *Wilhem Meister*
est encore intelligible ; comparez-le au premier
cependant, et demandez-vous où Goethe serait
allé, si, avançant toujours dans la même route,
il en avait ajouté un troisième au second. Ainsi
de Wiertz ; par une progression insensible il
était arrivé à dépasser non seulement toutes les
limites de son art, mais encore toutes les limites
du sens commun. On peut conseiller la visite de
cette galerie à ceux qui veulent savoir où peut
mener un point de départ erroné. On commence
par des œuvres comme la *Mort de Patrocle;* au

milieu de la route on atteint pour point culminant des œuvres comme le *Triomphe du Christ*, et l'on arrive par pentes insensibles à des œuvres comme les *Visions d'une tête coupée*, et l'*État de l'âme après la mort*, véritables accès de délire d'un esprit qui a péché contre la vie et la nature, et que la vie et la nature punissent en se retirant de lui. Je veux dire un mot de ces toiles, dont M. de Laveleye n'a point parlé.

L'état d'orgueil est un état de fièvre, et doit produire nécessairement les mêmes effets que la fièvre, c'est-à-dire pervertir les sensations normales et les rendre douloureuses. C'est ce qui semble être arrivé à Wiertz. L'effort soutenu, la surexcitation morale qu'exigeait le but que l'artiste poursuivait avec un tel entêtement, avaient fini par engendrer un délire habituel. On s'en aperçoit aux rêves désordonnés, sanglants, hystériques, véritables visions d'agonisant qui bat la campagne, dont les dernières années de sa vie ont été obsédées. Ces œuvres sont à la fois insensées et puériles. Voulez-vous savoir, par exemple, ce qu'est l'état de l'âme un quart d'heure après la mort? Eh bien! figurez-vous un bolide ou mieux une étoile filante qui remonte l'espace en ligne droite. Il faut entendre en un double sens ce mot d'étoile filante, car cette âme météorique file en effet à mesure qu'elle monte une sorte de matière laiteuse, comme les vers à soie laissent en rampant des traînées de leur substance lorsqu'ils sont mûrs pour le cocon. Cette matière figure les atomes terrestres qui sont restés attachés à l'âme et qui tombent à mesure qu'elle s'éloigne du corps. Vous représentez-vous l'intéressante et intelligible peinture que cela compose? Mais ce n'est rien à côté du tableau où il a voulu exprimer les diverses périodes qui s'écoulent entre le temps de la décapitation et la cessation définitive de la vie. Ce tableau est divisé en trois compartiments : dans le premier, la vie est complète encore, et la tête coupée voit tout distinctement, l'échafaud et la foule. Dans le second, la vision du monde persiste, mais est devenue confuse, tout tourne comme dans le vertige ou le début de l'évanouissement ; enfin dans le troisième, la tête voit, quoi? un immense feu d'artifice, des flammes du Bengale, des chandelles romaines, des fusées, des étoiles qui éclatent. C'est la vie qui, en se retirant, fait jaillir en éclaboussures fantasquement colorées les dernières sensations.

Ces rêves lugubres et sanglants semblent indiquer un principe de folie sombre, et Wiertz en a d'autres encore, de nature fort équivoque et qui se rapportent à l'état d'hystérie. La peinture de Wiertz a de grandes prétentions à la morale; mais il la fait défendre souvent par un certain cynisme flamand qui l'outrage au moment même où il prétend la venger. Adrien Brauwer a peint autrefois la réception d'une jeune sorcière; Wiertz a eu l'idée moins heureuse de nous représenter une sorcière expérimentée, qui a de nombreuses années de pratique, et dont les visites au sabbat ne se comptent plus. C'est pour le sabbat qu'elle s'apprête visiblement à partir, son inénarrable posture ne permet pas à cet égard le moindre doute. Bien plus inénarrable encore est le tableau qui porte pour titre l'*Amorce de l'amour*, et qui est bien la plus étrange bucolique qu'on ait jamais osé imaginer. Derrière un buisson, l'enfant Amour ;... mais je laisse à qui le voudra prendre le soin difficile de faire comprendre ce tableau dont Wiertz a augmenté le nombre déjà si considérable des idylles où figure l'amour. Nous avions l'*Amour malade*, l'*Amour piqué par une abeille*, l'*Amour blessé de ses propres flèches*, l'*Amour mouillé;* mais sous quel titre ingénieux désigner l'amour inventé par Wiertz? Heureusement le peintre possède une qualité qui sauve en partie ces tristes inventions, c'est qu'il ne perd jamais de vue le sentiment de la beauté. Cette

sorcière aux chairs molles, aux couleurs coupe-
rosées, si repoussante qu'elle soit, vient en droite
ligne de Rubens ; il en vient directement aussi,
l'enfant de cette idylle que nous n'osons nommer.
Dans un tableau énigmatiquement intitulé *En
famille*, le peintre a représenté une jeune fille,
le corps penché hors d'une fenêtre, et offrant à
un personnage qu'on ne voit pas le *sélam* d'une
rose ; il y a de la grâce dans cette tête qui sourit
d'une manière un peu banale. Le plus remarquable de ces tableaux qu'on pourrait appeler les
tableaux de genre de Wiertz est celui que le
livret nomme *la Belle Rosine*. Une jeune fille
dans la fleur de l'adolescence, d'une taille svelte,
d'une beauté fine et cependant un peu vulgaire,
est debout devant une table, et sur cette table est
placé un mignon squelette, image des petits os
qui servent de charpente à son frêle corps. Cette
traduction du célèbre passage d'*Hamlet* : « dis-
lui qu'il faudra qu'elle en vienne à ce visage-là »,
rappelle par son caractère morose la fantaisie
lugubre d'Hogarth. C'est de beaucoup la plus
acceptable des toiles où Wiertz s'est posé en ven-
geur de la morale.

Wiertz avait-il du génie ? A mon avis, il en a
eu deux fois en sa vie, dans les deux tableaux
qui s'intitulent *un Grand de la terre* et *la Chair*

à canon. Un Grand de la terre est une page
digne de Rabelais, grand éloge, mais qui est
l'expression la plus exacte de la vérité. Un immense géant, Polyphème ou Gargantua, qui pourrait prendre les aigles au vol, le corps plié en
deux, écrase à ses pieds des légions d'ennemis
comme nous écrasons une fourmilière, et de ses
mains étendues atteint ses victimes en fuite. Un
détail d'une heureuse invention sert à faire comprendre la puissance colossale du géant : deux
hommes placés sous l'ombre d'une de ses jambes,
et qui n'atteignent pas jusqu'à son genou, lancent
avec force d'énormes quartiers de roche qui
n'iront pas frapper plus haut que sa cuisse. Or
ces deux hommes sont de taille et de vigueur
plus qu'ordinaires, et pourraient eux-mêmes passer pour des géants dans un autre royaume que
celui de Brobdingnac. Jamais on n'a exprimé avec
une plus grande énergie ce que le pouvoir politique a de formidable, ce que la force a de fatalement malfaisant par le jeu naturel de ses organes.
Voilà bien le pied qui mesure neuf arpents et
qui, en se posant à terre, écrase, sans même les
sentir, des victimes sans nombre; le bras qui,
en s'étendant, peut surprendre dans l'ombre ceux
qui, parce qu'ils sont loin de sa présence, se
croient hors de sa portée; l'œil qui, du sommet

de la tête, peut, comme un baron féodal du haut de sa tour fortifiée, apercevoir les moindres mouvements des myrmidons d'en bas qui s'agitent dans la plaine. Cette fois le symbole fait corps avec l'idée qu'il veut exprimer et n'en est pas aisément séparable comme dans ses autres tableaux. L'idée n'est pas née d'abord toute abstraite et grelottante en demandant un corps qu'elle a oublié d'apporter avec elle, et l'artiste n'est pas venu, après de longues combinaisons, la revêtir d'un symbole laborieusement cherché qui, pouvant s'appliquer à beaucoup d'autres idées que celle-là, lui irait comme un vêtement trop large ou trop étroit. C'est ce même mérite que nous admirons dans *la Chair à canon*, où l'artiste a représenté de beaux enfants nus jouant autour de l'instrument de mort. Cette pensée n'a pas été froidement combinée, elle s'est élancée du cerveau de l'artiste d'un jet franc, soudain, entraînant après elle sa forme, née à la même minute qu'elle, ce qui est la condition indispensable des heureux engendrements intellectuels. Cela est simple, clair, fort, et va sans plus de lenteur que l'étincelle électrique frapper directement au cœur.

Wiertz était possédé de la monomanie du grandiose. Il semble avoir obéi toute sa vie à une idée enfantine qui ne se rencontre guère que dans la logique populaire, c'est que la grandeur se mesure à la toise, qu'une grande pensée exige nécessairement de grandes dimensions. On aurait pu lui faire observer que le spectateur était en droit de tenir ce même raisonnement, et de mesurer l'admiration qu'il devait accorder aux dimensions de la toile offerte à ses regards. Puisque vous me présentez une toile qui a vingt pieds de haut sur quarante de large, pourquoi ne serais-je pas en droit d'exiger de vous six fois plus de génie que je n'en exige d'un tableau qui n'a que trois pieds? Je suis loin de méconnaître le talent de toiles comme le *Triomphe du Christ* et autres, et encore moins de méconnaître le prodigieux travail qu'elles ont demandé; mais je ne puis m'empêcher de remarquer que le résultat obtenu n'est pas en proportion d'un tel effort, et j'en conclus que le génie du peintre n'était pas non plus en proportion avec son ambition. Oh! que le vrai génie est exempt de semblables ambitions! Voyez Rembrandt. Celui-là fut un véritable novateur, non seulement parce qu'il illumina ses toiles des magies encore inconnues avant lui du clair-obscur, mais parce qu'il réalisa pour son pays et son époque le projet que Wiertz avait rêvé de réaliser pour le sien, et cela, il le fit sans crier gare, sans prévenir ses contemporains, et beaucoup sans doute à son insu. Toute l'interprétation démocratique du christianisme par la Réforme a passé dans ses toiles. Hardiment il installe les scènes de l'Ancien et du Nouveau Testament dans la basse-cour d'une ferme, dans la salle vulgaire d'une auberge de village, dans la chambre d'un moulin ou sur le seuil d'une pauvre chaumière. Voilà bien le Christ conçu par la Réforme, le Christ redevenu fils de l'homme, qui abdique toute fierté royale, s'assied aux foyers populaires, et tout à coup, révélant son auréole, transforme les plus pauvres taudis en palais d'Orient, et laisse ses hôtes éblouis comme les pèlerins d'Emmaüs, ou prosternés de reconnaissance comme le vieux Tobie devant l'ange qui s'envole. C'est bien là, ou je me trompe fort, ce qu'on peut appeler mettre la peinture au service de l'esprit de son temps. Rembrandt a fait plus, car il a mis prophétiquement dans ses toiles l'esprit du temps qui n'était pas encore et les idées à l'état de germes dans les limbes de l'avenir. Embrassant à la fois d'un regard de son génie intuitif la vie présente du protestantisme et ses plus lointaines conséquences, il a deviné ce christianisme rationaliste que le protestantisme devait enfanter comme un fruit

tardif et que nous avons vu mûrir de nos jours.
Pour réaliser de si grandes pensées, que lui a-t-il
fallu? Vous connaissez les dimensions de ces
toiles merveilleuses, *les Disciples d'Emmaüs,
Tobie prosterné devant l'ange, la Présentation
au temple, l'Adoration des Mages;* mais nous
devons retrouver Rembrandt, et ce que nous venons de dire suffit et au delà pour montrer la
distance qui sépare un homme de génie véritable d'un esprit témérairement ambitieux.

IV

TROIS RÉSURRECTIONS DU PASSÉ.
BRUXELLES, GAND, DELFT.

Un des plus grands plaisirs des voyages, c'est de voir le passé se dresser subitement devant vous, de vous sentir ramené à l'improviste à plusieurs siècles en arrière, comme si vous aviez été porté par un tapis voyageur plus magique que celui du prince Noureddin et qui aurait le privilège de dévorer le temps aussi bien que l'espace; mais ce plaisir est plus rare qu'on ne pense, et il est même d'occurrence ordinaire que c'est là où on l'attend le plus qu'on le rencontre le moins. Je me rappellerai longtemps la déconvenue que j'éprouvai lorsque, il y a déjà bien des années, je visitai Aix-la-Chapelle après avoir visité Cologne. A Cologne, quelle fête pour l'imagination! A peine a-t-on quitté le chemin de fer,

qu'on se sent doucement poussé hors du présent
par des mains invisibles, qui vous font reculer,
reculer, jusqu'à ce qu'elles vous aient arrêté
avec une précision admirable juste au xve siècle,
avant l'aube même de la Réforme. Le moyen âge
vous sourit par toutes ces fenêtres, hautes comme
des portes et étroites comme des lucarnes, qui,
sans souci de la symétrie, percent inégalement
les façades des maisons; il vous escorte pendant
vos visites à ces si vieilles basiliques, Saint-
Géréon, Sainte-Ursule, Saint-Cunibert, et, avec
la bonhomie d'un vieux chef d'État qui n'aurait
jamais été inquiété dans la possession de son
pouvoir, il vous parle de ses victoires d'autrefois
tout comme si ces victoires n'avaient pas été
emportées par les siècles. Et de fait elles sont là
bien visibles et bien authentiques. Nulle ville
peut-être ne représente autant que celle-là le
triomphe du moyen âge, car non seulement les
fleurs légendaires y ont encore aujourd'hui tout
leur parfum mystique, mais le moyen âge même
y apparaît vainqueur de la civilisation romaine,
qu'il a donnée pour escabeau à ses pieds et dont
il a pris les pierres pour bâtir ses basiliques.
Saint Georges foulant aux pieds le dragon après
l'avoir renversé revient au souvenir lorsqu'on
cherche une comparaison pour ce complet triom-

phe de la civilisation chrétienne sur la civilisation
païenne. Tout ému de ce spectacle, j'avais cru
en rencontrer un au moins pareil à Aix-la-Chapelle, puisque ses souvenirs étaient plus grands
encore que ceux de Cologne. Hélas! ville muette,
lèvres closes et refusant obstinément de s'ouvrir.
En vain mon imagination s'agitait; les noms de
Charlemagne, d'Emma, d'Éginhard, restaient absolument sans pouvoir quelconque d'évocation.
La seule impression que j'aie ressentie est celle
d'un passé extrêmement lointain, et que je ne
pouvais ressaisir qu'en sautant un fossé recouvert d'épais brouillards qui m'empêchaient d'en
sonder la profondeur. Chose étrange, ce n'est
pas toujours l'antiquité la plus reculée qui est
pour nous la plus obscure, et j'éprouvai à Aix-
la-Chapelle exactement le même sentiment pénible que j'ai invariablement éprouvé dans mes
lectures historiques lorsque je me suis trouvé en
face des ixe et xe siècles. On remonte facilement
le moyen âge jusqu'à Charlemagne; on le descend
facilement jusqu'au xe siècle. Dans le premier
cas une obscurité lumineuse comme celle du
crépuscule, dans le second une lumière qui va
progressivement des teintes gaies du matin à la
froide vapeur grise de l'aube, permettent aux
yeux de l'esprit de distinguer exactement les

combinaisons de la Providence et les coups de dés du sort ; mais, après Charlemagne et avant le xe siècle, il faut absolument s'arrêter, ou traverser sans y voir deux longs siècles de pleine nuit, la plus noire qui ait, je crois, jamais enveloppé l'humanité, si noire et si longue que les hommes de cette époque ne me paraissent avoir été que tout simplement judicieux avec leur terreur de l'an 1000, car, à la distance où nous sommes, l'imagination, pour peu qu'elle soit susceptible, éprouve encore exactement la même épouvante.

C'étaient des souvenirs historiques que j'étais venu chercher à Aix-la-Chapelle, mais les seuls que j'y aie rencontrés étaient de nature toute contemporaine. Après avoir visité l'hôtel de ville, ce mammouth des édifices municipaux, et son étroit escalier de pierre en colimaçon par où sont montés tant de césars du saint-empire, je me fis conduire au sommet de la Louisberg, non par amour pour la nature, mais par une sorte de curiosité archéologique, afin de découvrir une partie de ce pays de Juliers qui a servi de prétexte pour faire couler tant de sang. Je ne perdis pas mon voyage. Quel charmant édifice on rencontre à mi-route, bâti en briques rouges, d'une architecture élégante et modeste à la fois, précédé d'un grand parterre tout en fleurs! C'est l'hôpital de Sainte-Marie, *Saint-Maria Hof*, le plus beau que j'aie encore vu, et certainement un des plus riants lieux de misère qui existent! La vue de cet édifice plaida subitement dans mon esprit en faveur du présent contre ce passé que j'étais venu chercher d'abord. L'esprit de notre siècle, pensai-je, parle pourtant par ce monument, il dit que lui aussi a droit à quelque respect. Plus heureux certes sont les malades qui souffrent et meurent bien chaudement entre ces jolies murailles que ceux qui souffraient et mouraient dans des tanières qu'auraient déser-tées les bêtes! Plus heureux les convalescents qui viennent ressaisir la santé dans les allées de ce parterre que ceux qui allaient la demander au soleil des grandes routes! Ainsi j'étais venu dans l'espérance que la ville carlovingienne me parlerait de son grandiose passé, et je ren-contrais le génie du présent qui me riait au nez, me rappelant son esprit d'humanité et la douceur relative de ses mœurs. Aimable et instructive m tification après tout, et qui me permit de m'éloigner d'Aix-la-Chapelle en répétant ces pa-roles du poète qu'elle avait littéralement réa-lisées :

Sæpe, premente deo, fert deus alter opem.

Le pouvoir d'évocation que je n'avais pas trouvé à Aix-la-Chapelle m'a manqué plus d'une fois dans mon excursion en Flandre et en Hollande, et cela aux lieux où j'aurais souvent cru qu'il me viendrait le plus facilement en aide : mais il est trois endroits au moins où le passé se dresse à vos côtés aussi vivant que s'il était encore le présent, et, chose curieuse, ces trois endroits sont trois places, la place de l'hôtel de ville à Bruxelles, le grand marché du Vendredi à Gand, et la superbe place qui sépare l'hôtel de ville de la grande église de Delft. Partout les édifices m'ont donné la sensation de tombes renfermant une poussière illustre ou de logis déserts dont le maître est absent sans esprit de retour; mais là, dans ces trois espaces ouverts, il semble que la vie du passé qui s'y agita si tumultueuse ait imprégné l'air ambiant, le sol et les pierres même de ses chaudes vapeurs, si bien qu'on donne immédiatement leurs noms aux spectacles que ces lieux ont vus, comme on nomme le parfum qui a été contenu dans une fiole longtemps après que la dernière goutte a été épuisée; ces spectacles, à Bruxelles, ce sont des fêtes et des exécutions, à Gand des émeutes populaires, à Delft des attroupements pacifiques pleins de fièvre et d'anxiété.

« A l'hôtel de ville, puis à Sainte-Gudule, immédiatement, » dis-je au cocher chargé de me conduire à travers Bruxelles; mais il me parut que le respect du passé n'avait pas trouvé dans l'âme de ce cocher, je ne dirai pas un sanctuaire, mais même une simple mansarde, car il se mit à réclamer en faveur des droits du présent avec la même insistance radicale que s'il s'était agi d'élire feu M. Verhaegen. « Mais, monsieur, me dit-il d'un air où pointait un léger reproche, nous avons aussi la colonne de la Constitution. — Cela m'est égal, je la vois d'ici; menez-moi à l'hôtel de ville. — Mais, monsieur, nous avons le monument des Martyrs. — Fort bien, je le verrai plus tard; pour le quart d'heure, j'aime mieux que vous me meniez à Sainte-Gudule. — Mais non, monsieur, il vaut bien mieux que je vous fasse voir le marché couvert et les galeries Saint-Hubert. — Ah! ma foi, allez où vous voudrez et faites ce qui vous plaira. » Mon obstiné cocher eut raison cependant de ne me conduire à l'hôtel de ville qu'après m'avoir montré la ville moderne, car le contraste fut ainsi plus saisissant. Rien certes n'est étrange comme cette antithèse. Cette place de l'hôtel de ville éclate au milieu du Bruxelles moderne comme un chapitre de Walter Scott qui se trouverait relié au beau milieu d'un roman de Balzac, ou mieux encore comme une scène de Shakspeare qui serait intercalée au milieu d'une comédie de Scribe.

Toute l'ancienne vie des Flandres est là, au moins dans ce qu'elle eut de joyeux, d'heureux et de noble. Dans ce ravissant édifice, les dons et les inclinations des vieux Flamands se laissent lire en caractères admirables, somptuosité alliée à la bonhomie, magnificence cordiale, amour de l'ornement poussé volontiers jusqu'à l'étalage, une délicatesse inouïe unie à une solidité réelle qui fait penser à un ouvrage de fées sorti d'une main noueuse de géant, ou à ce filet si subtil dont Vulcain enlaça Vénus et Mars, et qui était pourtant l'ouvrage des robustes cyclopes enfumés. Et de fait c'est la comparaison qui s'est présentée à notre esprit toutes les fois que nous avons contemplé quelques-uns des édifices municipaux de la Flandre, le bijou gothique de Bruges, la partie non italienne de l'hôtel de ville de Gand. Contraste singulier et pourtant fort explicable ! là où nous mettons le plus notre âme, c'est dans nos aspirations, et les qualités que nous préférons entre toutes sont celles qui sont contraires à notre nature. C'est ainsi que tous ces riches vendeurs et tisseurs de laine,

Hôtel de ville de Bruxelles.

foulons, tanneurs, élevèrent autrefois ces édifices qui sont comme des aspirations à la grâce, délicates comme le désir d'où elles sortirent, solides comme les mains qui les élevèrent. Nul peuple peut-être n'a su assouplir et rendre la pierre riante comme les Flamands. Ces charmants édifices n'ont aucune rigidité, rien qui rappelle la résistance de la matière qui les a formés ; on dirait que ces pierres furent une espèce de chair susceptible de prendre les mouvements les plus délicats : de là l'aspect pittoresque des édifices flamands. Ceux qui aiment à rapporter à une faculté principale les manifestations les plus opposées de la vie d'un peuple trouveront ici une confirmation de leurs théories à laquelle ils n'ont pas songé peut-être. Les Flamands sont peintres avant tout et ils ont porté dans leur architecture leurs qualités de coloristes. Leurs édifices rient à l'œil, qu'ils amusent, comme le plus éclatant de leurs tableaux. De tous les échantillons de ce pittoresque architectural, le plus achevé est certainement la place de l'hôtel de ville de Bruxelles.

C'est mieux que le décor d'un tableau, c'est un tableau tout fait. La place est disposée à souhait pour les jeux de l'ombre et de la lumière. Les maisons des métiers, délicatement ouvragées, appellent aux fenêtres et aux portes comme com-

plément naturel ces riches costumes et ces couleurs variées que repoussent au contraire les
édifices au style sévère et les demeures aux
façades unies. On n'a aucune peine à se représenter le gai spectacle que pouvait offrir cette
place les jours de fête et de tournois seigneu-
riaux, lorsqu'une foule bariolée la bordait et que
les riches bourgeoises des métiers se penchaient
aux fenêtres afin de contempler les simulacres
d'exploits des grands de ce monde. Et quelle
admirable arène de tournois, surtout quand on
la compare à celle que d'autres villes accordaient à leurs princes et seigneurs ! Certes, lorsqu'un bourgeois de Bruxelles visitait Francfort,
la ville impériale, et qu'il voyait cette étroite
place, comprise entre le Rœmer et la cathédrale,
où dans les jours solennels s'ébattaient les chevaliers, il devait se sentir fier et pouvait dire à
quelqu'un de ses compères de la vieille ville
libre : « Vraiment, c'est là tout l'espace que
vous accordez à vos seigneurs, cette arène de
combats de coqs où les deux adversaires n'ont
pas de champ pour s'élancer l'un contre l'autre,
et où il doit arriver de deux choses l'une, ou bien
qu'ils s'embrochent du premier coup, ou bien
que faute d'élan ils ne se font jamais aucun mal,
sans compter que, grâce à la disposition de cet

étroit champ clos, l'éclat d'une lance d'un chevalier maladroit ou malheureux peut aller crever l'œil de quelqu'un d'entre, vos enfants ou vos femmes aux fenêtres. Nous, nous faisons mieux les choses, et quand nos maîtres nous font l'honneur de nous visiter, nous avons à leur offrir une belle place, bien vaste, à leur grand plaisir et au nôtre aussi, car, comme ils ont toute latitude pour prendre leur élan, il est arrivé plusieurs fois que certains ont été désarçonnés, ce qui a donné plus de mouvement à la fête, et même que quelques-uns se sont tués, ce qui nous a fourni matière à conversation pendant un mois, et nous a gratifiés d'une date pour fixer nos souvenirs. »

Mais les Bruxellois du temps présent peuvent être fiers de cet hôtel de ville non moins que leurs ancêtres, car il leur rend, s'ils savent bien observer, un service politique des plus signalés. Mieux qu'aucun édifice moderne, mieux que la colonne de la Constitution, mieux que le monument des Martyrs, cet hôtel de ville sacre Bruxelles capitale et établit l'authenticité d'une nationalité belge. Quand on ne voit que la ville moderne, on peut vraiment douter de cette fameuse nationalité belge tant controversée. Est-ce une capitale qu'on vient de parcourir, ou bien

n'est-ce qu'une belle ville de province française?
Mais dès qu'on arrive sur cette superbe place,
on ne doute plus. Oui, Bruxelles est bien une
capitale, car une capitale seule peut contenir un
pareil hôtel de ville. Ce n'est pas là l'hôtel de
ville d'une simple cité à franchises ; il a un
caractère plus général qui en fait le résumé, la
synthèse de la vie éparse dans tout le pays et
qui partout ailleurs n'a donné d'elle-même que
des expressions locales et particulières. Cet hôtel
de ville est donc le meilleur témoin de la nationalité belge; il s'appuie sur l'authenticité de
l'histoire pour attester que ce peuple avait sa
manière de vivre libre et indépendante longtemps avant 1830, et je m'étonne que quelque
avocat patriote n'ait pas encore songé à employer cet argument. Le véritable monument des
Martyrs, c'est cette place où furent décapités
Horn et Egmont pour avoir soutenu, eux aussi,
à la manière de leur temps, les droits de cette
nationalité; la véritable colonne de la Constitution, c'est cet édifice où de longues générations
de bourgmestres et d'échevins exercèrent les
franchises municipales et les défendirent contre
leurs voisins redoutables et leurs maîtres puissants, rois de France, ducs de Bourgogne, rois
d'Espagne, césars d'Autriche. S'il suffit par

hasard d'un sentiment durable pour former une nationalité, les Belges sont bien un peuple distinct. Dans la salle du conseil, on voit un plafond peint par Janssens représentant l'assemblée des dieux, dont les figures paraissent changer d'attitude selon le point de vue d'où on les regarde. Elles n'en ont pourtant qu'une seule, et c'est ainsi que sous les dominations diverses qu'elle a traversées, et qui ont paru la réduire au rang de province et lui enlever ainsi tout droit à se proclamer une nationalité, la Belgique a toujours au fond gardé le même caractère, la franchise de cet esprit municipal dont l'hôtel de ville de Bruxelles est la suprême expression.

Si toute la vie joyeuse et toutes les pompes officielles des anciennes Flandres ressuscitent sur la place de l'hôtel de ville de Bruxelles, toute leur vie orageuse et populaire ressuscite sur le grand marché du Vendredi de Gand. Réduite comme elle l'est aujourd'hui, cette place est encore singulièrement imposante; mais au moyen âge, quand elle présentait une étendue double, elle dut avoir quelque chose de réellement formidable. Ceux qui aiment à appliquer à l'histoire un certain système de génération spontanée, qui croient que la vie des nations se crée d'elle-même ses organes, peuvent s'autoriser de l'exis-

Place du Vendredi.

tence de cette place pour affirmer la vérité de leurs théories. Étant donnée une population turbulente, dont la révolte était l'âme, un champ d'émeute admirablement choisi s'est créé de lui-même dans les meilleures conditions possibles pour faciliter la rébellion et assurer au peuple en un clin d'œil l'exécution de ses volontés. Il était assez vaste pour contenir toute la population de la ville; quand il était rempli, Gand était nécessairement vide, et il ne devait rester au logis que les octogénaires, les malades et les peureux. Situé au centre de la cité, la foule pouvait en quelques minutes s'y porter de tous les quartiers à la fois, et, ses résolutions prises, se retirer sans encombrements anarchiques par toutes les artères d'où avait découlé son déluge. A un signal donné, tous ces gens de métiers, laissant leurs portes ouvertes derrière eux, et leurs boutiques à la garde d'une fillette ou d'un apprenti, débouchaient sur la place, étroitement enlacés, bras dessus bras dessous, et se poussant avec ce robuste coup d'épaule qui fut célèbre à Rosebecque : là ils se pressaient autour de l'orateur populaire, Jacob d'Arteveld, Jean Lyon ou Pierre Dubois, donnaient aux soufflets de forges qui leur servaient de poumons l'hygiénique exercice d'une heure ou deux de vociféra-

tions flamandes, amnistiaient un meurtre, en
accordaient un autre, déclaraient en danger les .
vieilles franchises de Gand, décrétaient la guerre
contre Bruges ou Audenarde pour le lendemain,
puis retournaient achever l'ouvrage commencé.
C'est à peine si la vie sociale devait être suspen-
due quelques heures par ces attroupements
périodiques, et certes rarement jour d'émeute
dut être complètement un jour de chômage, tant
cet organe essentiel de la vie gantoise était merveilleusement approprié à ses fonctions.

Le marché du Vendredi est le témoin historique de la véritable démocratie gantoise, qui
est comprise tout entière dans un seul siècle,
le xive, après lequel elle décline pour ne plus se
relever que sous des formes affaiblies. Dès lors
le marché célèbre voit diminuer les bruyantes
visites : mais dans ce court espace de quatre-
vingts ans, que de choses cette place n'a-t-elle
pas vues ? Elle a vu les convocations de Jacob
van Arteveld, un des plus remarquables organisateurs des forces populaires qui aient jamais
été, le véritable créateur de cette démocratie gantoise, informe jusqu'à lui et qui ne put survivre
à ses traditions. Elle a entendu les députés
gantois, revenus de leur ambassade auprès
d'Edouard III, insinuer la trahison de Jacob et

le peuple partir courroucé en vociférant : « Nous voulons qu'on nous rende compte du trésor des Flandres. » Elle a vu Jean Lyon, ex-favori de Louis de Male, se soulever contre son seigneur, et, déclarant que c'en était fait des franchises de Gand si les gens de Bruges pouvaient détourner la Lys à leur profit, lancer la terreur sur la cité et la guerre sur les villes voisines. Puis elle a vu les quatre capitaines des chaperons blancs se partager le pouvoir militaire, et lorsqu'ils eurent été tués, moins un seul, ce dernier survivant, ému d'une pensée patriotique, renouer la tradition du grand Arteveld et présenter Philippe son fils aux acclamations du peuple. Nul monument dans cette ville de Gand, qui en contient de si divers, n'égale en importance historique ce vaste espace ouvert, bien tranquille aujourd'hui, mais où circule encore le fantôme de la démocratie flamande, et que l'imagination peuple sans efforts de la fourmilière humaine à têtes blondes, à barbes rousses, qui s'y agitait autrefois en brandissant ses marteaux de forgeron et ses barres de tisserand.

De Gand à Delft, la distance est moins grande qu'il ne semble au premier abord, car, bien mieux que Bruges, bien mieux qu'Anvers, Gand, quoique moins au nord, est la véritable transition de la Flandre à la Hollande. Un souffle de Hollande se fait sentir dès qu'on est à Gand ; c'est la même lumière douce, un peu moins pâle, la même fraîche verdure, un peu moins mate seulement ; l'air y est déjà humide, les eaux commencent à prendre quelque chose de cette transparence qu'elles ont en Hollande. Historiquement aussi, Gand fait la transition de la Flandre à la Hollande, la commune gantoise étant de toutes les communes flamandes celle dans laquelle se manifestent le plus fortement les qualités propres au caractère hollandais, une indépendance entière, un radicalisme d'opinion sans mélange, une allure démocratique toute d'une pièce, sans alliage de ces hésitations, de ces mouvements de déférence et d'obéissance qui se remarquent dans l'histoire des autres municipalités de Belgique.

Ce sont encore des attroupements populaires qu'évoque cette magnifique place de Delft, comprise entre un hôtel de ville sans grande beauté, mais solide, cossu comme un bourgeois bien posé, et une église qui, sans rien d'admirable, a de la masse et de l'élévation ; seulement ces attroupements ont un caractère bien différent de ceux de Gand. Ce n'est pas un peuple attroupé d'une manière menaçante pour défendre ses franchises ; c'est un peuple attroupé par anxiété patriotique pour apprendre des nouvelles de ses défenseurs. Le peintre qui voudrait représenter quelqu'une de ces foules si fréquentes dans les Pays-Bas du XVIᵉ siècle ne pourrait choisir une meilleure scène que la place de l'hôtel de ville de Delft. On voit d'ici le tableau. Le peuple est accouru pour entendre la lecture de quelque proclamation ou les nouvelles de la guerre, celles du siège de Leyde ou de Harlem. Il se fait tard, le crépuscule tombe, ou même la nuit est déjà venue, mais l'anxiété populaire demandait satisfaction immédiate. Des torches allumées éclairant çà et là fortement quelques groupes font d'autant mieux ressortir cette masse baignée d'ombres. Debout sur le perron de l'hôtel, ou même familièrement mêlé au peuple, et s'en distinguant seulement par le cercle de torches qui l'entoure, le bourgmestre lit les nouvelles. Auprès de lui, on peut supposer quelque éminent personnage ; peut-être le grand Guillaume, dont Delft était la résidence, est-il là en personne, tel qu'on le voit sur le tombeau somptueux et tourmenté de l'église neuve, avec son petit bonnet de soie noire sous lequel nous ne l'avions jamais imaginé avant d'aller en Hollande, et son pauvre habillement militaire, dont ne voudrait pas le dernier de nos sous-lieutenants, et qui dépasse de beaucoup la simplicité très connue de la mise de Cromwell [1].

1. Ce petit bonnet de soie noire avec lequel Guillaume est souvent représenté dans les portraits que l'on voit en Hollande a été pour nous une véritable surprise. Il modifie, sans l'altérer, le caractère de sa morose et sérieuse physionomie; il lui donne une bonhomie et une familiarité paternelles qu'il n'a pas du tout dans les images que nous avions vues de lui, ni dans les statues équestres et autres qui décorent les places publiques, celle de la Haye, par exemple, où le prince seul apparaît, figure bien campée d'ailleurs et non sans mérite. Ce bonnet en fait mieux que le défenseur des libertés néerlandaises, il en fait vraiment le père du peuple qu'il soutint. Quant aux vêtements que portait Guillaume le jour où il fut assassiné, précieuse relique que l'on conserve au Musée des curiosités de la Haye, ils plaident étonnamment en faveur de son esprit d'économie et du puritanisme de ses habitudes. Ni le roi Dagobert, ni le roi Étienne d'Angleterre, tous deux célèbres par la médiocrité de leur garde-robe, n'ont certes jamais porté de pareils vêtements; mais cette pauvre guenille, pour celui qui sait voir, sacre le prince d'Orange politique accompli autant que grand patriote. Le chef des *gueux* a vraiment porté leur costume. Le seul objet de prix que l'on rencontre parmi ces loques est une montre d'or avec deux miniatures, l'une sur le cadran, l'autre sur le côté intérieur du boîtier. Ces deux miniatures ont-elles une signification? L'une représente une cérémonie difficile à définir qui se passe dans un temple. Est-ce un mariage? Alors pourquoi l'enfant nu qui est aux pieds des personnages n'a-t-il pas les attributs de l'Hymen? Et que sont ces deux dames qui, dans la seconde miniature, appellent l'enfant? L'une se courbe pour le recevoir; l'autre observe une attitude plus réservée. Il n'est pas possible que cette montre ait été léguée à Guillaume, et il est plus que probable qu'elle avait été achetée et commandée par lui. Quelque archéologue hollandais devrait bien prendre cette montre pour sujet d'une savante dissertation. Pour nous, nous avons fait en la regardant toute sorte d'hypothèses que nous exprimons, bien entendu, sous toutes réserves. Peut-être les deux dames sont-elles les deux femmes de Guillaume. Peut-être symbolisent-elles la Flandre et la Hollande, et l'enfant représente-t-il la religion réformée.

Telle fut sans doute la scène que présenta Delft
le soir du 30 octobre 1574, quand les courriers
de Leyde apportèrent la nouvelle que le siège
avait été levé le matin même; tel le spectacle
qu'il dut présenter presque tous les soirs pendant le cours de cette cruelle guerre, car par sa
position Delft était admirablement choisi pour
servir de centre de nouvelles, et les courriers
devaient y arriver plusieurs fois par jour des
grandes villes du nord et du sud avec une célé-
rité à laquelle nos chemins de fer n'ajouteraient
que peu de chose. En allant à franc étrier, un
cavalier pouvait, en moins d'une heure, venir de
Rotterdam avec les nouvelles de Flandre; en
quatre heures, cinq heures au plus, il pouvait
venir d'Amsterdam apportant les nouvelles du
nord et de la Frise. Delft fut alors le théâtre
de longues heures de fièvre et d'attente, et ces
heures, le voyageur les ressuscite sans peine
quand il visite cette ville.

Cet éclat n'a duré qu'un moment, cette importance fut toute passagère, et, une fois la guerre
terminée, Delft, cessant d'être le séjour de l'état-
major de l'insurrection et son bureau central de
nouvelles, passa rapidement de cette existence
agitée à la paix profonde qui l'enveloppe aujour-
d'hui. Les Hollandais, ingrats pour cette ville,

prétendent qu'on y meurt d'ennui. Elle est pourtant bien jolie avec sa grande place enfermée comme une île entre ses canaux, la belle rangée de demeures au caractère aristocratique qui part du *Prinzenhof*, et les riantes maisons de brique rouge vif de ses extrémités, particulièrement de la route qui mène à la Haye. Telle elle était vingt ans après la guerre, telle elle est encore aujourd'hui. On la reconnaît sans peine dans l'admirable petit tableau qu'un peintre à peu près inconnu parmi nous lui a consacré au xviie siècle, et qu'on peut voir au Musée de la Haye : voici bien le canal qui va de Delft à la Haye, c'est bien toujours ainsi que les maisons baignent leur pied dans l'eau immobile, c'est bien toujours ainsi que la lumière frappe sur les murailles rouges.

Cette *Vue de Delft*, peinte par Van der Meer, qui était lui-même né dans cette ville, n'a pas été remarquée comme elle le mérite, et parmi les rares connaisseurs qui l'ont signalée, nous ne voyons guère que Théophile Gautier qui lui ait attribué son importance réelle. C'est un des plus charmants bijoux de ce musée de la Haye, qui en contient tant. Tous les échantillons de Van der Meer que nous avons eu le bonheur de voir nous ont donné des sensations que nous appellerons volontiers modernes, puisque nous ne les avons éprouvées que devant les toiles de peintres tout à fait contemporains, peut-être parce que les procédés qu'il employa sont ceux dont se sont servis de préférence certains artistes de nos jours. Croiriez-vous, par exemple, que cette *Vue de Delft* nous a donné la sensation d'un Decamps, à ce point qu'au premier aspect nous avons cru à un tableau de ce peintre égaré à la Haye? C'est le même coloris que Decamps, la même magie de réalité, le même relief, plus une transparence, particulièrement dans la manière dont les eaux sont traitées, que Decamps n'eut jamais à ce degré. Le Musée van der Hoop contient de Van der Meer un petit tableau de genre représentant une femme en robe bleue debout et lisant une lettre. Mon livret m'assure que ce tableau est un peu terne et froid. Mon livret est trop sévère; mais, si Alfred Steevens l'a vu, il me semble qu'il a pu dire : Voilà un tableau que je voudrais avoir signé. De cette œuvre s'échappe ce même sentiment de fine réalité que nous avons goûté si souvent dans les petites toiles où Steevens a transporté la vie bourgeoise de la Belgique de nos jours, et il est en outre comme parfumé d'une chasteté que Steevens ne connaît pas. Tout un monde intermédiaire hollandais, aussi loin du monde de van Ostade que du monde de Terburg, un monde bourgeois, sérieux, sédentaire, de mœurs pures, d'habitudes nettes, ayant la propreté pour élégance, la sensibilité contenue pour passion, ressuscite dans cette petite toile de Van der Meer. Quant au ton un peu froid qui résulte des couleurs bleue et grise employées par l'artiste, il est en parfaite harmonie avec le caractère du type féminin représenté et avec le caractère plus général de la vie modeste, honnêtement ordonnée, que ce type révèle. Le bleu et le gris perle sont les couleurs des mœurs pures et des existences qui préfèrent la netteté à l'éclat, et la sévérité de mon livret n'a pas assez tenu compte de l'analogie descouleurs avec les sentiments humains.

C'est sur cette note presque moderne amenée par un peintre ancien qu'il nous plaît d'arrêter cette promenade à travers le passé ; mais le temps a-t-il une existence, et ce passé diffère-t-il beaucoup plus du présent que le charmant Van der Meer de nos modernes paysagistes et peintres de genre ?

V

PIERRE-PAUL RUBENS

Quiconque admire Rubens sur les seuls échantillons que nous possédons de lui risque fort de le calomnier. Ceux qui ne l'ont vu qu'à Paris connaissent exactement le grand coloriste, l'homme de métier, le maître-ouvrier, l'artiste qui posséda, plus que personne au monde, l'œil et la main du peintre; mais c'est à Anvers qu'il faut aller pour connaître l'homme de génie et pour se rendre compte de sa portée d'âme et d'intelligence. Rubens n'est pas seulement le plus grand des peintres flamands; sans en avoir trop conscience et par le seul instinct du génie, il a renfermé dans ses toiles toute une philosophie religieuse. Il a donné par la peinture l'expression suprême du christianisme qui fut propre aux Flandres, et il a résumé toutes les interprétations que les autres

...vaient présentées de ce senti-
...nissant. Expliquons, en quel-
...consiste ce sentiment.

...des Flandres est un chris-
...populaire, compris par une
...celle qui est la plus rappro-
...te physique, celle qui met
...sentent la sensibilité. C'est
...[illegible]
...[illegible] de lettres. Il ne s'est
...[illegible]
...[illegible] en France jusqu'à
...[illegible]
...[illegible]
...[illegible] dans les productions
...[illegible] plus idéales des
...[illegible] de christianis-
...[illegible] la noblesse serait-
...[illegible]
...[illegible]
...[illegible]
...[illegible] longtemps le petit
...[illegible] du christia-
...[illegible] de tout pays en effet
...[illegible] par les yeux, non
...[illegible] non par l'intelligence;
...[illegible] et il a joint les mains

pour la prière parce qu'il les avait jointes pour la compassion. Une fleur divinement merveilleuse, type de toute perfection, avait éclos de son sein, un être souverainement bon, souverainement juste, souverainement aimable, et les puissants de ce monde avaient mis en croix, après l'avoir abreuvé d'outrages, celui dont ils n'étaient pas dignes de délier les sandales. Devant ce spectacle, une stupéfaction mille fois plus redoutable que la révolte de la justice outragée, une stupéfaction que le temps ne dissipa point, et que chaque génération, chaque peuple ressentit à son tour, s'empara de toutes les âmes naïves. Un immense *est-il bien possible !* fut le cri qui sortit d'âge en âge de la conscience populaire, et ce cri est encore aujourd'hui celui qui échappe à tout nouveau chrétien. La sympathie violentée, la vie atteinte jusque dans les profondeurs où la nature physique et la nature morale se confondent, voilà le fondement de ce christianisme populaire que nous nommons charnel, non pour lui attacher aucune idée d'infériorité, mais pour désigner son origine véritable, qui fut un mouvement de la sensibilité blessée pour l'éternité.

Voilà pourquoi ces images sanglantes qui excitent les répugnances de nos beaux esprits, et qui arrachent maintes fois la désapprobation de nos *dilettanti* des classes élevées en matière de religion et de philosophie, abondent dans les temples chrétiens. Ces images, c'est la sensibilité populaire qui les a voulues et créées. Ces mains et ces pieds percés de clous, ce flanc ouvert d'un coup de lance, ce corps déchiré par les verges, cette tête saignante sous la couronne d'épines, sont les véritables objets de la dévotion populaire, car ils ressuscitent ce sentiment de pitié d'où elle sortit. Plus terrible est l'image, et plus étroitement l'âme populaire est rappelée à ce qui est son intime religion, les souffrances et la mort du Christ, plus les interjections naïves qu'appelle cette contemplation sortent profondes et douloureuses du fond des entrailles. Le Christ roi couronné de gloire dans le royaume mystique de son père, le Christ juge du *Jugement dernier* de Michel-Ange, c'est là le Christ des théologiens et des philosophes; mais le Christ saignant sur la croix, dont l'âme éminente n'a recueilli d'autre royauté que le supplice, voilà le Christ du peuple qui a aimé et aimera toujours à pleurer devant ses images les douleurs, les dangers, les affronts, auxquels l'exposent lui-même en ce monde la pauvreté et la faiblesse. Le christianisme des classes lettrées est une idée, le christianisme des classes populaires est un fait : entre les deux interprétations, il y a aussi loin que de la terrestre vallée de larmes à la mystique Jérusalem.

Ce christianisme populaire a existé dans tous les pays, mais c'est dans la Flandre seule qu'il a trouvé des interprètes de génie. Les maîtres anciens des pays allemands exprimèrent aussi ce même sentiment, et pour prendre les deux exemples les plus illustres, ce n'est pas un autre christianisme que traduisirent par le pinceau Holbein et Albert Dürer; mais dans ce pays deux événements vinrent couper court à cette interprétation, les leçons de beauté données par l'Italie et la réformation. Placée dans des conditions plus favorables, la Flandre resta fidèle au sentiment populaire, et les leçons de l'Italie ne servirent à ses artistes qu'à enrichir d'éclat et de lumière leurs traductions de ce poignant épisode devant lequel les cieux se voilèrent : *la Passion.* Cet épisode est le véritable domaine des artistes flamands, celui où ils règnent en maîtres souverains.

Le Christ qu'ils ont peint à l'envi, ce n'est donc pas le Christ radieux de *la Transfiguration*, ce n'est pas le fils de Dieu, c'est le fils de l'homme. Des deux natures qui sont en Jésus, l'une s'est dissimulée, la nature divine; l'autre, la nature humaine, se montre seule avec tout ce

La Descente de croix.

qu'il lui a fallu subir de souffrances et d'outrages. Cependant une remarque importante doit être faite ici, c'est que ces peintures, quoiqu'elles ne laissent apparaître que la nature humaine du Christ, sont cependant strictement orthodoxes et conformes à la tradition catholique. Rien n'indique mieux que ce fait à quel point de profondeur le catholicisme a jeté ses racines dans les cœurs du peuple flamand. Ce christianisme populaire qui s'attache surtout au Christ douloureux est de pente glissante; mais il n'est tombé ici dans aucune des hérésies qu'il est si apte à engendrer; rien ne rappelle dans l'art flamand le sentiment exclusivement rationaliste et démocratique de Rembrandt, ni l'espèce d'arianisme d'Albert Dürer et d'Holbein. Rien ne nous dit, devant les peintures des artistes flamands, comme devant les tableaux de Dürer et d'Holbein : Il n'était qu'homme quand il souffrit, et il s'était séparé de sa partie divine pour mieux ressentir toute l'amertume de la condition humaine. Bien moins encore nous disons-nous, comme devant Rembrandt : C'est simplement un homme pauvre et faible martyrisé par la puissance. Par une sorte de miracle dû à la foi naïve populaire, le Christ flamand n'a pas abdiqué son caractère surnaturel. Ce caractère surnaturel, il est jusque dans le corps mort de *la Descente de croix* de Rubens; mais c'est précisément par l'intensité des souffrances de la personne humaine, qui dépassent les forces de la commune humanité, que se révèle la nature divine.

Ce christianisme populaire des Flandres s'exprime encore par la forme sous laquelle l'art flamand a de préférence représenté la personne la plus importante de la religion catholique après le Christ, la Vierge Marie. La Vierge flamande, ce n'est pas la mystique jeune reine espagnole du miracle de la conception, ce n'est pas la *madonna* italienne, l'heureuse mère pressant dans ses bras un enfant aussi beau et aussi pur qu'elle, c'est la *Mater dolorosa*, la pauvre femme du peuple qui pleura toutes ses larmes au pied de la croix de son fils [1]. On la voit apparaître dès l'origine de l'art flamand, cette *Mater dolorosa*, avec son costume qui est en partie d'une paysanne, en partie d'une béguine, sa coiffe blanche, sa cape et son long manteau bleus. C'est ainsi qu'elle se présente dans *la Descente de*

[1]. Il n'y a pas de règle, aussi générale qu'elle soit, qui n'ait des exceptions, et ces exceptions sont nombreuses dans l'art flamand. Quentin Matsys, Rubens, Van Dyck et d'autres ont peint plus d'une fois la Vierge à un autre âge et avec un autre caractère; mais enfin c'est la *Mater dolorosa* qui domine.

croix d'Hemling. Comme elle pleure dans cet admirable tableau! toute l'eau de son corps est montée à ses yeux, et c'est un tel déluge qu'il semble que les larmes ne s'arrêteront jamais, tant elles coulent d'un flot vigoureux. Cette vierge d'Hemling est bien l'expression la plus sincère et la plus naturelle de la douleur que jamais artiste ait peinte. C'est ainsi qu'elle apparaît plus tard dans l'*Ensevelissement du Christ* de Quentin Matsys, éplorée, désespérée, se séparant du cher cadavre avec déchirement, comme si, par une illusion de l'amour maternel, elle croyait posséder encore son fils tant qu'elle possède son corps mort. C'est ainsi qu'on la voit enfin dans la *Mise au tombeau* de Van Dyck et dans les nombreuses toiles où le noble artiste l'a montrée au pied de la croix avec saint Jean.

Enfin ce christianisme populaire éclate dans l'art flamand par l'importance toute particulière qu'il a donnée aux personnages des bourreaux : dans ses toiles, comme dans les mystères naïfs du moyen âge, les bourreaux représentent toute laideur, toute férocité, toute bestialité. Ainsi que la compassion pour le Christ, cette haine est de nature toute physique; la sensibilité irritée met dans son aversion une force égale à son amour. On ferait la plus hideuse collection de types de

bestialité et de méchanceté avec les bourreaux
de l'art flamand; contentons-nous de nommer
ceux d'un seul ouvrage, les exécuteurs de la célèbre *Élévation en croix* de Rubens à Notre-
Dame d'Anvers. Certes, cette grande toile, œuvre de la jeunesse de Rubens, n'est pas une de
celles où son génie se montre dans sa pleine originalité, et, placée comme elle l'est à côté de la
Descente de croix, on peut mesurer la distance
qui la sépare des toiles de la maturité du peintre;
mais il est au moins une qualité par laquelle
elle peut lutter avec ses plus grands chefs-d'œuvre, la furie du mouvement. Avec quelle vigueur
tous ces goujats poussent la croix pour la plan-
ter droite! quel entrain ils mettent dans leur
horrible besogne! C'est la réalité même dans
toute sa brutalité; leurs muscles font saillie à
croire qu'ils vont éclater, et l'on entend distinctement le *hein!* qui s'échappe des poitrines de ces
rustres pour aider leur robuste effort. Rubens
avait trop de génie pour faire de ses bourreaux des
caricatures grimaçantes à la façon d'un Jordaens
ou de tel autre; mais il a fait mieux, car il en a
fait la plus franche expression de la férocité humaine.

Ce n'est pas la beauté qui est le fruit naturel
du sentiment que nous venons de décrire, c'est

le pathétique : aussi le trait caractéristique de tous les maîtres flamands, sans exception, est-il une puissance dramatique dont nulle école n'a jamais approché. Ils ont été vaincus dans la représentation et la conception de la beauté, et, quant à ces qualités d'éclat et de coloris, à cette magie de la lumière, à cette magnificence du spectacle pour lesquelles ils sont célèbres, ils ont trouvé dans les Vénitiens des rivaux après avoir trouvé en eux des maîtres et des initiateurs. Les spectacles les plus magnifiques de Rubens, — et Dieu sait s'il en est de riches ! — ne dépassent et même n'égalent pas les splendeurs des *Noces de Cana* de Véronèse, et, en tout cas, n'existeraient point sans les leçons des Vénitiens. Cet admirable volet gauche du triptyque de *la Descente de Croix* représentant la visite à sainte Elisabeth, où l'on voit la Vierge, vêtue de velours rouge, dans tout l'éclat de la jeunesse, s'avancer du pas élégant et majestueux de la princesse héréditaire du ciel, dont elle sera plus tard la reine douairière, vient en droite ligne de Venise. Il en vient aussi, le spectacle somptueux du fameux tableau à double disposition de Saint-Bavon de Gand, avec ses riches costumes et sa prodigalité de beaux visages ; mais, pour l'expression du pathétique, les Flamands furent leurs

seuls maîtres, et, parmi eux, nul, dans ses jours
les plus fougueux, n'égala jamais la puissance
dramatique de Rubens.

Il faut la voir, cette puissance, dans ce *Christ
entre les deux larrons* qui se trouve au musée
d'Anvers, et que l'on ne peut regarder sans
pleurer. Le Christ rend son âme comme il l'a
gardée pendant sa courte vie, avec douceur et
inaltérable fidélité, spectacle touchant que font
ressortir encore davantage les contorsions du
mauvais larron, qui a, lui, paraît-il, une peine
infinie à rendre la sienne. La Vierge et saint
Jean sont comme enfouis dans une douleur
muette; mais le principal personnage du tableau
est la Madeleine. Elle s'est affaissée, vaincue par
la douleur, au pied de la croix, et ses beaux cheveux blonds qui naguère avaient essuyé les parfums sur les pieds du Christ, ruissellent à cette
heure du sang qui en découle. C'est le moment
où un soldat, dure et brune figure de cavalier
des bandes espagnoles, lève la lance pour percer
le flanc de Jésus. La Madeleine a vu le geste, et
ce corps, vaincu par la douleur, se redresse avec
une énergie désespérée; elle étend les bras, elle
crie, et l'on entend distinctement encore cette
fois l'exclamation de la jeune femme. Ce qu'il y
a de tendresse, de furie d'amour dans l'accent

de cette douleur ne se peut dire ; mais là où cette puissance pathétique va jusqu'au bout d'elle-même, c'est dans le petit triptyque du *Christ à la paille* du Musée d'Anvers, véritable pendant de la *Flagellation* frénétique de l'église de Saint-Paul. Dans ce triptyque, l'ignoble supplice a pris fin, et le Christ tout sanglant est étendu sur un lit de paille, couche traditionnelle de la misère et du crime. Ce qui augmente au plus haut point l'horreur du spectacle, c'est que ce corps du Christ, ainsi déchiré, est un beau corps blanc, le même corps que le peintre a montré dans sa *Flagellation* debout et recevant les coups. En contemplant ce beau corps, les suaves compa-raisons de l'Écriture reviennent au souvenir ; on pense au lis de Jessé, à la fleur sans tache, et, cette mystique réminiscence amollissant l'âme, change l'horreur en attendrissement ; mais ce n'est encore là qu'un des degrés de ce pathé-tique. Jetez les yeux sur le volet de gauche où Rubens a donné à son tableau central la plus douce, mais la plus terrible des antithèses, Jésus enfant sur les genoux de la jeune Vierge. Quoi ! ces deux épisodes appartiennent à la même his-toire ! Quoi ! c'est à cette horreur sans nom du tableau central, c'est à cette litière sanglante que doit aboutir cet heureux enfant que nous voyons jouant debout sur les genoux de sa mère et dévoré de ses caresses! Ah! cette fois le cœur éclate, et les yeux se détournent pour chercher un autre spectacle qui laisse le temps de redescendre aux larmes, accourues à l'appel du maître. Jamais artiste n'a obtenu un pareil degré d'émotion avec une telle simplicité de moyens.

Ce qui n'est pas moins extraordinaire que la puissance pathétique de Rubens, c'est sa prodigieuse intelligence, une intelligence qui dans le domaine entier des arts n'a d'analogue que celle de Shakspeare , tout imaginative , toute d'intuition et de jet, éclairant les objets d'une lueur subite comme l'éclair, et, rapide aussi comme l'éclair, disparaissant avec une promptitude à faire douter au spectateur qu'elle ait été présente. Cette intelligence, qui est de l'ordre le plus élevé, il la dissimule de manière à presque l'étouffer, humblement, modestement, derrière ses incomparables talents d'artiste amuseur des yeux, absolument comme Shakspeare dissimule la sienne sous ses qualités de dramaturge. Il a l'air de vous dire : Je ne suis qu'un pauvre ouvrier, doué de quelque facilité, qui travaille à la toise et à 100 florins par jour; ne voyez dans tout cela que des formes, des couleurs et des groupes arrangés pour vous plaire un instant.

Mais sous cette modestie, ou plutòt sous cette indifférence, le contemplateur digne de la comprendre découvre bien vite une pensée qui est au niveau des plus grandes choses.

Contemplez-la, cette intelligence, dans l'incroyable *Adoration des Mages* du Musée d'Anvers ; là elle est digne de toute admiration. Grands dieux ! que de choses il y a dans ce tableau ! Il y a d'abord les qualités matérielles de l'artiste, qui n'ont jamais eu plus d'éclat, la beauté du spectacle, la splendeur des étoffes, les pittoresques cassures des épais brocarts, les draperies vertes et rouges, l'éblouissement de la lumière. Puis il y a la couleur locale de l'Orient, devinée deux cents ans passés avant nos modernes artistes, qui ont considéré pourtant cette couleur locale comme leur conquête et l'Orient comme le domaine qu'ils avaient découvert, ce qui par parenthèse est fait pour nous rendre modestes. Puis au-dessous de cette couleur locale extérieure et matérielle il y a la couleur locale intrinsèque et morale : toute la sagesse, toute la gravité sentencieuse, toute la révérence religieuse et aussi toute la sensualité de l'Orient sont empreintes sur les visages des divers personnages de cette grande scène. Quand vous avez énuméré et épuisé ces qualités déjà si hautes, voici bien autre chose qui se révèle à votre admiration. Tranquillement, et déguisant, autant qu'il l'a pu, sa pensée sous la pompe extérieure du spectacle, Rubens a raconté dans cette scène de l'adoration de l'Enfant divin toute la fortune future et toutes les destinées ultérieures du christianisme.

Ces trois mages représentent les trois castes de la race humaine qui tour à tour viendront à Jésus, et qui viendront à lui précisément dans l'attitude où les a représentés Rubens. Le premier et le seul qui adore réellement est le mage agenouillé aux pieds de l'enfant. Celui-là est le mage de race sacerdotale, le mage selon l'ordre de Melchisédech ; on n'en peut douter à son blanc surplis et au petit enfant de chœur dissimulé sous la forme d'un page qui l'accompagne. Le second, celui qui se tient debout à l'angle du tableau dans une attitude si redoutable, recouvert d'un si beau manteau rouge, c'est le mage de race politique, le mage selon l'ordre de Nemrod et de César, le représentant de la puissance et de la force. Aristocratiquement il se tient à l'écart ; son terrible visage, où se lit l'habitude du commandement, ne dit rien de bon ; visiblement il se passe en son âme un terrible combat où l'orgueil joue le premier rôle. L'adoration lui coûte, et lui coûtera plus encore dans l'avenir, on le voit. Quoi ! lui

Cyrus, Nabuchodonosor, être appelé de si loin par une force mystérieuse pour adorer cette créature? Quoi! une destinée merveilleuse, représentée par l'étoile conductrice, plane sur cet enfant enveloppé dans ces humbles langes? Quoi! cette image de la faiblesse sera plus puissante que la puissance, et les rois devront rendre la justice en son nom? Il y viendra cependant, car sa science magique lui apprend qu'irrésistibles sont les ordres du destin; mais il y viendra le plus tard possible, et en attendant il rechigne et fronce son sévère sourcil.

Le troisième mage est un jeune rajah indien ou un chef abyssin élégamment vêtu de vert, coiffé d'un joli turban surmonté d'une aigrette, au teint de moricaud, aux lèvres sensuelles, au visage réjoui, avec un petit ventre tout rondelet bien dessiné par son justaucorps. Celui-là ne se prosterne pas comme le premier, il ne se tient pas à l'écart comme le second; que fait-il, le jeune mécréant? Ce qu'il fait, il regarde obliquement la Vierge et l'Enfant avec des yeux en coulisse; mais il y a dans ce regard tant de bonté, le sourire de l'humaine sympathie éclaire si gentiment ce sensuel visage, le personnage respire tellement la franchise, la cordialité, l'amour, que nul respect ne vaudrait cette irrévérence. Voilà la force puissante et inconstante par laquelle le christianisme marchera dans le monde en ouvrant les sources de la pitié et de la bonté. Ah! ce jeune rajah, c'est l'image exacte de ce que le christianisme fera de la masse de l'humanité, faible de chair et riche seulement de bonne volonté, dont il ne convertira jamais entièrement la nature païenne, mais dans laquelle il déposera un levain d'attendrissement qui, à l'heure voulue, soulèvera toute la pâte de la chair. Oui, ce sont bien trois mages, car ils portent d'autres noms que ceux de Balthazar, Melchior et Gaspard; ils portent les noms des trois termes de la formule qui est la clef de voûte suprême de la magie; le premier s'appelle *Doxé*, le second *Dunamis*, le troisième *Éros*, science, puissance, amour, les trois forces dont la réunion forme la magie parfaite.

Voilà les pensées qui apparaissent par derrière les spectacles merveilleux de Rubens avec la soudaineté de l'éclair dès qu'on arrête les yeux sur eux avec une attention suffisante. Qu'on ne considère point notre explication comme un jeu de notre imagination mise en mouvement par l'enthousiasme. Cette synthèse de la fortune du christianisme est contenue en toute réalité dans ce tableau, car elle est imposée à la réflexion par l'attitude, les vêtements, les physionomies et la pantomime des personnages. On peut ne pas l'apercevoir; mais, une fois qu'on l'a aperçue, il est impossible de la nier [1].

Voulez-vous un autre exemple de cette étonnante intelligence? Prenons *la Pêche miraculeuse* qui se voit à Notre-Dame de Malines. C'est un des tableaux que tous les artistes doivent étudier avec le plus de soin, car nulle part les qualités et les défauts du dessin de Rubens ne se sont aussi ouvertement et franchement accusés. Il y a là une série d'*académies* d'après le modèle vivant aussi instructives que variées. Ces dos ronds, ces épaules carrées, ces râbles solides empruntés par Rubens aux matelots du port d'Anvers ont été peints par l'artiste avec une franchise sans mièvrerie et une mâle fermeté égale à la vigueur de ses modèles; mais ce n'est

---

1. Rubens a traité plusieurs fois le sujet de *l'Adoration des mages*, et notamment dans une toile qui orne le maître-autel de l'église de Saint-Jean à Malines; mais avec la meilleure volonté du monde il m'a été impossible de voir à mon aise cette œuvre fort estimée de beaucoup de connaisseurs : aussi n'en dirai-je rien. Il en est de même de la fameuse *Assomption* du maître autel de Notre-Dame d'Anvers. Puisque j'en trouve l'occasion, je demanderai pourquoi on laisse ces pages capitales placées dans des conditions si défavorables. Ne pourrait-on les remplacer par de bonnes copies, qui décoreraient tout aussi bien les maîtres autels que les originaux, et placer ces derniers en lieu sûr, à l'abri de l'humidité, de la fumée des cierges, et à un endroit où l'on puisse les voir?

La Pêche miraculeuse.

point pour ces qualités de métier du souverain ouvrier, ni pour ses mérites d'exécution, que cette *Pêche miraculeuse* nous attire. Qualités techniques, mérites d'exécution, ce n'est point là ce qui fait de Rubens l'homme de génie qu'il est. Des mérites d'exécution, de la fougue, de l'éclat! mais il y en a aussi, et à un haut degré, dans cette autre *Pêche miraculeuse* de ce désa-gréable maître de Rubens, Adrien von Noort; mais il y en a au plus haut point chez le brutal et robuste Jordaens. Si vous voulez savoir ce qu'est le génie, et en quoi il se sépare du sim-ple talent, considérez le personnage de saint Pierre, qui est le principal du tableau. Certes ce n'est point par l'idéal que brille cette figure; elle a été prise dans la réalité la plus ordinaire : saint Pierre n'est ni plus ni moins qu'un homme du port d'Anvers. Rubens n'est pas le premier pein-tre qui ait pris ses figures dans la réalité la plus crue. Deux hommes d'un talent hors ligne, Ri-beira et Michel-Ange de Caravage, n'ont fait autre chose toute leur vie; d'où vient donc que leurs figures ne nous inspirent aucune émotion morale, tandis que les figures de Rubens, qui sont créées d'après le même système, nous tou-chent si profondément? Il me revient au souve-nir certains *Disciples d'Emmaüs* du Caravage que l'on voit à la *National Gallery* de Londres. Caravage a imité le procédé qu'employait le clergé pour ses processions dramatiques, déguisant le chantre de la paroisse en saint Jean-Baptiste et l'étameur du quartier en saint Thomas; il est allé dans un chantier, a pris trois maçons dont les traits lui ont paru s'accorder avec les qualités d'énergie de son pinceau, et puis a intitulé le tout *les Disciples d'Emmaüs*. Si l'on n'était pas prévenu, on pourrait regarder indéfiniment cette peinture sans y voir autre chose que trois maçons qui soupent cordialement ensemble. Le saint Pierre de Rubens appartient à la même classe que les *Disciples* du Caravage; voyons un peu ce qu'il va nous dire.

Ses traits, dis-je, ne sont point ceux d'un Jupiter à la façon italienne, et ce n'est point non plus la vie intellectuelle qui illumine ce visage; mais alors qu'a donc de si remarquable ce personnage? Ce qu'il a? Il a quelque chose de plus haut que toute beauté physique, quelque chose de plus haut que l'intelligence, quelque chose qui en fait un des types souverains de l'humanité. Humblement il se tient devant Jésus, les yeux baissés, sa petite barrette à la main, et toute son attitude semble dire et dit en effet : « Seigneur, je vois bien à cette heure que vous êtes le fils de Dieu. »

Rubens a merveilleusement compris et rendu le caractère de saint Pierre, tel qu'il nous est représenté par l'histoire évangélique, et en le rendant il a rendu du même coup toute cette nombreuse fraction de l'humanité dont saint Pierre est le représentant accompli par ses qualités et ses défauts, l'homme du peuple. Dans cet humble visage, dans cette attitude soumise, se lisent toutes ces vertus de nature, voisines de l'instinct, qui sont celles du peuple : l'obéissance spontanée, subite, volontaire, devant l'homme qui le frappe d'admiration, la confiance sans réserve qui le rend digne de représenter la foi parfaite, le dévouement absolu et sans bornes, le trouble facile d'une chair sujette à l'excès à toutes les terreurs, en un mot toutes ces grandeurs et ces défaillances de l'âme des entrailles, par laquelle le peuple aime et hait sans réserve et sans prudence, se livre sans égoïsme, se trouble sans sagesse, et s'abandonne tout entier jusqu'au plus petit atome de lui-même à l'émotion qui le maîtrise. Si Rubens avait pensé à donner pour pendant à son saint Pierre de la *Pêche miraculeuse* un saint Pierre de la scène du reniement parmi les servantes et les soldats, à cette heure, si douloureusement regrettée plus tard, où, ressaisi des inexplicables terreurs de la nature populaire, il renia son maître par trois fois, nous aurions eu le revers de ce type dont le tableau de Malines nous offre seulement l'endroit.

Bien des choses sont admirables dans l'œuvre de Rubens ; mais ce qu'elle a peut-être de plus extraordinaire, c'est son extrême variété. Quel que soit le sujet dont elle s'empare, son intelligence découvre comme d'un bond l'âme secrète de ce sujet, et la traîne pour ainsi dire devant l'admiration avec une fougue sans égale. Un des plus beaux exemples que l'on puisse donner de cette intelligence prompte et fougueuse est la *Dernière communion de saint François d'Assise* du Musée d'Anvers. Ce tableau est un drame digne de Shakspeare, et pour la couleur, et pour l'émotion dramatique et, chose curieuse, pour la pénétration historique. C'est la scène suprême de Sainte-Marie-des-Anges d'Assise, telle que l'imagination peut se la représenter en ayant soin seulement d'échanger contre des types italiens les types flamands de Rubens. Le grand *poverello di Cristo*, épuisé de jeûnes, d'abstinences, de prières, de longs voyages accomplis pieds nus, du douloureux honneur des stigmates divins, touche à son heure dernière, et s'est fait porter devant la table sainte, nu comme il a vécu. Le corps et l'attitude du saint sont une réminiscence évidente du *Saint Jérôme* du Dominiquin, mais non pas son expression de ferveur austère et douce, si bien d'accord avec son caractère historique. Tous les *fratelli* bien-aimés sont là, — tous ceux qui à son exemple se sont déchaussés et ont *lié l'humble capuchon* entourent l'homme qu'ils ont suivi comme *le père et le maître*, pour employer les expressions de Dante. L'attendrissement est au comble, il y a là autant de douleurs que peuvent en porter sans éclater les âmes qui savent être muettes. Nul ne sanglote, tous étouffent; nul ne pleure, tous fondent intérieurement. Toutes les variétés de l'attendrissement, diverses selon les âges, les tempéraments, les physionomies, ont été reproduites avec un sentiment des nuances si profond que chacune de ces touches différentes d'une même douleur a suffi pour créer un personnage et pour déterminer un caractère tout entier. Le prêtre qui offre la communion et qui visiblement n'appartient pas à l'ordre, étouffant une émotion de sympathie respectueuse, fait effort pour conserver l'impassible gravité que commande l'office sacerdotal qu'il accomplit à ce moment. Plus loin, un jeune moine, dominé par la sensibilité des natures que la vie n'a pas durcies, laisse éclater une douleur presque féminine; mais les âmes tendres sont faciles à l'émotion, et plus touchantes sont les larmes quand elles sillonnent de mâles visages. C'est ce que Rubens a merveilleusement exprimé dans le personnage du moine à moustaches qui prie si dévotement, figure de vieux sergent des bandes mendiantes, un Egidio, un Bernard di Quintavalle ou un *frate* Leone quelconque, qui succombe sous la pensée qu'il lui faut quitter le général avec lequel il fit ·jadis les premières campagnes de l'apostolat. Rubens sait que l'humanité est diverse; aussi a-t-il eu bien soin d'indiquer que cette douleur si générale a cependant ses cœurs tièdes. Ce moine si maigre qui est tout proche du jeune novice porte un visage bien austère; mais cette austérité est-elle celle de la religion? Ce moine a tout l'air d'être quelque *frate* Elia que les prières de saint François n'ont point réussi à sauver de la tentation, et les pensées qu'il roule pourraient bien être des pensées laïques d'ambition ou de désertion. Tout cela est étonnamment vivant, étonnamment profond, étonnamment sérieux. Cette toile est plus qu'une belle peinture, c'est un des poèmes religieux les plus sincères et les plus touchants qui existent. Ceux qui voient surtout dans Rubens un chercheur d'effets pittoresques indifférent à toute chose morale, doivent aller contempler ce tableau pour s'assurer du degré d'élévation auquel atteint l'intelligence de ce grand homme : si, après l'avoir vu, ils persistent dans leur première opinion, c'est qu'aucune évidence ne peut les convaincre.

La grâce de Rubens est moins apparente que sa force, et elle se confond d'ailleurs avec son amour de la magnificence, qui, après sa puissance pathé-tique, est son principal caractère. Cependant il en a une dès qu'il le veut, très fine et très ingé-nieuse, bien que parfois un peu cherchée. L'exem-ple le plus heureux que l'on puisse citer de cette grâce ingénieuse est *l'Éducation de la Vierge* du Musée d'Anvers. Quel charmant tableau ! Le peintre a fait pour ainsi dire porter à la nature la livrée de la Vierge, car il a mis les couleurs de sa peinture en exacte harmonie avec les années de son personnage : rien que rose, lilas, bleu clair, vert tendre, nuances de printemps nais-sant, couleurs de jeune fille.

Je n'ai pas la prétention en quelques notes rapides d'épuiser tous les caractères de ce grand artiste, éternel honneur de la Flandre. Je n'ai rien dit et je ne dirai rien de sa magnificence, ni de son aptitude extraordinaire à saisir les phéno-mènes les plus accidentels de la beauté en quel-que endroit qu'ils apparaissent. Tous ces carac-tères sont bien connus, et nul d'ailleurs ne songe

à les contester. Ces qualités ne sont qu'une partie
de Rubens, la plus matérielle, la moins noble.
Là n'est point son véritable génie, et j'ai voulu
montrer que cette prodigieuse habileté matérielle fut doublée d'une intelligence égale aux
plus hautes pensées, que le grand peintre fut
doublé d'un grand poète dramatique. Puissance
pathétique et profondeur religieuse, voilà le vrai
Rubens, et non pas le matérialiste habile que le
jugement de la routine recommande à notre
admiration modérée. Que la Flandre reconnais-
sante lui élève une statue colossale comme son
œuvre, où il sera représenté couronné par une
autre muse que celle de son art, et sur le socle
de laquelle on lira cette inscription : « A Pierre-
Paul Rubens, qui fut la puissante synthèse des
traditions de l'art flamand et l'expression souveraine de la religion du peuple des Flandres, la
muse du drame décerne cette couronne comme
à l'un de ses plus glorieux fils. »

VI

JORDAENS

Bien souvent dans mes lectures, il m'est arrivé
de me révolter contre la justice sommaire des jugements de la postérité. Que de jolis livres oubliés! que de pages éloquentes perdues! que
d'œuvres originales, d'une pensée souvent plus
stimulante, plus fécondante pour la méditation
studieuse que les œuvres mêmes du génie, restées inconnues ou dédaignées! Mais quand on
sort de son domaine propre et qu'on promène ses
regards sur les œuvres d'une autre province du
génie humain, alors on comprend la raison d'être
de ces choix exclusifs de la postérité qu'on avait
taxés de partialité. Ces réclamations qu'il m'est
si souvent arrivé dans mes lectures d'élever en
faveur des œuvres de la plume, certainement bien
des artistes les ont élevées en faveur des œuvres

du pinceau. Comme moi, ils auront pensé que la justice qu'on rendait aux maîtres entraînait trop souvent l'injustice pour une foule de talents de taille plus qu'ordinaire. La vérité est que la postérité, si elle pouvait parler, aurait le droit de répondre à ces réclamations : « Je ne me nomme point maître Josse, et toutes vos finesses de métier, toutes vos différences de procédés, toutes vos nuances d'exécution, ne me touchent pas et ne me toucheront jamais ; toutes ces choses sont choses de votre profession, instructives seulement pour vous, estimables seulement pour vous. Moi, je ne m'attache qu'aux œuvres exceptionnellement originales, qui ont une signification tranchée, irrécusable, à celles qui ont exprimé en une fois et pour toujours un certain ordre de pensées, qui sont ainsi entrées dans mon éducation morale, et qui ont accru la richesse du bagage avec lequel mon âme se présentera devant l'éternité. Afin de bien vous assurer que mes jugements sont au fond l'équité même, transportez-vous pendant quelque temps dans la province qui n'est pas la vôtre ; vous, Josse du pinceau, ayez le courage de vous enfermer quatre mois dans une bibliothèque et d'y parcourir n'importe quel canton littéraire, par exemple ce théâtre français qui passe pour si riche et qui est si riche en effet, et dites-moi si vous ne jugerez pas que tout cela se résume en cinq noms et vingt-cinq drames dignes de souvenir. Vous, Josse de l'écritoire, allez visiter n'importe quelle école de peinture, cette école flamande si féconde, si vous voulez, et vous verrez que, pour vous comme pour moi, il ne restera que six noms gravés dans votre mémoire, dont quatre très grands : Jean Van Eyck, Hemling, Quentin Matsys, Rubens, Van Dyck, Jordaens. Quatre trônes pour les quatre premiers, un fauteuil d'honneur pour le cinquième, et un simple tabouret pour le dernier ! Cela fait, accordez, si vous tenez à être strictement juste, une mention d'estime au bon Gaspard de Crayer. Tout le reste est affaire de pure curiosité, d'érudition, d'archéologie, et les quelques atomes que cela pourrait ajouter à votre richesse morale ne compenseront jamais les biens solides et réels que vous auriez acquis dans une autre province de l'esprit pendant le même temps que vous passerez à extraire ces maigres parcelles. »

La postérité a raison ; c'est nous qui sommes des juges partiaux. Il n'y a réellement d'important dans un art que ce qui intéresse les hommes qui appartiennent à un autre art. Que d'œuvres éclatantes et charmantes contiennent les musées et les églises des Flandres dont le spectateur

peut dire : « Après tout, je pouvais m'en passer », ou, mot plus cruel encore, « cela a été un
régal pour mes yeux; mais il n'y a aucun inconvénient à ce que je l'oublie ». L'église de Saint-
Jacques d'Anvers contient une *Assomption* de
Boyermans d'un coloris doux et suave; mais le
charme dure peu, car la signification morale de
l'œuvre est nulle. Que de fois aussi les couchers
de soleil d'automne m'ont offert les enchantements de leur ciel bleu pâle rayé de traînées va-
poreuses de couleur violette, et cependant ces
enchantements n'ont laissé aucun souvenir dans
ma mémoire. Si vous entrez jamais à Notre-
Dame de Bruges, arrêtez-vous cinq minutes, —
pas davantage, — devant *l'Adoration des Mages*
de Seghers. Oh! que cela est plaisant à l'œil,
agréable à voir ! mais c'est votre œil seul qui regarde cette jolie chose; votre âme, qui est d'essence plus dédaigneuse, ne prend pas la peine de
se mettre à sa fenêtre. Et puis, lorsque les choses
sont trop abondantes, il faut choisir entre elles,
même quand celles sur lesquelles on se tait auraient une signification morale. Il nous serait
agréable, par exemple, de parler de la table de
communion sculptée par Kerckx qui est à l'église
Saint-Jacques d'Anvers. Rarement les sentiments particuliers à la dévotion, l'onction ecclé-

siastique, la douceur des pratiques religieuses, cette certaine pureté voluptueuse qui est l'âme des habitudes de piété, et qui par la finesse du plaisir moral dépasse, et de beaucoup, les plus pénétrantes émotions des sens, ont été mieux rendus que dans ces délicates sculptures. Les divins préparateurs de cette hostie sainte qui dans le langage mystique s'appelle le *pain des anges* sont figurés là par d'adorables enfants portant, qui les gerbes d'où le pain sera tiré, qui le panier qui les renferme. Le ciseau du sculpteur a rivalisé de mollesse avec les pinceaux de l'école de Rubens et de mignardise mystique avec les artistes de n'importe quel art dans n'importe quel pays. C'est, dis-je, l'expression de la dévotion même dans ce qu'elle a de plus précieux et de plus aimable; mais l'examen attentif de cette table de communion mènerait loin, car, en la regardant et en se rappelant les innombrables œuvres où ces sentiments propres à la dévotion catholique ont été exprimés en Belgique, on se dit que le rôle de l'Espagne envers la Flandre a été plus grand peut-être qu'un rôle d'influence; on découvre une certaine analogie entre la manière de sentir des deux peuples, et l'on s'écrie intérieurement, comme cela nous est arrivé un jour devant je ne sais laquelle de ces expressions d'un

mysticisme à la fois charnel et pur, galant et
pieux : « Vraiment, cette Flandre est l'Espagne
du Nord. »

Malgré cette nécessité où nous sommes de
choisir, nous voulons nous arrêter un instant devant Jordaens, parce que cet artiste nous permet de constater la différence qui sépare un
esprit *populaire* d'un esprit *plébéien*, différence
importante dans toutes les branches de l'activité
intellectuelle, et aussi considérable que celle qui
existe entre le mot *nation* et le mot *province*,
ou entre le mot *société* et le mot *caste* ou *classe*.
Certes Jordaens est un remarquable artiste; il a
de la force, de la fougue, de la bonhomie, de
l'éclat, un coloris qui parfois rivalise avec celui
du grand maître d'Anvers; mais que la chute est
profonde lorsqu'on l'aborde en quittant Rubens!
Où sont les larges sentiments que vous ressentiez
tout à l'heure? où est cette force pathétique qui
vous faisait frissonner de la tête aux pieds de douleur ou de ravissement? Que cela est étroit, mes-
quin, chétif en dépit de sa force, et antipathique
en dépit de sa bonhomie! L'impression que l'on
éprouve en passant de Rubens à Jordaens est à
peu près celle que devaient ressentir certains
spectateurs de notre Révolution française lorsque
au sortir d'une conversation avec Mirabeau ils

se trouvaient obligés de subir les opinions d'un
Pétion quelconque, ou bien d'écouter les discours
de quelque orateur au langage violemment imagé
du Club des cordeliers. A coup sûr la chute devait être grande et l'esprit devait ressentir comme
une sensation de meurtrissure. Cette sensation
de meurtrissure, Jordaens vous l'inflige d'autant
plus douloureuse que son talent est plus robuste.
C'est que Rubens a le génie populaire, tandis que
Jordaens n'a que l'esprit d'un plébéien. Qu'est-
ce donc que le génie populaire, et en quoi diffère-
t-il de l'esprit plébéien? Lorsque vous verrez une
grande âme d'une substance complexe et en
même temps d'une parfaite unité, qui sous une
forme individuelle présente l'image abrégée des
éléments moraux les plus disparates ramenés à
la simplicité par une loi mystérieuse de combinaison et de fusion, une grande âme bien spacieuse, dont la sonorité soit telle, qu'elle puisse
s'arranger également de toutes les voix, des plus
aiguës comme des plus graves, et les répercuter
au dehors d'elle fondues dans le son de sa propre
voix, vous vous trouverez en présence d'un de ces
génies qui méritent cette épithète de populaires.
Toutes les classes d'une société donnée se reconnaissent en eux, et cependant il n'en est aucune qui puisse les tenir pour siens. Ils réalisent

ce miracle qu'étrangers à chacun de leurs compatriotes en particulier, tous cependant retrouvent en lui leur image véritable. C'est qu'ils n'expriment de chaque classe que ce qu'elle a d'essentiel et non d'éphémère, de permanent et non d'accidentel, d'harmonique et non de discordant, c'est-à-dire les forces d'amour et de sympathie. De nature trop lumineuse pour se plaire aux ombres au sein desquelles les autres hommes consentent à vivre, ils ne connaissent pas cette ignorance volontaire que les diverses classes de la société ont les unes des autres; de nature trop musicale pour ne pas être blessés de tout ce qui trouble leur harmonie intime, ils ne connaissent pas ces discordances morales qui se nomment dans chaque classe préjugés et superstitions. Si parfaite est la symétrie de leur âme, qu'ils ne pourraient la déranger, même s'ils le voulaient, et que l'équilibre de leur être ne peut être détruit même par leurs propres préférences. Il s'ensuit cet autre miracle plus extraordinaire que le premier, c'est qu'ils restent la représentation populaire de leur pays en dépit du système qu'ils adoptent. Un Dante peut être aristocrate forcené, il n'en sera pas moins le miroir vivant de l'Italie tant qu'il y aura une Italie au monde, et les plébéiens des plus basses classes reconnaîtront en lui leurs instincts comme ils ne les reconnaîtront jamais chez les démocrates les plus fougueux. Un Rabelais peut à son plaisir endosser la casaque d'un plébéien et se rouler dans la fange de la pire canaille, il n'en sera pas moins, selon le mot aussi ingénieux que juste de La Bruyère, *le mets des plus délicats*, et les Français de toutes les classes retrouveront en lui la gamme entière de leurs sentiments, depuis la note basse de leur joviale trivialité jusqu'à la note haute de ce spiritualisme qui a été l'âme de leur civilisation.

Mais un homme de caste ne connaît rien de cette vaste harmonie d'où naît le génie populaire. Les seules forces actives en lui, ce sont précisément celles que repousse l'homme de génie, les forces de séparation, d'exclusion, d'antagonisme. Il ne rend d'autre musique que celle que rendent les cœurs de sa race, et il ignore le mode de transition par lequel cette musique rejoint celle des cœurs des autres classes. Sa pensée, enfermée dans le moule de l'habitude, cherche instinctivement ce qui sépare plutôt que ce qui unit ; les sentiments qui lui sont chers avant tous, ce sont précisément ceux qui le rendent étranger à ses semblables, et sa condition l'a tellement pétri à sa guise, que l'homme accidentel que le hasard a façonné a fini par remplacer l'homme éternel que la nature avait créé.

Tel est Jordaens. Grand artiste dès qu'on ne considère en lui que le métier, il devient artiste secondaire dès qu'on interroge sa pensée. Il pense comme un plébéien, il sent comme un plébéien. Il rapetisse jusqu'à la trivialité tous les sujets dont il s'empare. Entre ses mains, l'Évangile devient une histoire telle qu'aurait pu la raconter une commère de Nazareth ou un artisan de Béthanie. Voici une *Adoration des bergers*, par exemple. Que voyez-vous? Oh ! un ménage de bien braves gens à qui le bon Dieu a donné un enfant qu'ils aiment avec idolâtrie, et sur la gentillesse duquel de bons voisins se récrient avec extase. La grandeur, la profondeur, la sublimité des scènes du Nouveau Testament lui échappent absolument, et ce qu'il y a d'étrange, c'est qu'on ne peut pas mettre cette infériorité sur le compte de l'interprétation démocratique qu'il en a faite. Rubens, Van Dyck, ont traité les mêmes scènes avec le sentiment le plus populaire sans leur rien faire perdre de leur grandeur. On pourrait, il est vrai, avancer que Rubens et Van Dyck ont échappé à cette erreur de Jordaens parce qu'ils sont restés scrupuleusement fidèles au catholicisme national de la Flandre, et faire peser sur l'hétérodoxie de Jordaens, qui finit par se faire calviniste, cette façon par trop plébéienne de traduire les scènes religieuses du Nouveau Testament; mais cette explication serait encore insuffisante, car un seul exemple suffit pour la renverser, celui de Rembrandt. Rembrandt a fait plus qu'exprimer les scènes du Nouveau Testament selon les sentiments propres au protestantisme; il les a exprimées d'une manière nettement, franchement démocratique. Son Christ est en toute réalité le fils de l'homme qui n'a pas eu où reposer sa tête, et qui, faible, pauvre et nu, a été mis à mort par de superbes officiers et de riches bourgmestres porteurs de costumes bordés de fourrures et coiffés de somptueux bonnets surmontés d'un panache. Le radicalisme le plus excessif ne peut aller au delà de l'interprétation de Rembrandt, et cependant sous son pinceau ces scènes conservent la grandeur qui leur est inhérente; elles sont restées sublimes en devenant familières. C'est que Rembrandt est un homme de génie populaire en qui vit l'âme de toute une communion et de toute une société, tandis que Jordaens est un génie plébéien en qui vivent seulement les sentiments étroits propres aux hommes d'une certaine caste et d'une certaine condition.

Une fois son infériorité bien constatée, cet esprit de caste a son génie propre qu'il faut savoir reconnaître. Nos préjugés ont aussi leur poésie, puisqu'ils affectent notre manière de sentir, et impriment à nos mœurs une forme particulière. De la démangeaison de dénigrement et du prurit de défiance qui sont propres au tempérament plébéien naissent de réelles qualités dont la littérature et les arts trouvent aussi à faire leur profit, entre autres l'esprit de satire et la verve comique. Jordaens représente à merveille ce tour d'esprit. La caricature, qui dans les arts est l'arme plébéienne par excellence, n'a jamais été maniée par personne avec autant de puissance et de force. Toutes les fois qu'il lui faut représenter quelque dépositaire de l'autorité ou quelque instrument de la tyrannie sociale, il produit un vrai chef-d'œuvre de satire. Ses juges et ses docteurs ne sont pas seulement odieux, ils sont ridicules; ses persécuteurs sont encore plus laids que féroces. Là où cette verve bouffonne triomphe à son aise, c'est dans le *Jésus enfant parmi les docteurs*, qui nous paraît le chef-d'œuvre du maître. Ce tableau n'est pas en Flandre, et nous l'avons autrefois possédé à Paris, d'où le tira l'empereur Napoléon Ier pour en faire don à la ville de Mayence, cadeau vraiment royal, si l'on ne tient compte que de l'œuvre d'art, mais peu fait pour répandre les sentiments d'ordre et d'autorité, car c'est bien la peinture la plus irrespectueuse que j'aie vue [1]. Jamais on ne s'est moqué avec une verve pareille du savoir officiel et de la sagacité des pouvoirs traditionnels. Au centre de cette vaste toile se tient debout un robuste enfant, Hercule à l'entrée de l'adolescence, qui n'a rien de précisément divin, mais qui en revanche possède les plus enviables attributs de l'humanité, l'intelligence, la force, la santé, la beauté du corps, de manière à plonger dans la plus profonde humilité tous ces cacochymes et tous ces catarrheux qui l'entourent. Si cet enfant n'est pas un dieu, c'est bien un roi, car c'est un fils libre de la vie, et en cette qualité il a vraiment droit d'imposer le respect à ses prétendus maîtres, esclaves et otages de la mort. De tels docteurs interrogeant un tel enfant présentent un spectacle aussi ridicule que celui des habitants d'un hôpital assemblés en con-

---

1. Nulle ville au monde n'a été l'objet de plus d'attentions flatteuses que cette ville de Mayence, véritable enfant gâté des maisons souveraines. Dans ce même palais des archevêques électeurs qui contient le don magnifique de Napoléon Ier, nous avons remarqué encore des modèles de machines de guerre romaines, présent de l'empereur Napoléon III, de nombreux moulages des sculptures du Musée de Berlin, cadeau du roi de Prusse, et de magnifiques publications officielles du gouvernement russe, offertes par l'empereur de Russie. (*Note écrite en 1869.*)

seil pour juger du degré de santé de leurs méde-
cins, ou celui d'un congrès de bossus et de bé-
quillards décidant des qualités qui constituent
chez les gens droits l'excellence de la taille et la
perfection de la démarche. Ces docteurs composent bien la plus remarquable collection de
vieilles bêtes qu'il soit possible d'imaginer. Je
demande pardon de cette expression; mais la trivialité du langage plébéien est seule capable de
bien rendre l'énergie de ce chef-d'œuvre du génie
plébéien. Bridoye, Géronte, Bridoison, Janotus de
Bragmardo, Diafoirus, Macroton, toute la tribu
en un mot des mémorables pédants et des illustres imbéciles créés par l'art comique, semblent
s'être donné rendez-vous dans cette toile, dont
l'éclat et le coloris magnifiques font encore mieux
ressortir leur sottise, car ils sont là exposés au
grand jour, en pleine lumière, et pris pour ainsi
dire en flagrant délit d'ineptie. Celui-ci, figure
de vieille femme chafouine et procédurière, a
mis ses lunettes, et, le nez fourré dans ses bou-
quins, il en tourne les pages avec avidité pour
chercher quelque texte capable d'embarrasser
l'enfant. Celui-là, visiblement un finaud, souriant
du sourire de Jocrisse, se dispose à énoncer un
argument invincible qui vient d'éclore dans son
remarquable intellect. Un troisième, assez bon-

homme au fond, est partagé entre l'étonnement et l'admiration, et toute son attitude veut dire : « Ah bah ! qui l'aurait jamais cru ? » Mais c'est la fureur la plus redoutable qui agite le grand prêtre président de cette assemblée. Debout sur une estrade au fond de la salle, coiffé d'une tiare dont les pointes se rejoignent comme les pinces de l'écrevisse, il se penche en avant comme pour prendre un grand vol, et s'en aller tomber avec la rapidité de la foudre sur cet enfant qui est à deux pas de lui. Quiconque a vu l'effort comique des gros oiseaux au vol lourd et difficile, l'oie ou le dindon, quand ils agitent vigoureusement leurs ailes pour s'élever à un mètre de terre, peut avoir une idée de l'attitude de ce grand prêtre, Sylla grotesque qui devine en cet enfant plusieurs Marius. Il s'écrie visiblement : « Tout est perdu, le saint des saints est menacé, la sagesse de cet enfant est blasphème ! » Vingt ans plus tard, ce joli synode se souviendra de la prédiction de son grand prêtre. Cette toile, dis-je, est le chef-d'œuvre de Jordaens, mais c'est aussi un des chefs-d'œuvre de l'art comique dans tous les pays ; en tout cas, c'est la plus parfaite expression du génie plébéien réduit à ses propres ressources et pur de tout mélange.

Un autre très remarquable exemple de cette

verve bouffonne et de ce génie de la caricature,
d'une portée vraiment redoutable lorsqu'ils pos-
sèdent la vigueur que nous leur voyons chez
Jordaens, est une certaine *Femme adultère*,
puissante ébauche qui se trouve au Musée de
Gand. Cette œuvre, qui semble avoir été en-
dommagée et altérée, n'a pas le beau coloris de
Jordaens; mais, en revanche, ce qu'on pourrait
appeler la philosophie sociale du peintre ne s'est
jamais exprimée avec plus de franchise. La jeune
femme vient d'être amenée sur la place publique
pour être lapidée par une bande de farouches
vengeurs de la morale et de stricts observateurs
de la loi. Oh! la hideuse vertu que celle de ces
hommes justes, et l'immoral triomphe que celui
qu'ils vont remporter! C'est le triomphe de la laideur sur la beauté et de la basse férocité sur la
tendresse. Ce n'est pas un acte de justice qu'ils
s'apprêtent à accomplir, c'est un acte de révolte
et de vengeance. Chez ces gens de bien, il n'y a
d'irréprochable que leur laideur, qui est aussi
parfaite que possible. Toutes les larves qui servent Tisiphone, ou qui ont été mises bas par la
chienne compagne de Cerbère au triple aboiement, se pressent autour de la jolie femme avec
une expression de joie féroce. Comme cette canaille est heureuse! « Ah! ah! disent-ils, tu vas

payer ton nez droit et tes jolis yeux, insolente qui te permets d'avoir de beaux cheveux quand nous sommes chauves, effrontée qui te permets d'avoir la taille droite quand nous sommes contrefaits ! Ah ! il fallait des parfums et des caresses à ta chair délicate ! nous allons lui faire tâter des cailloux. » En contemplant cette toile, une sorte d'indignation ridiculement immorale s'empare de vous, et l'on trouve que don Quichotte n'était pas si fou lorsqu'il tomba l'épée à la main sur les marionnettes de maître Pierre. L'article *Adultère* du *Dictionnaire philosophique* de Voltaire, un des plus spirituels, des plus sensés et des plus humains de ce livre trop souvent léger, vous revient au souvenir, et l'on regrette que les féroces magots de Jordaens ne soient pas vivants pour leur dire avec fureur : « Eh ! vraiment, si l'homme envers lequel elle est coupable vous ressemble, son action est non pas péché, mais vertu. »

Voilà la véritable portée d'esprit de Jordaens, la corde qu'il fait vibrer en maître ; dans toutes les autres expressions de l'âme humaine, il reste inférieur. L'église des Augustins d'Anvers contient un de ses chefs-d'œuvre, le *Martyre de sainte Apolline*, toile d'un coloris ravissant. Les curieux y trouveront toute la noblesse dont Jor-

daens était susceptible; le compte n'en est pas
lourd à faire. Les bourreaux sont traités avec cette
énergie qui lui est propre; mais que cette sainte
est vulgaire en dépit de l'effort visible qu'a fait
le peintre pour écrire sur son visage la résignation et la ferveur! Une héroïne du christianisme,
cette personne gentiment insignifiante qui souffre
visiblement de la chlorose? Eh! non, c'est une
petite bourgeoise flamande bien pieuse, à qui Dieu
veuille épargner la persécution, car la fibre de
ces chairs trop molles ne supporterait pas la
souffrance; mais la couleur du tableau est à la
fois éclatante et douce comme la lumière d'un
jour de printemps de la Flandre, et compose pour
la vue cet appétissant spectacle dont Jordaens a
si souvent régalé les yeux avides de succulentes
friandises pittoresques.

VII

QUENTIN MATSYS

On connaît la légende de Quentin Matsys. C'était un pauvre artisan qui exerçait dans Anvers la profession de maréchal ferrant. Il s'éprit de la fille d'un peintre, et, désespérant de l'obtenir jamais s'il ne s'élevait pas jusqu'à la profession du père de sa bien-aimée, il devint à force d'amour le grand artiste, encore assez mal jugé, qui résume à lui seul toute une période de l'art flamand, et qui accomplit la plus importante des révolutions de cet art. Boccace a raconté une histoire pareille dans *Cimon et Éphygénie;* mais que la nouvelle de Boccace est loin de la légende flamande ! Qu'un lourdaud piqué au vif par l'amour devienne un héros, certes c'est là un fait digne d'attention ; mais qu'un pauvre ouvrier, sous l'influence du même sentiment, s'élève non seulement jusqu'à l'intelligence des plus nobles pensées de notre race, mais jusqu'à la difficile réalisation de ces pensées sous une forme entièrement originale et faite pour traverser les siècles, voilà un triomphe de l'amour bien autrement grand que celui du personnage de Boccace. Que la légende soit vraie ou non cependant, Matsys est bien l'âme d'artisan la plus remarquable qui ait jamais pris chair. Celui que sa nation, par une familiarité touchante, désigne encore aujourd'hui sous le nom du *forgeron d'Anvers*, appartient à l'élite la plus triée de l'humanité.

Que Quentin Matsys est un grand artiste, tout le monde s'accorde là-dessus ; mais là où l'on ne s'accorde plus, c'est sur le caractère de cette grandeur. Quentin Matsys a, dit-on, fait échouer l'art flamand dans le réalisme, qu'il aurait évité s'il avait suivi les voies tracées par Jean Van Eyck et Hemling ; il a corrompu l'art flamand tout en l'agrandissant, et il n'a obtenu l'expression dramatique qu'aux dépens de la naïveté et de la sincérité des maîtres primitifs. Pour nous, nous oserons renverser ces deux propositions, et nous dirons : Quentin Matsys, loin de faire échouer l'art flamand dans le réalisme, l'en a préservé au contraire ; loin de corrompre l'art flamand, il l'a sauvé au contraire : car c'est en

rendant populaire en Flandre cet agrandisse-
ment de la peinture qu'il a rendu possibles Rubens et à sa suite la grande école d'Anvers.

Quentin Matsys a fait échouer, dit-on, l'art
flamand dans le réalisme, et l'on en donne pour
preuves ses *Peseurs d'or* et autres tableaux de
genre. Vraiment ceux qui avancent une pareille
accusation y ont-ils bien songé! Ce serait plutôt
le contraire qui serait vrai. Quel effort le maître
avait-il à faire, s'il vous plaît, pour faire pencher
l'art de son pays vers le réalisme? A toutes les
époques, l'art flamand a contenu une dose très
forte de réalité, et à l'époque qu'on appelle mystique, qui a précédé immédiatement la grande
période de transition de Quentin Matsys, il en
a été peut-être plus empreint qu'à aucune autre.
Ce sentiment de la réalité est au plus haut
point chez Jean Van Eyck et Hemling, et il y
est même à un degré où ne le portèrent jamais
un Rubens et un Van Dyck. Mais vous n'avez
donc pas remarqué le caractère de ces petites
figurines de Van Eyck et d'Hemling, toutes
prises dans le souvenir immédiat d'une réalité
présente et locale, et le soin minutieux avec
lequel sont traités les moindres détails de costume, d'ameublement, de paysage. La révolution qu'accomplit Quentin Matsys consista pré-

cisément à opérer une large coupe dans ce taillis
touffu de détails réalistes, de manière à ménager
des clairières où pussent se mouvoir à l'aise les
acteurs du drame divin et humain. Supposons
que Quentin Matsys n'eût pas accompli la révolution pittoresque qui transforma l'art de la
Flandre, que la tradition de Jean Van Eyck et
d'Hemling eût persisté, à quoi pensez-vous que
l'art flamand eût abouti à la longue? Tout simplement à l'art hollandais, qui était sa fin naturelle et définitive. Parti de l'*Agneau mystique*
de Jean Van Eyck et de la *Châsse de sainte Ursule* d'Hemling, l'art flamand, au lieu d'aboutir
à la *Descente de Croix* de Rubens, à la *Mise
au tombeau* de Van Dyck, aboutissait tout doucement au tableau de genre hollandais avec ses
servantes éclairées par une chandelle et ses magots fumant leur pipe. Ce n'est point un paradoxe
de dire que Jean Van Eyck et Hemling conte-
naient en germe Van Ostade et Gérard Dow, c'est
une vérité absolue et irréfutable. Quentin Matsys
décida par un coup d'état de son génie que les
continuateurs de ces grands maîtres seraient les
Rubens et les Van Dyck encore à naître. Il fut le
saint Jean-Baptiste de la grande période de la
peinture flamande.

Quentin Matsys a empêché l'art flamand de

devenir l'art hollandais : voilà la formule à retenir, et qui ne souffre pas plus d'exceptions et de critiques qu'un axiome de mathématiques. Quand vous entendrez les accusations que nous avons signalées et autres pareilles, souriez sans répondre : Quentin Matsys est un géant. Ce mot n'est point une exagération, car Matsys est un de ces êtres privilégiés nés d'eux-mêmes, et qui réalisent à la lettre ce que la fable racontait des géants qui n'avaient eu d'autre mère que la Terre. On l'a quelquefois comparé à cet autre géant, fils de l'Italie, Giotto ; mais, malgré certaines analogies, ni la situation, ni le génie, ni l'œuvre accomplie, ne furent les mêmes. Giotto créa, d'un coup et pour jamais, non seulement la peinture italienne, mais la peinture moderne tout entière ; une gloire pareille n'est pas échue au forgeron d'Anvers. Il n'eut pas à créer la peinture flamande, il la transforma seulement, et lui fit faire le pas décisif qui l'engagea dans la route où elle devait aboutir, à Rubens. Quentin est semblable à un de ces poteaux indicateurs qui marquent aux voyageurs les directions différentes à prendre ; c'est le point de bifurcation où l'art commun dans l'origine aux deux pays se sépare pour former deux arts distincts, dont l'un s'appelle l'art flamand et l'autre l'art hollandais. Il porte encore les deux arts en lui, mais comme un carrefour contient deux routes, et non plus profondément et inconsciemment enveloppés comme chez Van Eyck et Hemling. D'un côté, par sa précision, sa minutie, son vif sentiment de la réalité, il prédit la Hollande; de l'autre, par son art de composition, sa préoccupation du sérieux et du grand, son génie dramatique, il est le précurseur du grand flamand. C'est à Léonard de Vinci qu'il ressemble plutôt qu'à Giotto. Cette ressemblance surprendra peut-être, et très probablement sera contestée; elle est cependant, selon nous, singulièrement étroite et profonde. Deux traits surtout plus particulièrement marqués leur sont communs : l'un très connu et sur lequel tout le monde pourra s'accorder sans peine; l'autre plus dissimulé, et qui, je crois, n'a pas été observé encore.

Au fond, la révolution que ces deux grands artistes accomplirent est la même. Leur innovation à l'un et à l'autre a consisté à faire exprimer la passion par leurs figures. Pour obtenir ce résultat, l'un et l'autre furent obligés de sacrifier cette fleur précieuse de la naïveté qui embaume les toiles des maîtres primitifs comme d'un parfum venu du ciel; seulement ce sacrifice ne fut pas aussi complet chez Matsys que chez

Léonard. Léonard a, la plupart du temps, obtenu la passion au détriment de la pureté; mais, si Quentin Matsys a fait perdre aux laides et saintes figures de Van Eyck, aux laides et adorables figures d'Hemling, leur candeur édénique et leur sérénité d'anges, il n'a pas détruit pour cela leur pureté et leur innocence natives. Les passions de ses personnages, graves, honnêtes, restent aussi près de la nature que possible; la science de la vie ne les a pas souillés de son limon, n'a point altéré leur franchise. Ils aiment, souffrent, se désespèrent comme de simples enfants d'Adam qui suivent la loi de leurs instincts naturels, et crient parce qu'on les a blessés et que leur chair est sensible. Admirables sont sous ce rapport les expressions de douleur de la Vierge et des femmes dans le fameux triptyque de l'*Ensevelissement du Christ*. Cette douleur ne vise point à être sainte, elle est humaine, et par là singulièrement déchirante. Cette mère ignore ou oublie que son fils est Dieu; elle ne se souvient que d'une chose, c'est qu'elle est mère, et qu'elle a perdu à jamais un fils bien-aimé. Cela ne vise pas davantage à être noble : nulle réserve, nulle contrainte, nul de ces visibles efforts de l'âme particuliers à ceux qui, ayant acquis la science du bien et du mal, ont pour ainsi dire honte

de leur douleur, comme Adam eut honte de sa
nudité quand il eut été éclairé par sa faute; mais
là s'arrête la différence entre Léonard et Matsys.
Instinctive chez Matsys, savante et expérimentée

L'Ensevelissement du Christ.

chez Léonard, la passion, une passion franchement humaine, domine en maîtresse souveraine
chez l'un et chez l'autre.

Par cet empire absolu de la passion, Matsys a
été le véritable créateur de ce pathétique que

nous indiquions en parlant de Rubens comme le caractère propre de l'école flamande. Quand on accuse Quentin Matsys d'avoir fait verser l'art flamand dans le réalisme, est-ce à ce rôle donné à la passion qu'on fait allusion? En ce cas, il ne s'agit que de définir les termes, et, considérée à ce point de vue, cette opinion est acceptable; mais si l'on entend par réalisme l'observation minutieuse et exagérée de la réalité, elle est de toute fausseté, car Matsys fut le premier qui, tout en respectant scrupuleusement la réalité, enseigna à ses compatriotes que les détails devaient être subordonnés à l'ensemble, de manière qu'il n'y en eût aucun qui ne convergeât vers le sujet principal, et qui ne contrariât l'impression générale que l'œuvre devait produire.

La grande loi de l'unité, sans laquelle il n'y a que tâtonnements et essais dans les arts, c'est Matsys qui le premier l'a enseignée et mise en pratique en Flandre. Le triptyque de l'*Enseve-lissement du Christ* resterait, ne fût-ce que sous ce rapport, une page à jamais mémorable. Toutes les parties du tableau sont ordonnées, tous les personnages sont groupés de façon à produire une unité de scène capable de produire à son tour une unité d'impression aussi puissante que la scène elle-même est étroite. Ces douleurs n'éclatent pas, comme elles auraient éclaté chez les maîtres primitifs, en mélodies distinctes et individuelles; elles se fondent en une vaste symphonie qui, servant d'accompagnement à la douleur de la Vierge, la rend ainsi plus déchirante. La peinture flamande eut dès son origine un caractère fort dramatique; il suffit de jeter les yeux sur les peintures d'Hemling pour faire cette remarque, mais le drame dans Hemling garde toujours un caractère pour ainsi dire anecdotique. Chaque personnage, même le plus petit, vit, nous intéresse pour son compte personnel, avec une sorte de naïve indiscipline. Les acteurs de la scène sont juxtaposés, non groupés : leur action est isolée, non commune. Il en résulte que très souvent il y a dans ses tableaux des acteurs et pas de scène, ou plusieurs scènes et pas de drame. Les éléments dramatiques de la peinture flamande existaient donc avant Matsys, et, si l'on veut chicaner encore, on peut dire que Matsys ne fut pas un créateur; mais, dans les arts, le vrai créateur est celui qui donne aux choses la forme réclamée par leur substance, et qui les met en harmonie avec leur loi propre. Tout grand artiste n'est qu'un arrangeur, et, si l'on pouvait supposer la coexistence de deux divinités, la divinité supérieure serait non celle qui aurait créé la matière des mondes, mais celle qui aurait organisé cette matière selon les lois de Kepler et de Newton.

Le second trait de ressemblance entre Matsys et Léonard, c'est le sentiment de la beauté, qui a chez l'un et chez l'autre mêmes préférences et même recherche. Chose étrange, un des reproches que l'on adresse à Quentin Matsys, c'est de méconnaître la beauté et d'avoir une inclination pour la vulgarité. Non seulement il n'a pas méconnu la beauté, mais il en possède le sentiment au plus haut point, et il est si loin d'être vulgaire que la beauté pure ne lui suffit pas, et qu'il la lui faut alliée à ce que nous appelons de nos jours la distinction. Dans le culte de la forme, religion des artistes, Quentin Matsys doit être rangé parmi les *animistes*, mot par lequel je désigne, faute d'un meilleur, les artistes qui préfèrent la beauté qui embarque l'âme du contemplateur sur l'océan de la rêverie à celle qui la fixe immobile dans l'admiration. Comme le peintre de la *Joconde* et du *Saint-Jean*, il aime la beauté rare, subtile, pénétrante, singulière, exquise. Qui donc pourrait oublier jamais après l'avoir vue cette *tête de Vierge* du Musée d'Anvers, si blonde, si pâle, d'une maigreur si gracieuse, irrésistible de suavité et exprimant l'angélique fascination de la pureté, comme jamais magicienne n'exprima la fascination de la chair? Si intense et si sublime à la fois est la pureté empreinte sur ce visage, qu'elle l'anime comme une passion et qu'elle peut porter le nom de passion. Cette tête est d'une originalité suprême, et donne ce sentiment que laissent les choses précieuses entre toutes, dont nous sentons que l'exemplaire ne sera plus recommencé. Devant elle, nous éprouvons exactement la même nature d'impression que nous éprouvons devant les figures de Léonard, en tenant compte seulement de la nuance que nous avons indiquée en constatant que la passion était l'élément que tous deux avaient apporté dans la peinture. Rares et captivantes comme les figures de Léonard, les figures de Matsys ne doivent pas leur originalité à ce je ne sais quoi d'équivoque qui fait replier l'âme sur elle-même et la force à s'interroger devant la *Joconde* et le *Saint-Jean :* elles restent inaltérablement limpides dans leur singularité. A la *Tryppenhuys* d'Amsterdam, dans les salles d'en haut, se trouve relégué dans un coin un tableau représentant *la Vierge et l'Enfant*. Il est peu regardé des visiteurs, car ce n'est point pour voir Matsys que l'on vient à Amsterdam, et j'ai pensé bien souvent que le sort de ce tableau était en parfaite analogie avec les caractères du sujet et des personnages qu'il représente, violettes divines cachées dans l'ombre, exhalant leurs parfums dans la solitude et pour le ciel seul. Cela est beau comme un Léonard avec la candeur en plus, et lorsque j'étais fatigué de contempler les très terrestres merveilles que l'on va admirer à la *Tryppenhuys*, que j'étais las du tapage coloré du *Banquet de la milice* de Van der Helst et de la magie lumineuse de la *Ronde de nuit* de Rembrandt, comme après une longue course au milieu des poudreuses magnificences du soleil on va chercher l'ombre verdoyante, j'allais rafraîchir mes yeux dans une longue et immobile contemplation de la Vierge de Matsys.

Tel est ce très grand artiste qui, pour la plupart des Français, ne représente guère encore aujourd'hui qu'un nom auquel on n'attache pas sa véritable importance, et dont M. Viardot, un des rares critiques qui lui aient rendu justice, a pu dire avec vérité que l'idée qu'on en avait généralement était aussi fausse qu'incomplète. Solitaire fut sa grandeur durant sa vie, solitaire elle est encore aujourd'hui devant la postérité après plus de trois siècles. Les services qu'il rendit à l'art de son pays furent aussi nombreux que variés, et je veux les résumer une dernière fois. Au scrupule minutieux de la réalité qui aurait fini par dégénérer en puérilité, il substitua un sentiment plus général qui faisait porter cette fidélité à la nature sur les ensembles et non sur les détails ; il enseigna et mit en pratique la loi de l'unité, il frappa ses figures de l'empreinte de la passion, et par ces deux innovations, l'observation de la loi d'unité et l'expression passionnée, il créa la peinture dramatique et rendit Rubens possible. Il eut à un haut degré le sentiment de la beauté dont les peintres flamands antérieurs n'avaient jamais senti beaucoup le besoin, ou qu'ils avaient été impuissants à atteindre, et ce ne fut point sa faute si l'exemple qu'il donna à cet égard ne fut pas plus souvent suivi. Trois arts distincts vivent en lui : il est réaliste comme un Hollandais, bien qu'il ait préservé son pays de persévérer dans la voie qui le poussait de ce côté ; il est dramatique comme cette école d'Anvers dont il fut le prophète et le vrai créateur ; et par son sentiment exquis de la beauté il fut Italien, au moins par le désir. Est-il beaucoup d'artistes dont on pourrait résumer ainsi les titres de gloire ?

VIII

JEAN VAN EYCK ET HEMLING

Ni Jean Van Eyck ni Hemling n'ont besoin d'être vengés d'un jugement injuste et incomplet comme Quentin Matsys ; leurs vrais caractères sont depuis longtemps reconnus, leur génie parfaitement classé, et la seule injustice qu'ils aient à craindre est d'être loués non pas au-dessus de lèur mérite, mais au détriment de leurs successeurs. Je veux donc me borner à leur égard à quelques observations toutes personnelles.

Je dois à la contemplation du fameux triptyque de Jean Van Eyck, à Saint-Bavon de Gand, d'avoir pour la première fois bien compris l'opinion professée de nos jours par les artistes et les critiques dits préraphaélites et de l'avoir partagée pendant tout une longue journée. Voici une peinture qui date de nos guerres anglaises, qui fut composée et exécutée pendant les années où Bedford nous foulait aux pieds, où Jeanne la Pucelle nous vengeait. Le temps lui aurait fait subir quelque injure que nous ne saurions en faire reproche à l'expérience technique du maître, à sa science des couleurs et des procédés de métier. Tant de belles œuvres venues bien plus tard sont en train de disparaître! La *Cène* de Léonard de Vinci n'existe plus; dans cinquante ans, la moitié des œuvres de ce grand artiste aura disparu. Peu à peu les Rembrandt s'altèrent et s'effacent, ou plutôt s'éteignent : ont-ils encore deux siècles d'existence? Dès le premier regard jeté sur l'œuvre de Van Eyck au contraire, nous pouvons constater que le coloris en est aussi frais, aussi éclatant que le soir du jour de l'année 1432 où le pieux et sincère artiste l'acheva : ce tableau a l'air d'avoir été trempé dans la fontaine de Jouvence, et Dieu sait pourtant si ses vicissitudes ont été grandes; nettoyé, retouché, brocanté, démembré, il ne lui a manqué aucune mésaventure.

Le second regard est pour le paysage merveilleux de ce tableau, pour ce gazon sur lequel pose l'agneau mystique de l'Apocalypse, et ces bosquets en fleur d'où débouchent les groupes des saints et des docteurs. Quel original sentiment de la nature! depuis Van Eyck, on ne l'a plus connu sous cette forme. C'est la nature dans sa beauté la plus réelle, et cependant transformée par la lumière de l'extase et l'éblouissement du rêve. Chaque brin d'herbe a été peint avec une minutie amoureuse, chaque fleurette plantée à l'endroit voulu pour faire admirer sa grâce virginale; c'est bien notre nature dans toute son exactitude, mais, dirait-on, purifiée, spiritualisée, de manière à mériter de devenir la *nature* du monde *surnaturel :* ce paysage est une féerie céleste. Comme ce décor est en merveilleuse harmonie avec la douce et touchante grandeur de la scène apocalyptique que le peintre s'était donné pour tâche de figurer, et quelles tendres aspirations vers la Jérusalem mystique se trahissent ingénument dans ce gazon et ces fleurs!

Quand enfin vous êtes las de vous étonner de ce sentiment si original et si *unique* de la nature, — car tout sentiment de la nature est toujours plus ou moins païen, et ici au contraire il est moral et religieux comme un sentiment de l'âme, — vous tournez votre attention vers la conception de l'œuvre : elle est d'une profondeur et d'une grandeur étonnantes. Elle ne comprend rien moins que la tradition de l'histoire métaphysique de l'âme dans le temps et

au delà du temps, telle qu'elle a été établie par
le christianisme, et va de l'Adam si cher aux théologiens, type de l'homme déchu et digne de rachat, à l'agneau par lequel s'accomplit ce rachat,
en passant par toutes les légions de saints qui ont
aidé à l'œuvre divine. Cette grande scène offerte
éternellement à l'adoration des bienheureux est
présidée par Dieu le père, ayant à ses côtés la
Vierge et saint Jean, figures admirables d'Hubert
Van Eyck, le frère aîné de Jean, que le plus grand
art des époques postérieures n'a pas surpassées.
Toute cette grande histoire est là racontée dans
cet espace restreint avec une modestie dans la
profondeur, un respect dans l'expression, une
simplicité dans l'ampleur, qui sont vraiment admirables. Mais que la scène centrale est belle !
Au milieu de cette pelouse, dont nous avons
essayé de faire comprendre le charme mystique,
trône sur un piédestal l'agneau divin, la gorge
ouverte, tel que le vit le prophète, et de sa bles-
sure féconde coule dans un calice éternellement
rempli, éternellement vide, son sang rachat du
monde. Le nom du malencontreux chanoine qui
eut l'idée, vers la fin de l'empire, de remettre
entre les mains d'un brocanteur une partie de
cette œuvre vraiment sainte mériterait d'être
accolé à quelque injurieuse épithète, tant qu'il y

aura un diocèse de Gand, car il commit un vrai crime contre la dignité de la science que représente le sacerdoce. Jamais, en effet, la théologie pure, non mêlée au drame historique et humain du christianisme, n'a produit rien d'aussi grand : c'est même la seule peinture que l'on puisse appeler théologique ; toutes les autres qui représentent des sujets empruntés au monde spirituel, tels que les mariages mystiques, les couronnements de la Vierge, touchent à un ordre d'idées et d'affections qui gardent encore quelque chose d'humain.

Ainsi le coloris de cette œuvre est éblouissant, le paysage en est d'une originalité unique, la conception en est d'une grandeur et d'une profondeur indiscutables. Est-ce tout? Oh! que non pas! Approchez maintenant pour contempler ces groupes de saints, de prophètes et de docteurs qui débouchent aux quatre côtés du paysage, de ces allées couvertes par des bosquets qui semblent fleurir au moment même de leur passage, tant les roses en sont d'une fraîcheur éclatante; vous resterez confondus de la perfection patiente de cette peinture. Cela est rendu avec la minutie des Hollandais les plus renommés; un Van Ostade, un Gérard Dow, un Miéris, n'ont jamais achevé les petites figurines de leurs tableautins avec une patience plus amoureuse. Aucun de ces fins détails qui peuvent caractériser une physionomie individuelle n'a été omis; ces personnages sont autant de portraits pris dans la plus vivante réalité. Approchez encore, une dernière surprise, la plus capable de toutes d'inspirer l'admiration, vous attend. La conscience de l'artiste l'emporte en scrupules sur les consciences de tous les artistes passés et probablement à venir. Vous vous apercevez que les figures placées dans ces groupes sur les derniers plans ont été peintes avec autant d'amour que les figures des premiers plans, et non seulement l'artiste a mis le même soin à rendre leurs physionomies, mais chacune d'elles est sortie d'une méditation particulière, chacune d'elles exprime une variété, une nuance des sentiments d'amour et de piété. Voilà certes, pensez-vous, une dépense de travail et de méditation bien inutile, car le tableau ne serait pas moins beau si l'artiste s'était borné aux figures des premiers plans et n'avait compté les autres que pour faire groupe. Un artiste des âges postérieurs n'y aurait pas manqué, et se serait épargné une peine dont il n'y a pas un spectateur sur cent qui sache gré à Van Eyck. Eh bien! concluez maintenant que nous avons admiré successivement tous les mérites de cette œuvre : les préraphaélites n'ont-ils pas raison? Puisque cette œuvre n'a rien perdu de l'éclat de son coloris, que le sentiment de la nature qui s'y révèle est aussi original qu'exact, que la composition n'en laisse rien à désirer ni pour la grandeur ni pour la profondeur, que la perfection minutieuse de l'exécution égale le faire le plus patient des maîtres hollandais les plus admirés, et que par-dessus le marché elle dépasse en conscience toutes les œuvres qui ont éclos depuis, qu'est-ce donc que les artistes postérieurs ont ajouté à Van Eyck, et où sont les progrès de l'art? N'est-on pas en droit de dire que ce qu'ils ont ajouté, c'est le charlatanisme de la mise en scène, les effets dramatiques combinés en vue de surprendre et d'enlever d'emblée l'admiration, au lieu de la conquérir doucement, insensiblement, sans contrainte et sans ruse comme le bon Van Eyck?

Il est certain que, si des œuvres pareilles étaient nombreuses, et si le sentiment qui donna naissance à celle-là avait pu durer longtemps sans s'altérer, l'opinion des préraphaélites serait à peu près irréfutable; mais cette œuvre est unique au monde, et l'esprit mystique qui l'anime ne se rencontre plus à ce degré même chez Hemling, qui est pourtant si sérieux et si fervent. Eh bien! supposons les traditions de cet art primitif s'immobilisant pendant que le sentiment qui l'avait soutenu serait allé au contraire en s'attiédissant; à quoi eût abouti cette peinture si sainte à l'origine, sinon à la représentation très profane d'une réalité extérieure que chaque jour aurait dépouillée d'un de ses rayons? Enlevez des personnages de Van Eyck l'expression de ferveur et de piété, et puis faites copier leurs traits physiques par un autre peintre avec la même minutieuse exactitude que Van Eyck les a copiés, et vous allez obtenir sur-le-champ les personnages du tableau de genre hollandais. Le résultat serait inévitable; était-ce donc là une fin digne des aspirations avec lesquelles cet art avait commencé? Lorsque Quéntin Matsys créa la peinture dramatique, ne pouvait-il pas dire que c'était lui qui était le véritable continuateur de Van Eyck, plutôt que ceux qui auraient voulu s'acharner à maintenir ses traditions quand même, puisqu'il se proposait le même but que lui, dans d'autres conditions, il est vrai, mais dont il n'était pas responsable, car le temps les lui imposait? On n'a pas assez remarqué qu'il faut absolument une âme aux modèles humains que la vie offrait aux peintres dans les Flandres. Un peintre italien peut, sans être soupçonné de réalisme ou même sans tomber dans le réalisme, copier le modèle vivant qu'il a sous les yeux : la race est belle, et sa beauté peut lui tenir lieu d'âme et conserver à l'œuvre du peintre une certaine idéalité; mais la race qu'ont peinte Jean Van Eyck et Hemling est sans beauté, et si les sentiments moraux ne se lisent pas sur ces visages flamands, la représentation en va confiner à la plus extrême vulgarité. C'est même cette laideur physique qui rend si touchante l'expression chez Van Eyck et Hemling, car, la vie morale n'ayant point à entrer en lutte sur ces visages avec la beauté, l'âme y joue d'autant plus à l'aise et s'y remarque d'autant plus, de même que la lumière rayonne mieux et découvre mieux son charme propre sur une plaine aride que dans un paysage richement accidenté. C'est encore là ce que comprit à merveille Quentin Matsys. Il y a différents degrés dans la vie morale, et la passion peut tenir lieu de la ferveur au moins pour éviter l'écueil de la sécheresse réaliste.

Enfin le système de composition de Jean Van Eyck, qui ne consent à sacrifier aucun personnage, et qui donne la même importance à toutes les parties du tableau, se prête surtout à l'expression des sentiments lyriques de l'âme, mais nullement à l'expression des sentiments dramatiques, qui exigent forcément le sacrifice de telle partie à telle autre, la subordination de tel personnage à tel autre. Ces nombreuses figures du tableau de l'*Agneau mystique* sont autant d'odes et de prières vivantes ; elles ont pu être toutes traitées avec le même soin, parce qu'elles expriment toutes des sentiments d'essence lyrique, l'adoration, la contemplation, l'extase. Autant l'artiste a compris de nuances de ces sentiments, autant il a pu multiplier les personnages ; mais il est plus difficile d'appliquer le même système de composition à un sujet de nature dramatique, la Passion par exemple, où les acteurs doivent être nécessairement subordonnés à l'action. De là, chez tous les maîtres primitifs, la supériorité des tableaux dont le sujet est mystique sur ceux dont le sujet est pathétique. Lors donc que les préraphaélites accusent l'art qui a succédé à Van Eyck d'être moins chrétien que le précédent, ils se trompent en un sens : il y a toute une partie du christianisme que cet art primitif ne peut rendre avec supériorité, la partie humaine, historique, pathétique dont se sont emparés, comme d'un champ nouveau, les artistes des époques suivantes.

Avant de quitter le chef-d'œuvre de Van Eyck, je dois consigner une observation qui se rapporte à la riche pelouse de gazon que foulent ses docteurs et ses saints. Une des plus vives satisfac-

tions que j'aie éprouvées durant ce voyage de
Flandre, c'est le nouveau témoignage qu'il m'a
donné de la sincérité des grands artistes. Une
foule de détails qui semblent s'écarter de la nature et que de loin on est disposé à attribuer,
selon les cas, soit à une gaucherie archaïque,
soit à une vicieuse disposition de l'œil, soit à un
caprice d'imagination du peintre, vous révèlent
tout à coup leur parfaite exactitude. Certes, s'il
est un paysagiste qui paraisse capricieux, c'est
bien Breughel de Velours; cependant, un soir, à
l'*Harmonia* d'Anvers, j'ai vu tout à coup s'étendre sur les allées du jardin cette brume bleue
pareille à du petit-lait réduit en vapeurs dont il enveloppe ses paysages, brume qui se marie d'une
manière souvent si crue et si discordante avec le
vert si vif de ses feuillages. De même pour le
gazon du triptyque de Gand; tous l'admireront,
mais tous n'oseraient pas en garantir l'exactitude.
Observez cependant la campagne en allant de
Gand à Bruges; vous découvrirez à votre grande
surprise que ce gazon si poétique, piqué de
marguerites blanches, et dont chaque aiguille
verte se sépare de la touffe à laquelle elle appartient, existe en toute réalité et n'est pas
du tout une exagération minutieuse de l'artiste.
Le feuillage que l'on voit dans les fonds de pay-

sage d'Hemling, ce feuillage, court, mince, grêle, rare, qui nulle part ne fait écran et éventail à la lumière, qui laisse le jour percer de tous côtés comme ferait une dentelle, et ressemble à des découpures finement collées sur un fond de ciel, ce paysage qui, vu loin de la Flandre, paraît une gaucherie enfantine charmante, eh bien! c'est celui des arbres de la campagne de Bruges. Quant aux effets de lumière des Hollandais, j'ai pu constater maintes fois que les plus singuliers étaient phénomènes d'occurrence ordinaire.

Faut-il donner le nom de grand à Hemling? En vérité, je crois qu'on peut hésiter; mais il est mieux que grand, car il est adorable, le plus adorable des peintres. Sa grâce, qui est extrême, est unique, car elle ne vient ni de la beauté de la chair ni de l'ingéniosité de l'esprit. En dépit de l'ancienne réputation de beauté des dames de Bruges, les figures d'Hemling sont laides, et ce n'est pas non plus par ce charme artificiel et rusé qui tient souvent lieu de beauté qu'elles nous captivent, car elles sont étonnamment modestes d'aspect, pudiques jusqu'à la gaucherie, décentes jusqu'à la raideur. Cependant elles nous séduisent par un attrait moral plus grand que celui qui peut naître de la beauté de la chair et des arts de la coquetterie. Devant ces figures, notre cœur n'éclate pas tumultueusement en cris d'admiration, mais il soupire le souhait du Psalmiste, il demande comme lui les ailes de la colombe pour aller, d'un vol doux, là où ces créatures respirent et prient ; il s'arrête, dans une immobilité respectueuse, à contempler leurs sérieuses physionomies, éclairées également par la lumière sans ombres de l'innocence. Leur âme est pareille à un beau soleil qui jamais ne connaîtra, durant la vie terrestre, ni l'aube des désirs, ni les crépuscules des passions ; pareille à un soleil dont le lever apparent a été la naissance, dont le coucher apparent sera la mort, mais qui en réalité n'a pas eu d'aurore et n'aura pas de déclin, venant du ciel et y retournant. La grâce incomparable qui émane de ces créatures comme un parfum rayonne hors d'une fleur, c'est la grâce de la vertu naïve. Ces créatures sont vertueuses non par effort de l'âme, mais instinctivement, parce que la nature a voulu qu'elles le fussent, comme elle a voulu que les marguerites fussent blanches, que le ciel fût bleu et l'air transparent. On ne pourrait comparer l'émotion par laquelle ces virginales figures s'emparent du spectateur qu'à la double sensation de la neige, dont le premier contact, si froid, se transforme bientôt en une douce chaleur. Elles sont aisément pieuses, aisément chastes, et c'est de cette aisance que naît leur charme ; elles ne connaissent ni les pédantesques grimaces de la vertu acquise, ni la sécheresse et l'air revêche de la vertu contrainte, ni les douloureuses contorsions de la vertu volontaire. Jamais l'ombre d'une pensée coupable n'a traversé même furtivement leurs cœurs. Jamais la curiosité ne les a fait approcher de l'arbre du bien et du mal, jamais l'expérience ne leur a fait soupçonner que l'antique serpent glissait sous les fleurs des belles pelouses qu'elles foulent. J'ai souvent pensé que la vertu était fort calomniée en ce monde ; on la considère d'ordinaire simplement comme l'opposé des passions, tandis qu'elle est elle-même une passion, la plus belle, la plus indéracinable de toutes, la seule éternelle. Il est des âmes pour qui la vertu est une nécessité de nature comme la propreté pour les Hollandais, le confort pour les Anglais et le caviar pour les Russes. C'est une passion, et Hemling s'est chargé de montrer que c'était la grâce souveraine.

Quelle âme honnête ce dut être que celle de ce bon Hemling ! A mesure qu'on regarde ses œuvres, on sent s'élever dans son cœur l'étrange regret de ne pas l'avoir connu et le désir de le voir un jour, s'il est vrai que les esprits peuvent se rencontrer dans l'éternité. Il donne la nostalgie de ce ciel vers lequel ses saintes élèvent leurs prières, ne fût-ce que pour l'y trouver, tant est intime la sympathie qu'il inspire. Si l'on jugeait de la sainteté des hommes d'après leurs œuvres, et si l'on canonisait des artistes, personne ne mériterait mieux l'auréole qu'Hemling. En tout cas, il est un emploi moral de ses œuvres auquel on n'a pas encore pensé, et qui leur convient à merveille ; ce serait d'en faire de jolis albums, pas plus grands qu'un livre de dévotion, et de les donner aux jeunes artistes, avec injonction de les parcourir une fois par semaine, comme leur livre d'heures, en leur disant : « La carrière de l'art est sujette à bien des égarements, l'imagination a bien des témérités qui, même heureuses et couronnées de succès, sont quelquefois peu avouables ; le talent n'est pas toujours uni à la conscience et n'a pas toujours des scrupules sur les voies et moyens par lesquels il peut frapper la foule ; le but que cherche l'artiste est souvent plus éclatant que haut, et, s'il faut traîner l'art dans une voie impure pour se faire applaudir, il ne résiste pas toujours à la tentation : eh bien ! au milieu des folies de la mode, des paradoxes de l'atelier, des entraînements de la jeunesse et des ardeurs du sang, jetez régulièrement les yeux sur ces

Mariage mystique de sainte Catherine.

images, et vous sortirez de cette contemplation protégés, purifiés, fortifiés. »

Pour l'expression de la ferveur, Hemling peut lutter avec Van Eyck : qui pourrait jamais oublier les figures du *Mariage mystique de sainte Catherine?* Cependant, il s'en faut de beaucoup qu'il ait, au même degré que Van Eyck, l'élévation mystique. Bien souvent nous avons entendu citer à son sujet les noms de Dante et d'Ange de Fiésole, et nous avons même lu l'épithète d'ascétique employée pour caractériser l'expression de ses figures. Il y a là, croyons-nous, un léger oubli des nuances. Hemling n'ouvre pas d'aussi hautes portes du ciel que les deux grands mystiques italiens, car ses personnages ne nous conduisent pas plus loin que ce ciel de la lune, le premier des cercles paradisiaques de Dante, où vivent, dans une chaste béatitude, à l'état de reflets et d'images sans corps, les âmes virginales; c'est là que se rencontrent sainte Ursule et ses compagnes, en société avec Piccarda et Constance de Souabe. Les figures d'Hemling ne sont point ascétiques : elles sont sérieuses et pieuses. La candeur et la pureté naïve, voilà les sentiments qui respirent dans Hemling, sentiments qui, chez lui, ont une telle perfection, qu'ils donnent l'illusion de vertus d'essence plus haute.

Les personnages d'Hemling sont des anges, mais
non pas du même ordre que les chérubins jus-
ticiers à l'épée de feu ou les enthousiastes séra-
phins qui se fondent dans l'extase de l'amour
divin.

Avec Hemling, la peinture, exclusivement consacrée, dans Van Eyck, à l'expression des sentiments lyriques de l'âme, la piété, la ferveur,
l'adoration, devient dramatique sans perdre son
précédent caractère. Le plus frappant de ses
tableaux, sous ce rapport, est le triptyque de
la *Descente de croix*, que j'ai déjà signalé en
parlant de Rubens, et qui, je ne sais pourquoi,
n'est pas estimé à l'égal de ses autres œuvres.
En chicanant un peu, on pourrait, il est vrai,
dire que cette peinture est plutôt lyrique que dramatique, que c'est une élégie plutôt qu'une scène;
en tout cas, elle est pathétique à l'excès. Là où
ce dramatique se déploie avec son véritable caractère, que nous avons nommé anecdotique,
c'est dans sa décoration de la *châsse de sainte
Ursule*, la plus charmante, non seulement des
œuvres du maître, mais probablement de toutes
les peintures existantes. C'est un véritable roman
en peinture que la légende de sainte Ursule et
des onze mille vierges, car ces miniatures se
distinguent par cette abondance de détails et cette

lenteur d'action qui caractérisent la narration romanesque. L'œuvre est attachante comme un récit, et il semble, à mesure qu'on la regarde, que les sens puissent être transposés, et qu'il soit possible d'entendre, aussi bien que de voir, par les yeux. Quelle exactitude minutieuse dès les premières scènes, j'allais dire dès les premiers chapitres! La légion des vierges s'embarque avec Ursule; Hemling n'a omis aucun des détails d'un départ. Les petites demoiselles allemandes et flamandes, convenablement costumées pour le voyage, marchent en troupe d'un pas grave, sans précipitation ni lenteur, leurs petits sacs et leurs petits nécessaires à la main, pendant que de robustes commissionnaires portent leurs petites malles et les déposent sur le vaisseau. Cette exactitude continue jusqu'à la scène suprême du martyre, avec la garrulité touchante des vieux légendaires et des vieux poètes épiques, qui n'omettent aucune circonstance; mais, de même qu'entre les parties d'un drame musical on place souvent une mélodie rêveuse pour reposer l'âme d'une émotion trop continue, Hemling a séparé en deux parties l'histoire de sainte Usurle par les deux miniatures qui décorent les deux bouts de la châsse. Dans la première, qui est comme l'ouverture chargée de mettre l'âme du spectateur au

Châsse de sainte Ursule.

ton de la légende qu'il voulait peindre, il a placé la Vierge, protectrice naturelle d'Ursule et de ses compagnes. Dans la seconde, introduction logique à l'épisode du martyre des vierges, il a montré Ursule debout et telle que la reine du royaume de la pudeur, abritant ses compagnes sous son manteau, comme une couvée d'oiseaux réservés aux campagnes du ciel. J'ai dit qu'Hemling était plutôt adorable que grand, pourtant il a touché à la grandeur au moins une fois, et c'est dans cette miniature qui, venant après les premières scènes de la légende, change brusquement les émotions du spectateur, et, de gai qu'il était, le dispose au sérieux et aux sentiments qui ne permettent pas le sourire.

Une chose touchante, dans les tableaux d'Hemling, c'est d'y retrouver le vivant témoignage de l'antique magnificence de cette ville de Bruges, sorte de Venise flamande, pleine de mouvement et d'éclat, aujourd'hui morte aimable. Les costumes des personnages d'Hemling font foi des richesses de cette ville. Quelles superbes étoffes composaient les robes de ces dames de Bruges, célèbres pour leur beauté! quel grand goût dans les dessins et les ramages qui les décorent, dans le choix des nuances pour les couleurs! Une certaine robe feuille-morte, à grands ramages, du

Mariage mystique de sainte Catherine, m'est surtout restée dans le souvenir. Longtemps avant les Vénitiens, et sans songer à donner à ces accessoires du costume et du luxe l'importance pittoresque qu'ils leur accordèrent, Hemling, en obéissant au seul sentiment de la réalité, qui n'a jamais abandonné les Flamands, en copiant fidèlement les spectacles qui l'entouraient dans la plus riche des villes des Flandres, a présenté des échantillons de magnificence à faire envie à Titien, à Véronèse et à Rubens. Le roi nègre de son *Adoration des Mages*, avec sa fière et pittoresque tournure, sa taille élégante, son riche costume, copie visible de quelque serviteur noir amené des pays d'Orient par tel riche négociant de Bruges, serait à sa place dans le plus splendide décor de Véronèse. Une observation fort singulière à faire, c'est la prédilection marquée d'Hemling pour la couleur jaune et les étranges effets pittoresques qu'il en tire. Il y a notamment, dans le volet du triptyque de l'*Adoration des mages*, où Hemling a peint la *Présentation au Temple*, une certaine draperie jaune, à nuance orangée, de l'effet le plus bizarre et le plus heureux. Jamais, avant de voir les Hemling, nous n'avions supposé qu'il y eût de telles ressources dans cette couleur magnifique, mais qui, moins

que toute autre, semble se prêter aux variétés
des nuances.

On connaît la légende probablement fausse sur
les peintures d'Hemling. Soldat blessé, il les
aurait exécutées pendant sa convalescence et
laissées à l'hôpital Saint-Jean en remercîment
des soins qu'il avait reçus ; mais, quelle que soit
la cause qui en ait rendu l'hôpital Saint-Jean
propriétaire, ces peintures sont bien à leur place
naturelle dans un lieu où le christianisme abrite
les malades et recueille les affligés, car elles ne
présentent que des images de consolation et d'espérance. Dernier témoignage de l'antique magnificence de Bruges, elles sont aussi bien en harmonie avec la physionomie actuelle de cette ville
paisible, solitaire et d'une douceur mélancolique,
où l'herbe pousse entre les pavés devant la statue de Van Eyck. Aujourd'hui comme autrefois
Bruges est leur vraie patrie ; placées partout ailleurs, elles seraient comme étrangères et dépay-
sées. Elles sont trop chastes, trop modestes et
trop pieuses pour être exposées indifféremment
dans tout musée et présentées à tout regard profane ; elles n'ont pas pour affronter les regards du
vulgaire l'aplomb aristocratique de la peinture
italienne, qui est comme chez elle en tous lieux,
ou le cynisme effronté de la peinture de genre

hollandaise. Mais à Bruges, dans cette ville qui parle avec une éloquence si mélancolique du passé enfui sans retour, de l'inévitable mort qui attend tous les peuples comme tous les individus, et qui viendra à l'improviste au moment même où, triomphants dans leur sécurité imprudente, ils s'endormiront sans entendre qu'elle aiguise déjà sa faux, Hemling glorifie avec une onction incomparable le pays éternel où la mort est inconnue, où les âmes vivront éternellement à l'abri des embûches du mal, où les peuples, désormais rassurés contre les traquenards de la destinée, se reposeront de la servitude et de la gloire, des fatigues de la grandeur et des douleurs de la déchéance [1].

1. Écrit deux ans avant la guerre de 1870.

HOLLANDE

I

DEVANT DORDRECHT

Rien n'est tranché dans le monde moral non plus que dans le monde physique, et l'esprit, tout comme la nature, procède par voies lentes et transitions insensibles. C'est ainsi que, longtemps avant d'entrer dans un pays, on est averti qu'on change de contrée par mille petits phénomènes, significatifs seulement pour l'observateur et visibles seulement pour les yeux de celui qui sait. À la station d'Esschen, une fille accoudée à une de ces hautes fenêtres encadrées de plantes grimpantes à la façon hollandaise me présente mon premier Miéris ou mon premier Gérard Dow. Même façon d'appuyer les coudes, d'avancer la tête, que chez les servantes rendues immortelles par le pinceau de ces peintres. Sur le bateau à vapeur qui nous prend au Moerdyck, je remarque qu'un des garçons de service possède la chevelure que Rembrandt a donnée à l'ange compagnon du jeune Tobie, et que les gens de l'équipage tiennent leurs pipes entre leurs dents avec une sorte de violence morose, comme un dogue tient un os, à l'instar de ces farouches magots de Van Ostade, qui, la lèvre inférieure avancée d'une façon presque menaçante, ont l'air de fumer par manière de bravade démocratique, pour narguer le roi-soleil et les aristocraties européennes. Une paysanne de la Sud-Hollande, reconnaissable à ses boucles d'oreilles en forme de ressort qui se détend, ingénieux et formidable engin de défense, qui doit avoir été primitivement inventé pour protéger la chasteté des blanches Bataves contre les entreprises des galants trop audacieux, est assise sur un des bancs du bateau, et au moment où un beau jeune homme d'une tournure très fière passe auprès d'elle, j'entends cette femme, jeune encore et belle elle-même, dire à très haute voix : « Pas de grands seigneurs. » Ce mot singulier me fait repasser tout ce que j'ai jamais appris de l'histoire de ce peuple, le plus indépendant qu'il y ait peut-être jamais eu au monde ,

1. Un détail de mœurs à la manière de ceux que Stendhal aimait à citer comme donnant la clef des caractères nationaux. On me raconte qu'à Amsterdam, lorsqu'un

et me remet en mémoire ce mot du roi Louis Bonaparte : « Le peuple hollandais est un peuple frondeur. »

Si dans nos siècles de lumière nous n'avions pas perdu la naïveté, et avec elle toutes les vivacités d'impressions qu'elle entraîne, si nous obéissions encore instinctivement à ces lois de notre imagination, grâce auxquelles les anciens personnifiaient une contrée sous la forme d'une belle nymphe, je dirais que la Hollande est le pays le plus nerveux que l'on puisse voir. Sa physionomie mobile et variable à l'excès a deux aspects : elle est riante, elle est mélancolique, et ces deux aspects se succèdent parfois avec une telle rapidité qu'ils paraissent simultanés, et que le pauvre voyageur ne sait si cette nature le boude ou l'invite. Ce pays d'eau possède, avec la plus charmante exactitude, tous les caractères que les

homme du peuple tombe ivre dans la rue et qu'un agent de police arrive pour le mener au poste, les camarades de cet homme interviennent et tiennent à peu près ce langage à l'agent : « Laissez-le, nous le conduirons nous-mêmes chez lui ; nous ne voulons pas que vous le touchiez », et que, faisant comme ils disent, ils enlèvent au nez et à la barbe de la police l'ivrogne qui était sa proie légale de par tous les règlements d'une bonne administration urbaine. L'indépendance des Anglais est célèbre, cependant les Anglais ne sont indépendants que tant qu'ils se sentent fermes sur le terrain de la légalité ; mais, autant que j'ai pu voir, il m'a semblé que les Hollandais seraient capables à l'occasion de ce degré d'indépendance qui consiste à se mettre au-dessus de la loi.

poètes attribuent aux esprits élémentaires des eaux, les sylphes d'Irlande, qui, vêtus de robes d'un vert glauque, aiment à passer de longues heures en rêveries pensivement tristes aux bords des lacs, et surtout les ondines et ondins, qui, selon les meilleurs démonologues poétiquement résumés par le baron de Lamotte-Fouqué dans son joli roman, passent des pétulances les plus capricieuses aux boutades les plus moroses, et de la gaieté la plus folle au plus sombre abattement. Aussi, quelle que soit la route que l'on prenne pour y arriver, l'entrée en Hollande ne peut manquer de faire éprouver au voyageur une sensation d'une nouveauté singulière. Cependant le choix de la route n'est pas indifférent, selon qu'on veut d'abord connaître l'une où l'autre de ces physionomies.

L'entrée en Hollande par le Moerdyck est d'un charme et d'une séduction irrésistibles. Rien ne rappelle dans ce paysage coquet, excentrique, presque paradoxal dans sa verdoyante bizarrerie, la monotonie de la plaine de Flandre que l'on vient de quitter. Il semble que le bateau à vapeur navigue, non à travers un pays ouvert, propriété commune de tout un peuple, mais à travers les rives d'un parc seigneurial dont la superbe Meuse serait l'artère fluviale et la décoration. Pour avoir

une idée lointaine de ce paysage du Moerdyck à
Dordrecht, imaginez ce que serait Hyde-Park, par
exemple, étendu à l'infini, et la Serpentine navi-
gable aux *steamboats*. Oh ! comme, en m'enivrant
des sensations toutes nouvelles de ce ravissant
spectacle, j'ai envié la naïveté d'imagination des
chevaliers du moyen âge et des anciens voyageurs !
De minute en minute je sentais s'effacer en moi
le souvenir de l'existence de notre race ; un grain
de scepticisme moderne de moins, et j'aurais pu
croire que j'étais dans une contrée habitée par des
esprits élémentaires. Si ce ne sont pas là les bosquets d'Alcine et d'Armide, ce sont bien ceux des
fées du monde merveilleux du Nord. Ces petits
jardins de la rive qui s'avancent jusque sur l'eau,
et qui font penser aux descriptions que les voyageurs nous retracent des mignonnes inventions
de la Chine et du Japon, ne peuvent être la propriété de familles humaines, car en trois pas un
enfant qui s'essaye à marcher les parcourrait dans
toute leur étendue ; mais sous les fleurs de leurs
rives les petites nixes peuvent se blottir à l'aise
pour se livrer à leurs espiègleries microscopiques
comme leurs domaines et leurs personnes.

Entrez au contraire dans la Meuse par le
Wahal, en venant d'Allemagne ou de Gueldre,
comme la physionomie du paysage est différente !

Ce n'est plus un pays de fées, mais c'est encore une terre magique, car c'est un pays de sorcières. Comme cette forêt de joncs est triste et morose, même par un beau soleil! Et ces frêles, chétives digues en branchages qui protègent la terre peu résistante contre les morsures du fleuve, quelles idées de pénurie, de dur travail, de vie misérable elles éveillent à l'esprit! En voyant ces pauvres digues, images mesquines du vaste système de défense qui fait ceinture à ce pays, la richesse actuelle des habitants de la Hollande s'efface de l'esprit, et l'on rêve d'une terre maudite où l'homme aurait chaque jour à disputer sa subsistance à un troupeau d'orques malfaisantes qui viendraient s'ébattre sur le rivage.

Entrez enfin en Hollande en venant directement d'Anvers par le bateau à vapeur, et la physionomie se modifie encore. Un mirage de grandeur (mirage est le seul terme exact qui puisse peindre ce phénomène) s'ajoute à cet aspect morose. L'horizon s'ouvre, le paysage s'élargit; dans le lointain on aperçoit la lisière des îles de Zélande, qui montent timidement au niveau du fleuve, dont le lit est plus haut que leur surface. Ce qu'il y a d'étrange, c'est que cette contrée, ainsi aperçue dans le lointain, semble n'avoir aucun des attributs de la terre, ni solidité, ni fixité.

les mettre dans sa poche et les emporter comme joujou. Quelles charmantes étrennes à offrir au fils d'un géant ! Et de fait, bien souvent dans mes excursions en Hollande, notamment entre Harlem et Amsterdam, en contemplant les délicieuses maisons de campagne qui sont échelonnées de Bloemendaal à Zandvoort, je me suis surpris à penser par contraste à ce cruel géant d'Anvers qui gardait à l'aurore de l'histoire le passage de l'Escaut, et défendait l'entrée de la Hollande, comme un habitant de Brobdingnac qui défendrait le pays de Lilliput. Oh ! quelle sûreté prophétique il y a dans l'imagination des peuples naïfs ! Ce géant d'Anvers, inventé longtemps avant l'existence de la Hollande, né dans l'imagination du peuple barbare du simple aspect des lieux, l'histoire, à la lettre, l'a réalisé, et son fantôme plane encore au-dessus du voyageur qui entre dans ce pays. Plusieurs fois il est venu, et toujours il a montré pour la possession de son royaume de nains la même âpre jalousie qui lui faisait couper la main des voyageurs lorsqu'ils essayaient de franchir l'Escaut sans sa permission. Étrange jalousie quand on s'en tient à l'apparence et qu'au lieu de fixer ses regards sur les eaux, on les fixe sur la terre et sur les objets qu'elle présente, sur ces petites villes sans palais somptueux, sur ces petites maisons de plaisance, vrais nids humains enfoncés coquettement dans un édredon de verdure, sur ces petites métairies à ras de terre, coquettes tanières tassées sur le sol par le bipède homme? Oubliez, s'il se peut, l'Escaut et la Meuse, le Wahal et le Rhin, et cet acharnement va vous sembler comparable à celui d'un puissant amateur de curiosités qui défendrait la possession d'une vaste collection de précieux bibelots. Mais des pensées fort différentes s'élèvent dans l'esprit lorsqu'on détourne les yeux de la terre et que l'on contemple les beaux fleuves qui enlacent de toutes parts ce petits pays. Alors on comprend la raison d'être de cet amour acharné pour un tel gentil joujou, et comment le dernier géant qui l'a possédé put dire dans sa colère, un jour qu'il était serré de trop près par ses ennemis : « La Hollande! plutôt que de la rendre, j'aimerais mieux la faire rentrer sous les flots. » Aujourd'hui Anvers est délivrée de son géant; mais le géant a-t-il disparu pour cela? Si par hasard il faisait croire à sa mort par simple ruse de guerre, et si, renonçant désormais à se montrer à Anvers, où on l'a trop connu, il avait fait un grand détour, et revenait revendiquer son royaume par Aix-la-Chapelle et Maestricht !

Le bateau à vapeur fait devant Dordrecht une

assez longue station, et, après avoir amusé mes
yeux de la gentille physionomie de cette ville,
pour tuer le temps j'amuse ma mémoire des souvenirs historiques qui se rapportent à son passé.
Un de ces souvenirs, bien ancien, bien effacé et
bien indifférent à l'âge où nous sommes, m'obsède
particulièrement, peut-être à cause de nombreuses
et récentes lectures du bon Froissard. Ce fut là
que, vers la fin du premier quart du xive siècle,
notre princesse Isabelle, sœur du dernier Capé-
tien et femme d'Edouard II d'Angleterre, s'em-
barqua avec son fidèle comte Jean de Hainaut
pour aller, sur l'invitation de Mortimer, débar-
rasser l'Angleterre de la tyrannie des Spenser.
Mieux eût agi, pour notre bonheur, la mère
d'Edouard III, si elle était restée en France à
supporter patiemment sa disgrâce, si elle avait
laissé son triste mari affaiblir quelques années de
plus l'Angleterre, et préparer ainsi à son fils des
moyens d'occupation assez urgents à l'intérieur
pour qu'il n'eût pas besoin d'aller les chercher à
Crécy. A cette époque, Dordrecht avait-elle déjà
l'aimable aspect que nous lui voyons aujour-
d'hui? Oh non! elle avait sans doute un aspect
bien revêche, bien barbare, des murailles et des
portes fortifiées, des tours, des bastions : la nature n'en avait pas fait encore l'espèce d'aimable

village rustique à la façon vénitienne qui nous
charme aujourd'hui. C'était alors une rude sou-
darde qui croyait avoir le pied solidement établi
pour toujours sur la terre ferme ; cent ans après
que la reine Isabelle s'y embarquait pour l'Angleterre, vint une inondation, et la *pucelle* de
Dordrecht fut métamorphosée par cet accident
en une gentille petite demoiselle noble de campagne, assise au bord des fleuves qui l'entourent de
toutes parts avec jalousie.

Qui dirait, à la voir ainsi dans sa petite île, que
cette ville, qui éveille des sentiments d'églogue et
des rêves de vie heureuse, a été le théâtre d'une
des plus âpres controverses théologiques des
temps modernes ? Quoi ! c'est dans ce nid de
verdure, sur les rives de ces fleuves magnifiques,
qu'ont retenti les discussions et les anathèmes
des gomaristes et des arminiens ? Il y a là pour
l'imagination une sorte de dissonance. Arminius
fut condamné par le synode, et cela avec l'assen-
timent et aux acclamations du peuple ; mais en
vérité ce fut la faute du parti républicain qui manqua d'esprit en cette circonstance, et ne sut pas
se servir des ressources que lui offrait l'aspect
de la nature de Hollande pour la réfutation de
Gomar. Il ne se souvint pas non plus assez de ses
classiques, que ses chefs connaissaient pourtant si

bien, et qu[...] [...]t plus
tard Jean [...] de l'exil
et de [...] et autres au-
raient [...] et les
[...] Agrippa [...] à peu
[...] [...]tion de
[...] [...], pé-
[...] Armi-
[...] racheter du
[...] tandis que le
[...] que tous
[...] [...]à a
[...] [...] De ces
[...] que est celui
[...] espé-
[...] [...] en
[...] [...]
[...] de la
[...] l'Espagne?
[...] cependant
[...] simple que
[...] image de
[...] en
[...] [...]
[...] qui
[...] succomber
[...]

étonner, il a trouvé l'*élection* sociale dans son berceau, et il lui est permis de ne pas compter sur ses mérites, qui sont grands, pour obtenir un pouvoir auquel il est prédestiné par la naissance : pourquoi ne jugerait-il pas de la damnation et du salut selon sa condition terrestre, et ne croirait-il pas que les hommes sont prédestinés dans l'ordre divin, comme ils le sont dans l'ordre humain ? Mais vous ! Changeons la forme de cette périlleuse question dont vous ne paraissez pas comprendre la signification terrible. Lesquels d'entre vous voudraient croire à Gomar, s'il venait leur dire : « Sachez qu'il en est parmi vous qui sont de toute éternité prédestinés à la misère, et d'autres qui sont de toute éternité aussi prédestinés à l'opulence. Pour ceux qui sont prédestinés à la misère, il ne leur sera tenu compte ni de leurs efforts, ni de leurs vertus. La patience, le travail incessant, l'économie, la frugalité, leur seront inutiles. Quant à ceux qui sont prédestinés à l'opulence, il n'y aura ni paresse, ni dissipation, ni mauvaise conduite qui puissent leur nuire. » Répondez, vous qui toute l'année travaillez avec une patience inaltérable à disputer à la mer cette terre arrachée à sa faim vorace, qui défendez vos champs contre les baisers et les morsures des fleuves, qui pompez sans relâche les eaux croupissantes qui menaceraient la fertilité de vos moissons et la santé de vos corps, croiriez-vous aux paroles insolentes de Gomar? Quoi! vous qui avez fait la Hollande contre des éléments plus forts que l'homme, contre la mer et la nature, vous ne pourriez pas faire votre salut contre la chair et Satan! » Nul doute que, si la question eût été ainsi posée, débattue, et expliquée pendant cette longue controverse, le peuple n'eût fini par prêter l'oreille au parti républicain. Heureusement il n'en fut rien, et le peuple hollandais, poussé par les instincts obscurs qui, en tous pays, portent le peuple à soutenir les idées les plus contraires en apparence à ses intérêts, jugea en faveur de Gomar et du stathouder Maurice, et à notre avis jugea bien.

Ah! si le bateau à vapeur ne devait pas s'éloigner si vite, et si notre rêverie ne devait pas être troublée par la vue de nouveaux spectacles, comme nous aimerions, nous qui sommes un prédestinatien déterminé, à prolonger nos méditations sur cette haute et noble doctrine! Non, il n'est pas bon que l'homme se croie libre envers Dieu, et qu'il compte sur ses actes pour obtenir le salut. Quel que soit le mérite de ses œuvres, il ne doit pas le reconnaître, il ne doit pas avoir l'orgueil d'y croire. Compter sur Dieu

seul pour régler notre conduite, attendre tout de
son seul secours, n'accepter d'autre jugement que
son jugement redoutable que ne peuvent corrompre nul intérêt, nulle séduction et nul mensonge,
me semble le propre des âmes religieuses qui
pensent avec grandeur et redoutent le mal avec
sincérité. Eh quoi! rassuré par mes actes sur
mon salut, je vivrai dans une coupable confiance,
peut-être dans l'orgueil de moi-même, et, pareil
à un marchand qui établit son bilan, je dirai :
Voici l'actif de vertus avec lequel je puis acquitter
le prix de l'éternelle félicité et éviter la banque-
route infernale! Et que sais-je de la valeur de
mes œuvres, et qui suis-je pour compter sur
elles? Quoi ! un pauvre être de chair et de sang,
faible, infirme, borné, osera présenter comme son
titre de propriété des actes dont il n'est pas l'auteur véritable, car, son état d'humaine dépendance étant donné, eût-il jamais pu accomplir
même le plus petit et le plus chétif de ces actes
sans le secours de Dieu ? Ce que je présente
comme le résultat de ma liberté, c'est le travail
de Dieu en moi. Ah! combien plus religieux est
l'homme qui s'écrie dans la connaissance de son
humilité : Seigneur, voici ce que j'ai accompli
par vous, que l'homme plein de présomptueuse
assurance qui ose dire : Seigneur, voici ce que

j'ai accompli *pour* vous ! Et comme les résultats de cette profonde humilité, qui n'attend rien que de la grâce du souverain maître, sont importants pour la santé de l'âme et la vigueur du caractère ! Un prédestinatien sera peut-être un mauvais diplomate ; mais, recouvert de sa doctrine comme d'une armure impénétrable, il restera invulnérable aux coups de la fortune et aux assauts de ses ennemis. Oh ! s'il s'agit de jouer la partie des hommes, il tiendra mal les cartes du jeu social ; un prédestinatien n'est pas un joueur, c'est un soldat. Celui qui croit en sa liberté sera rempli de vulgaire sagesse mondaine : il craindra les hommes, il agira avec une prudence équivoque voisine tantôt de la duplicité, tantôt de la lâcheté, il cherchera les occasions propices ; mais que peut craindre des hommes celui qui n'estime de puissant que Dieu seul, et qui sait n'agir que par sa seule impulsion ? Celui-là est d'autant plus libre envers les hommes qu'il ne peut avoir à leur rendre compte d'actions dont Dieu est le seul juge, comme il en est le seul auteur. Oh oui ! les vieux prédestinatiens avaient raison, quoiqu'ils n'aient pas deviné les vraies conséquences de leurs doctrines ; voulez-vous faire des hommes invincibles au monde, faites des esclaves soumis de Dieu ; voulez-vous délier les chaînes de la terre, resserrez les liens qui rattachent l'homme au ciel [1].

Cette vieille querelle de Gomar et d'Arminius prouve encore d'une manière fort piquante combien nos mérites sont peu de chose, et combien nous aurions tort de nous targuer de nos lumières. A coup sûr, les lumières, le bon sens, le sentiment de l'humanité, furent en cette circonstance du côté d'Arminius et des républicains : Arminius fut un esprit libéral et, comme nous dirions aujourd'hui, avancé ; Gomar fut un fanatique et, comme nous dirions encore, un conservateur borné. Eh bien ! ce fanatique borné, odieusement secondé par le froid, politique, implacable Maurice, et cruellement servi par une braillarde canaille, se trouva défendre des doctrines autrement importantes pour la liberté morale, dont il ne se souciait pas du tout, que celles de son adversaire, lequel au contraire s'en inquiétait fort. Et maintenant soyez fiers de vos lumières et comptez sur le mérite de vos œuvres, gens d'es-

1. Chose curieuse, cette doctrine chrétienne de la grâce, qui est le véritable fondement des libertés de l'âme, et par suite de toutes les libertés sociales, a été tenue fort souvent par des esprits qui se sont posés en défenseurs de la liberté comme une doctrine d'oppression et d'injustice. Toutes les fois que je lis une de ces attaques contre la grâce exprimée par un esprit libéral, je ne puis m'empêcher de me représenter Achille renonçant avec aveuglement à ses armes forgées dans un atelier divin.

prit, philosophes, bons citoyens, chrétiens éclairés, hommes charitables ! L'esprit qui souffle où
il veut va mettre, s'il lui plaît, la sagesse sur les
lèvres d'un fou et la tolérance dans le cœur d'un
furieux ! Le sort de la doctrine d'Arminius en
est en même temps la réfutation ; si Arminius
eût été jugé selon ses mérites, il aurait triomphé ;
au contraire ce fut Gomar qui l'emporta. « Et la
preuve que la liberté ne peut rien et que la grâce
peut tout, la voilà ! » pouvaient dire après le
synode de Dordrecht ceux des spectateurs de
cette querelle qui avaient une pointe d'esprit
sceptique.

II

ALBERT CUYP

Il en a été pour nous de Dordrecht comme de ces personnes inconnues dont le visage un instant aperçu vous laisse une émotion délicieuse. Nous n'y sommes point descendu, et cependant cette ville reste au nombre des souvenirs les plus ineffaçables de notre excursion. Quelque vif qu'ait été le plaisir de la surprise que Dordrecht nous a fait éprouver à notre entrée en Hollande, il ne saurait égaler pourtant le charme avec lequel nous avons plus tard contemplé par deux fois son aspect, car cette ville était désormais associée dans notre mémoire au souvenir d'un chef-d'œuvre. Ce que Van der Meer a fait pour Delft, un autre grand artiste de la Hollande, Albert Cuyp, l'a fait pour Dordrecht. Comme deux fils reconnaissants, les deux artistes nous

ont laissé les portraits de leurs villes natales :
charmant patriotisme, et qui leur a porté bonheur à tous deux. De même qu'un peintre de
portraits étudie longtemps l'attitude dans laquelle son modèle révèle le mieux sa vraie ressemblance, le costume et les couleurs qui s'accordent le mieux avec sa physionomie, les objets
accessoires qui le replacent le mieux dans le
centre où sa vie s'écoule, ainsi Van der Meer et
Cuyp semblent avoir étudié avec un soin affec-
tueux et une sympathie patiente les heures du
jour où leurs villes natales étaient surtout en
beauté, le point de vision où leur aspect se révé-
lait avec le plus d'agrément, les réseaux de lumières ou les voiles de vapeur qui leur faisaient
le plus gracieux costume. Ces deux tableaux
sont tellement deux portraits, ces deux villes sont
devenues tellement deux personnes, qu'on pourrait, comme pour deux jolies femmes, nommer
leur couleur et leur tempérament. Delft est une
brune piquante chez laquelle le sang prédomine ;
Dordrecht est une blonde adorable sur laquelle
la lymphe exerce ses ravages. A la brune, vierge
de terre ferme, conviennent les robes de lumière
des belles journées de printemps ; à la blonde,
vierge des eaux, conviennent les voiles blancs
des vapeurs de l'aube. Comme la beauté des

Vue de Dordrecht.

brunes consiste surtout dans la parfaite netteté
des traits, le profil donne mieux que la face leur
vraie ressemblance, et c'est de profil aussi que
Van der Meer a représenté sa ville de Delft :
deux ou trois petites maisons en briques d'un
rouge vif, un pan de mur blanc rongé et verdi
par l'eau, un bout de l'étroit canal qui mène les
barques à la Haye, une ou deux des branches
d'arbres de ses petits jardins. Les blondes au
contraire veulent être vues de face, et c'est de face
qu'Albert Cuyp a représenté Dordrecht. Le point
de vue choisi par Albert Cuyp pour peindre le
portrait de sa ville natale, c'est ce point même de
la Meuse où nous laisse le bateau à vapeur, en
sorte que nous voyons Dordrecht exactement sous
l'aspect où le peintre l'a contemplée il y a deux
cents ans, et presque avec les mêmes yeux que
lui. Sa physionomie n'a guère changé depuis
cette époque, et nous la reconnaissons sans peine
comme nous reconnaissons le Delft actuel dans
le portrait de Van der Meer.

Ce qui distingue Albert Cuyp parmi tous les
paysagistes, c'est une sorte d'impersonnalité passive qui se rencontre rarement chez les hommes
de génie, et que nous appellerons, faute d'autres
mots, absence de tout égoïsme intellectuel et de
tout orgueil d'artiste. D'ordinaire les grands

artistes font chanter aux choses extérieures la
propre musique de leur génie; les plus imper-
sonnels consentent à un partage, et associent
leur musique à celle des choses. Cependant des
natures moins grandes, mais aussi rares assurément, apparaissent de loin en loin. Certains
artistes naissent avec une délicatesse d'organes
comparable à celle de ces personnages des contes
qui entendaient l'herbe pousser et surprenaient
le langage des oiseaux; ils reconnaissent que
chaque chose possède une mélodie qui lui est
propre, que cette mélodie est différente de celle
de la chose voisine, et qu'elle est toujours délicieuse. A quoi bon dès lors faire chanter aux
choses la musique de notre propre génie? Autant
vaut s'enivrer de la leur, et la redire aussi exactement que possible. Albert Cuyp est au nombre
de ces artistes passifs à force d'exquise délicatesse.

Avec quelle finesse et quelle justesse profonde
il a senti, dans l'exemple qui nous occupait tout
à l'heure, que le charme caractéristique de Dordrecht, le trait qui crée sa personnalité, c'est
cette domination des eaux, ces beaux fleuves
qui l'enserrent d'une fluide ceinture, et au-dessus desquels elle surgit comme une sorte de
Délos rustique, ce contraste si frappant entre la

petitesse de la ville et la largeur des nappes liquides qui baignent ses pieds! La Meuse de moins, et Dordrecht perd sa physionomie; le peintre qui veut rendre la juste ressemblance de cette ville doit donc donner la première place à son fleuve. L'heure choisie par Albert Cuyp est celle de l'aube, heure froide et grise par tous pays, plus froide en Hollande que partout ailleurs, mais qui en revanche se revêt dans les beaux jours de tons gris perle d'une si parfaite élégance, que nos gantiers à la mode feraient bien d'aller étudier sur place le choix des nuances que la nature livrerait en abondance à leur observation et à leur bon goût. Pareille à un amant caché par sortilège, la lumière ne se révèle que par le froid et pudique baiser dont elle effleure le front de Dordrecht, et celle-ci se lève frémissante sous le voile de diaphanes vapeurs qui montent de la Meuse et qui enveloppent toute la toile de leur draperie de gaze transparente. Ce qu'il y a d'incroyable dans ce tableau, c'est que l'artiste l'a composé tout entier avec des éléments pour ainsi dire incolores, avec les nuances les plus froides, les phénomènes les plus insaisissables. L'air, l'eau, le brouillard, une *minuscule lesche du jour*, pour employer l'expression de Rabelais, voilà tous les éléments de l'œuvre de

Cuyp. Le résultat général devrait être la monotonie; le tableau est au contraire d'une harmonie
adorable, d'une séduction telle, qu'on a peine à
en détacher les yeux. S'il était permis d'employer
en tel sujet des épithètes d'une nature morale,
nous dirions volontiers que ce paysage est le
plus virginal qui se puisse voir. Les vieux Hollandais aimaient à figurer Dordrecht sous l'allégorie d'une nymphe vierge; telle vous la verrez
représentée et nommée en particulier sur l'un
des admirables vitraux de l'église de Gouda, et
telle aussi l'a peinte Albert Cuyp sans avoir besoin de recourir à l'allégorie. Les Hollandais ont
peint la nature de leur pays à toutes les heures
du jour et du soir; mais dans ce tableau Albert
Cuyp a surpris la blonde nymphe en chemise
blanche et au saut du lit.

Cette *Vue de Dordrecht prise de la Meuse au
soleil levant*, la plus belle œuvre d'Albert Cuyp
que j'aie vue en Hollande, où les toiles de ce remarquable artiste sont trop rares, se trouve à
Amsterdam, au Musée Van der Hoop, dont elle
serait la perle, si ce Musée ne contenait un certain paysage de Ruysdaël dont nous parlerons
en son lieu. Puisque nous avons l'occasion de
nommer le Musée Van der Hoop, nous en profi-
terons pour réparer sans plus de retard une

légère injustice dont souffre cette collection. Elle est trop ordinairement placée au second rang parmi les musées d'Amsterdam ; à notre avis, elle mérite d'être placée au premier. Certes, la *Trippenhuys* est une collection bien riche, mais je n'hésite pas à dire qu'elle est beaucoup plus intéressante encore pour l'historien, l'érudit, l'homme sensible à la poésie du passé, que pour l'artiste et l'homme sensible aux choses de la nature. Ce qui fait la richesse de la *Trippenhuys*, c'est sa collection de portraits qui vaut à elle seule la peine qu'on fasse, et plusieurs fois, le voyage d'Amsterdam. Là, tous les grands personnages de la Hollande, et avec eux une foule de grands acteurs des autres pays, livrent au spectateur avec leurs visages une partie des secrets de leur âme. Oh ! la riche mine que cette galerie pour l'érudit qui possède un grain de poésie ! Voici tous les Orange, depuis le premier jusqu'au dernier, le grand Guillaume au sérieux et paternel visage, le froid et politique Maurice, Frédéric-Henri, Henri-Casimir aux longues jambes, Guillaume III d'Angleterre au beau et maladif visage. Voici Ruyter, l'amiral Tromp et sa charmante femme, œuvres de ce peintre au doux nom, Mytens ; voici Grotius et la bonne *myfraw* de Groot, Barneveldt, *myfraw* de Bar-

neveldt, œuvre remarquable de Moreelse, Cats,
Jean et Cornelis De Witt, et cette si grotesque
figure, Andries Bicker Andrieszoon, bailli de
Muiden, jeune poussah aux instincts innocents
et bons, chef-d'œuvre de Van der Helst. Si vous
avez une tournure d'esprit romanesque, vous
vous arrêterez longtemps devant certains portraits de plus ancienne date, par exemple celui
du pauvre Franz Van Borselen, qui expia si
chèrement l'honneur d'être aimé de Jacqueline
de Bavière, dont le portrait se voit tout près
du sien. Et en dehors des personnages hollandais, que de beaux portraits! Celui de la reine
Elisabeth jeune, par Pourbus, par exemple, n'est-
il pas le plus éloquent des plaidoyers en faveur
de la beauté de cette reine? On conçoit vraiment que cette éblouissante blonde ait tenu à ne
céder à personne la palme de la beauté, et l'on
se dit que les compliments des poètes et des
seigneurs de son temps n'étaient pas tous des
hyperboles et des flatteries. Elle est bien magnifique aussi, la toile où Van Dyck a représenté
deux des enfants de Charles Ier à un âge un peu
plus avancé que celui de son célèbre tableau
si connu, le petit prince de Galles, le futur
Charles II, et Henriette-Marie, notre future ma-
dame Henriette, duchesse d'Orléans. Mais quelle

est cette petite fille désignée sous l'appellation anonyme de la *petite princesse*, dont Moreelse a fait le portrait, un des plus merveilleux qui soient jamais sortis de main de peintre? Voilà bien des richesses, très importantes sans doute au point de vue de l'art, mais plus importantes encore au point de vue de l'histoire. Les deux incomparables chefs-d'œuvre que possède la *Trippenhuys*, *le Repas de la milice bourgeoise* de Van der Helst et *la Ronde de nuit* de Rembrandt, ne font pas même exception à cet égard, puisque les personnages de ces deux toiles d'une originalité unique sont des portraits de contemporains dont nous pouvons encore nommer quelques-uns avec certitude.

Je préviens donc les artistes qui visiteront Amsterdam que, s'ils sont plus soucieux de peinture que d'histoire, et s'ils veulent étudier particulièrement les Hollandais comme peintres de l'air, de la lumière et des plus subtils phénomènes de la nature, c'est le Musée Van der Hoop qu'ils devront fréquenter de préférence. Dans cette galerie, composée avec un soin et un goût qui révèlent un connaisseur consommé, d'un tact infaillible, un de ces connaisseurs qui sentent par l'âme les belles choses, comme disent les Italiens, il n'y a presque que des chefs-d'œuvre.

Sur un peu plus de cent cinquante toiles dont se compose la collection, on n'en compterait pas dix de médiocres. Là se trouvent, outre le paysage de Cuyp dont nous venons de parler, quatre paysages de Ruysdaël, dont un de la plus austère beauté, le plus ravissant Karel Dujardin, des Wouvermans du ton le plus léger, deux marines de Backuysen d'une finesse étonnante, puis de beaux spécimens de ces peintres trop admirateurs du paysage historique à l'italienne, mais qui ont su conserver les qualités natives de leur génie national en dépit de l'imitation, Berghem et Asselyn. Le talent de Pierre de Hoogh n'a certes enrichi aucun musée de l'Europe de plus merveilleux trompe-l'œil que les tours de sorcier de sa façon qui figurent dans cette galerie, prodiges d'une telle dextérité que, nous y trompant nous-même, nous avons pris pour la libre lumière du jour, le rayon de soleil qu'il a emprisonné dans une de ses toiles voilà tantôt deux cents ans, et qui depuis lors y est resté gaiement captif. C'est dans cette galerie, aussi riche en tableaux de genre qu'en paysages, que le curieux trouvera quelques-unes des meilleures toiles de Steen, *la Jeune Fille malade*, par exemple, et cette ravissante *Liseuse* de Van der Meer de Delft dont nous avons parlé dans un des précédents chapitres.

Après le délicieux Musée de la Haye, nulle collection, parmi celles qui en Hollande sont librement ouvertes au public, ne mérite autant l'attention des artistes que ce petit salon d'élite, où les plus habiles interprètes de la nature qu'aient eus les Pays-Bas, exempts de tout pédantisme historique, de toute poussiéreuse érudition, de toute vaniteuse aspiration vers le grand art, échangent avec une égalité parfaite leurs plus fines pensées sur les sujets les plus frais et les plus gracieux du monde, l'air, la lumière, la verdure, l'eau, le confort moral des intérieurs bien clos, la cordialité de la vie modeste.

Cependant cette galerie où domine la nature éternellement jeune, éternellement contemporaine, n'est pas dépourvue de tout intérêt historique et de tout charme rétrospectif. Rubens y figure par un portrait de Marie de Médicis tout éclatant de sa magnificence ordinaire. Et quelle charmante surprise que le portrait de la reine Marie, femme de Guillaume III, par Nestcher! Quoi! cette aimable dame, c'est la fille du maussade Jacques II et de la maussade Anne Hyde? Quoi! ces deux âmes grises ont produit à elles deux cette douce lumière à laquelle le vaillant phtisique Guillaume aimait tant à se réchauffer, après laquelle il ne fit plus que languir et gre-

lotter? Ce portrait même ne nous éloigne pas trop
de la nature, car Constantin Nestcher a représenté Marie comme il convient de représenter
une reine hollandaise et anglaise, au milieu d'un
jardin seigneurial, près d'une fontaine jaillis-
sante. Devant elle, un de ces jolis kakatoès, chers
de tout temps à la Hollande aux goûts exotiques,
trahit les légères bizarreries de la reine, et, si le
peintre eût ajouté aux accessoires de son tableau
quelques-unes de ces fines porcelaines de Chine
qui furent au nombre des *dadas* favoris de
Marie, son gracieux signalement serait aussi
complet que possible.

III

ROTTERDAM — PAUL POTTER

La principale curiosité de Rotterdam, ce n'est ni son spacieux *plantage*, ni sa statue d'Érasme, ni le système de canaux qui divisent ses quartiers. Cette curiosité est toute morale, n'est consignée dans aucun *Guide*, et peut fort bien par conséquent rester inaperçue du voyageur. Si vous tenez à la connaître, ne vous faites pas descendre dans un des hôtels des beaux quais de cette ville ou dans un des logements fashionables des quartiers qui avoisinent le *plantage*; allez tout droit dans Hoogstraat, qui est la grande rue commerciale de la ville, une manière d'Oxford Street, d'Holborn ou de rue Saint-Denis, mettez-vous à votre fenêtre et regardez. Au bout de quelques instants, vous croirez être le jouet d'une illusion, la dupe de quelque phénomène

Rotterdam. — Le vieux port.

d'hypnotisme singulier, et vous vous direz à vous-même, en vous frottant les yeux : Ah çà mais, est-ce que je rêve? l'aventure du dormeur éveillé s'est-elle réalisée pour moi, ou bien me suis-je trompé de route par le plus inexplicable des malentendus? Suis-je bien ici à Rotterdam, dans Hoogstraat, ou suis-je à Londres, dans le Strand? Ces gens que je vois circuler dans la rue, affairés et muets, combien de fois je les ai vus montant et descendant Ludgate-Hill ou Cheapside! C'est cette même démarche si caractéristique que je croyais propre seulement au sérieux Anglais, vrai soldat du commerce, allant, d'un pas gymnastique, enseigné par la nature des choses et la discipline volontaire, à la rencontre des affaires et à l'assaut des obstacles. C'est cette même précipitation sans fièvre, ce même large pas qui mesure toujours un égal espace, cette même marche précise, exacte, directement géométrique comme celle d'un projectile lancé selon les lois mathématiques, sans inflexions, crochets, parenthèses ni temps d'arrêt. C'est une foule, et nulle part cependant on ne voit de groupes; chaque individu marche isolé sans prêter attention à son voisin d'une minute, lequel de son côté passe en lui rendant son indifférence. La plus parfaite égalité règne entre tous ces piétons, — c'est le seul terme par lequel on puisse les désigner, — car il n'en est aucun qui semble avoir plus ou moins de temps à lui qu'un autre. La physionomie de la Cité de Londres et celle d'Hoogstraat, et même de la ville entière de Rotterdam, sont identiques.

Ce fait provoque la rêverie. On passe en revue toutes les affinités de caractère, tous les instincts moraux, toutes les passions et tous les sentiments qui sont communs aux deux peuples, et l'on conclut en se disant que la Hollande est une seconde Angleterre. La Hollande n'est-elle pas aussi séparée du continent que l'Angleterre? Serrée comme elle l'est par la mer et ses grands fleuves, n'est-elle pas une sorte d'île? S'aperçoit-on jamais pendant un séjour en Hollande qu'on est encore sur le continent avant d'entrer dans la Gueldre, où se fait sentir le voisinage de l'Allemagne? Commune est la race ; non seulement les deux peuples appartiennent à la grande souche germanique, mais ils ne sont à eux deux qu'une même branche à deux rameaux, une branche fourchue de ce tronc pour ainsi dire. Frisons et Saxons ont la même origine scandinave, la même patrie primitive ; d'ailleurs venaient-ils tous directement des sables du Jutland les Saxons qui envahirent l'Angleterre? Le déluge barbare qui si

longtemps inonda ce pays ne recrutait-il pas une
partie de ses flots chez ces Frisons, qui furent
pour les Saxons des alliés aussi inaltérables qu'ils
furent pour les Francs des alliés changeants et
douteux? Commune est la langue; il suffit d'ouvrir un livre ou un journal hollandais pour s'en
apercevoir : sur dix mots hollandais, l'étranger
qui ignore cette langue en retrouve six au moyen
de la langue anglaise. Un savant professeur de
l'université de Leyde, avec lequel j'ai eu le
plaisir de m'entretenir une couple d'heures pendant mon court séjour dans cette dernière ville,
M. de Vries, se sert d'une vive et ingénieuse
comparaison pour m'exprimer l'identité des deux
langues. « Supposez, me dit-il, qu'on pût mettre
la langue anglaise dans un crible, de manière à
séparer les deux éléments dont elle se compose,
et que le crible eût la vertu de laisser passer
tous les mots d'origine latine; ce qui resterait
après l'opération serait le hollandais. » Le même
professeur m'apprend un fait fort curieux, c'est
que les paysans du Northumberland, lorsqu'ils
descendent en Frise, comprennent le langage des
paysans frisons, et sont compris d'eux dès les
premières minutes de leur séjour. Les paysans
de beaucoup de nos provinces ne pourraient en
faire autant, même dans notre Aquitaine et notre

Languedoc, car, lorsqu'ils changent de province, ou seulement de département, ils ont besoin de quelques semaines, voire de quelques mois, pour être au fait du nouveau patois qu'ils doivent parler. Le caractère est le même, et ce que j'appellerai les doctrines instinctives sont les mêmes ; les deux peuples ont montré égale ténacité, égale force de résistance, égal esprit politique. Tous deux ont porté la même âpreté dans la poursuite des biens de la terre, tous deux ont préféré la prospérité matérielle à l'éclat et à la gloire, tous deux ont professé par leurs actions qu'ils plaçaient la grandeur dans la richesse ; pour tous deux enfin la religion, je le crois, a été beaucoup une affaire de bon gouvernement, selon la saisissante expression d'Olivier Cromwell. Et si nous descendons aux nuances et aux détails, que de ressemblances minutieuses entre les deux peuples ! Mêmes bizarreries de caractère, surtout à mesure que l'on avance dans la Nord-Hollande, et que la population devient plus pure d'éléments continentaux, même taciturnité sérieuse, même flegme, même tendance à l'isolement ; dans les affaires, tous les commerçants du monde sont d'accord là-dessus, même régularité ponctuelle, même exacte probité. Ces excentricités, ces goûts chinois par exemple que les Hollandais eux-mêmes reconnaissent aux habitants de la Nord-Hollande, cet amour du joli, du net, du coquet (*trim*), qu'ils portent dans leurs parcs, dans leurs jardins, dans l'architecture et la disposition de leurs maisons, sont au nombre des singularités de l'Anglais. Oui, la Hollande par sa position géographique, sa ceinture d'eau, sa race, son histoire, son caractère et ses mœurs, c'est l'Angleterre même. Dès lors pourquoi la singularité que nous venons de surprendre ici, à Rotterdam, nous étonnerait-elle?

Mais ce fait a un corollaire embarrassant, et qui prouve que les explications trop générales fort souvent n'expliquent rien. Une fois que j'eus attribué cette ressemblance entre la foule d'Hoog-straat et la foule de la Cité de Londres à la ressemblance plus générale qui existe entre le peuple hollandais et le peuple anglais, je m'attendais à rencontrer partout cette même singularité de la démarche régulièrement affairée; point du tout, elle est exclusivement propre à Rotterdam! Passe encore que je ne l'aie pas rencontrée à la Haye, ville de fonctionnaires et de diplomates, — à Leyde, ville d'université, — à Harlem, déchue en grande partie de son ancien mouvement; mais j'aurais pu m'attendre au moins à la rencontrer à Amsterdam, centre du commerce hollandais, et ville où se prononce de la manière la plus nette l'esprit d'indépendance démocratique de ce peuple. Eh bien non! pas la moindre démarche anglaise, pas le moindre souvenir du spectacle de la Cité de Londres. Puisque cette singularité ne peut plus s'expliquer par la raison générale de la race, il faut qu'il y ait eu à Rotterdam une infusion plus particulière de sang anglais. Aussi, lorsque, de retour de mon excursion à travers la Hollande, je revis ce même phénomène, ma réflexion se porta-t-elle sur un point plus limité du temps, les XIVe et XVe siècles. Je pensai aux incessantes communications entre Anglais et Flamands à cette époque; au séjour d'Édouard III en Flandre; à l'alliance commerciale des deux peuples; à l'expédition d'Humphroy de Glocester pour Jacqueline de Bavière; à l'alliance des Bourguignons et des Anglais; aux recrues flamandes qui plusieurs fois prirent part à la guerre des Roses et qui ne se composaient pas toutes de Flamands de Belgique; aux nombreuses colonies d'ouvriers flamands que le premier Tudor transporta à plusieurs reprises en Angleterre. Un historien, dont l'imagination avait des intuitions d'une pénétration étrange, M. Michelet, avança, il y a quelques années, que le peuple anglais avait été complètement renouvelé aux XIVe et XVe siècles, et qu'il était devenu un peuple flamand. Cette assertion fit crier au paradoxe. Quand on examine les détails de près, on s'aperçoit de l'énorme part de vérité qu'elle contient. Les Anglais du xvie siècle reconnaissaient eux-mêmes, et beaucoup en gémissaient, cette influence que les Flandres avaient exercée sur l'Angleterre. Pourquoi alors le phénomène ne serait-il pas réciproque, et comment les incessantes communications des deux peuples pendant deux siècles n'auraient-elles eu de résultat que d'un seul côté? Et maintenant, si l'on demande pourquoi Rotterdam seule porterait ce signe anglais, on peut répondre que, ces communications de l'Angleterre avec les Pays-Bas concernant spécialement la Flandre, les Anglais n'allaient guère en Hollande au delà du sud, c'est-à-dire Rotterdam et les localités avoisinantes, de même que leurs expéditions militaires en Hollande pendant ces deux siècles et même aux siècles suivants, ayant toujours pour but et pour théâtre les îles de Zélande, n'ont guère dépassé jamais cette lisière du sud. Un autre trait particulier aux Anglais, c'est que, lorsqu'ils entrent dans un pays, ils ont une sorte de tendance à camper dans la ville où ils débarquent, qui est la plus près des côtes, et à y prolonger leur séjour. C'est ainsi que Boulogne-sur-Mer est chez

nous une colonie anglaise. A Bruges, qui est dans
le voisinage d'Ostende, on rencontre plus de
figures anglaises que dans aucune ville de Belgique. Rotterdam, qui est la première ville considérable de la Hollande quand on y pénètre par
le sud, est également peuplée d'Anglais qui semblent avoir pour elle une prédilection particulière. Ajoutez enfin que Rotterdam est, de toutes
les villes de Hollande, celle qui est la mieux si-
tuée pour le commerce, celle où les relations
d'affaires offrent évidemment le plus de facilité,
de promptitude, d'agrément et de profit.

Ma seconde observation à Rotterdam me reporte encore hors de Hollande. Au bout d'une
heure de promenade à travers les rues, je sais
où Rubens a pris ses types de femmes blondes
et blanches, aux formes opulentes, que j'avais
cherchées vainement à Anvers. Je ne voudrais
rien dire qui parût désagréable aux héritières
de la beauté de la Madeleine et de la Vierge au
manteau rouge du triptyque de la *Descente de
Croix* qui peuvent vivre aujourd'hui en Flandre ;
mais les peintres exacts, fidèles, scrupuleux, de
la race flamande me paraissent plutôt Jean Van
Eyck et Hemling que Rubens. Vous retrouverez
facilement les traits et la physionomie des personnages de Van Eyck et d'Hemling sur ces

visages forts, massifs, charnus, un peu lourds, sans beauté physique en général, mais susceptibles au plus haut degré de recevoir et d'exprimer les meilleures des émotions morales qui viennent de la chair, la pitié, la douleur, l'humanité : capables aussi de recevoir et d'exprimer avec une rare énergie les pires passions de la nature, la colère, la brutalité, la bestialité. Quant à cette floraison de la chair, à cet épanouissement de lis humains que nous admirons dans Rubens, c'est aux blanches filles de l'aquatique Hollande que nous en sommes redevables. Ces beautés à la fois opulentes par le déploiement de la chair et délicates par la mollesse des fibres et la prédominance du tempérament lymphatique, c'est la Hollande, où elles s'épanouissent plus nombreuses que les hyacinthes et les tulipes dans les champs de Harlem au printemps, qui en a fourni à Rubens les modèles, que le peintre a corrigés par ses souvenirs de Venise.

La statue d'Érasme qui orne la place du Marché, dans le voisinage d'Hoogstraat, n'est pas sans mérite, quoi qu'on en dise. Le sculpteur, Henry de Keyser, a très exactement copié ce personnage qu'Holbein a rendu si familier à une postérité pour laquelle le timide et fin novateur, type éternel de l'homme éclairé et éternel exemple de l'impuissance des lumières, n'est guère plus qu'un nom. Voilà bien ce visage de moine laïque, d'ascète des belles-lettres, amaigri par l'âge et l'étude, qui nous est si connu : le sculpteur ne s'est écarté en rien du modèle fourni par le peintre ; mais cette statue manque d'aplomb et de centre de gravité ; le corps du savant est si singulièrement penché en avant qu'on redoute qu'il ne tombe face contre terre et n'aille se casser le nez. Cette attitude inexplicable est-elle une malice du sculpteur? A-t-il voulu, sacrifiant de gaieté de cœur la perfection de son œuvre à une allusion ironique, nous faire entendre que cette attitude fut celle d'Érasme pendant sa vie, penchant toujours en avant sans tomber jamais, incertain dans sa marche et mal assuré sur ses pieds? Mais le sort a réservé à cette statue une malice certaine d'une bien autre portée que la malice hypothétique du sculpteur; M. A. Réville, naguère pasteur de l'église wallone à Rotterdam et maintenant professeur au Collège de France, dont beaucoup de nos lecteurs connaissent certainement l'impartialité philosophique et la finesse littéraire, m'apprend le plus curieux détail. Toutes les fois qu'un mouvement populaire éclate à Rotterdam, c'est cette statue d'Érasme qui sert de point de rendez-vous aux attroupements. Il paraît même que, lors de l'un des mouvements qui éclatèrent pour le retour des Orange, un bel esprit inconnu fit tenir au vieux lettré ce séditieux propos placardé sur son piédestal : « Il faut bien que je montre ma vieille tête, puisque personne n'ose montrer la sienne. » Grands dieux! mais qu'aurait dit Érasme de la témérité qu'on lui prêtait, lui qui, précisément de son vivant, n'osa jamais montrer sa tête? Voilà le modèle des neutres transformé en *bousingot*. Soyez donc modéré au point de mériter qu'un Luther dise de vous : « Plutôt que de voir l'Allemagne se prendre aux cheveux, Érasme aimerait mieux laisser périr l'Évangile et le Christ, » pour qu'après votre mort vous serviez de centre de ralliement aux factions! N'est-il pas vrai que voilà le châtiment posthume le plus piquant qu'aient jamais reçu la neutralité politique et la tiédeur religieuse?

C'est à la Haye, dont il aima tant le bois délicieux, qu'il faut aller pour admirer Paul Potter dans toute la plénitude de son génie, ou, plus exactement, pour le surprendre dans celle de ses inspirations qui lui fit atteindre le génie, et qui le plaça pour un jour à côté des plus grands peintres. Cependant j'ai écrit son nom en tête de ces pages consacrées à Rotterdam, et cela pour deux raisons. La première, c'est que la campagne que

Potter a peinte est essentiellement celle de la
Sud-Hollande entre Rotterdam et la Haye; plus
haut, le paysage change de caractère, et c'est à
d'autres peintres qu'il faut s'adresser pour en retrouver la poésie [1]. Si vous faites quelques excursions aux environs de Rotterdam, ou si vous exé-
cutez avec une curiosité sans impatience le tout
petit voyage de Delft à la Haye, vous rencontrerez à chacun de vos pas les aspects de la nature
que Paul Potter a transportés sur ses toiles. Entre la campagne du sud et celle du nord, en Hollande, il n'y a point, à vrai dire, de différences
radicales et tranchées, il n'y a que des nuances;
mais ces nuances suffisent dans un aussi petit
pays pour constituer aux yeux du visiteur de
véritables contrastes : à plus forte raison, les
enfants de cette contrée doivent-ils sentir avec
finesse les plus délicats changements, les plus
légères altérations de physionomie du paysage.
Plus un pays est petit, et plus les yeux des habitants deviennent habiles à saisir ces subtiles différences; la moindre taupinée est un mont pour
l'homme dont la vie s'écoule dans un cercle étroit,
comme pour le rat en voyage de La Fontaine.

---

1. Cependant, il faut dire que Paul Potter, comme tous
les grands paysagistes hollandais, à l'exception d'Albert
Cuyp, appartient à la Nord-Hollande.

Cela est vrai au moral comme au physique; un Parisien qui visitera le Berry ou le Poitou ne découvrira aucune espèce de différence entre les mœurs de tel village et celles du village voisin; mais les paysans de la contrée, pour peu que vous les interrogiez, vous révéleront des particularités de caractère, vous raconteront des anecdotes facétieuses ou tragiques, qui vous feront apparaître leurs paisibles voisins sous un aspect presque exotique. Les peintres hollandais, obligés par l'exiguïté de leur pays de tourner sur une circonférence de quelques lieues, sont arrivés à sentir exactement comme nos paysans sédentaires. De là leur grand charme, de là aussi l'extrême attention qu'ils exigent de quiconque veut les étudier sérieusement; les études entomologiques ne réclament pas une observation plus minutieuse. Comme ces peintres se sont attachés en effet à reproduire des phénomènes qui ne sont séparés les uns des autres que par des différences imperceptibles, il s'ensuit que les différences de leurs talents sont aussi fort délicates à établir et fort difficiles à exprimer nettement, ce qui prouve une fois de plus que l'infiniment petit est autrement long à comprendre que l'infiniment grand. O triomphe de l'humilité! à première vue, d'emblée, vous allez saisir les caractères d'un Rubens, d'un Léonard, d'un Raphaël; mais ce n'est pas trop de vingt visites pour comprendre les différences de talent qu'il y a entre une servante peinte par Gérard Dow et une servante peinte par Miéris, un paysan peint par Van Ostade et un paysan peint par Téniers, ou pour pénétrer le charme propre d'un Wynants, d'un Wouvermans, d'un Karel Dujardin, d'un Hobbema.

La campagne du sud est donc celle que Paul Potter a peinte de préférence. La plaine ne s'y présente pas comme dans le nord sous la forme d'une steppe verdoyante illimitée, elle conserve quelques-uns des caractères de nos prairies. L'œil ne s'y égare pas, comme dans le nord, à chercher des bornes que marque seul le bleu du ciel, qui vient se confondre au loin avec le vert de la terre; des rideaux d'arbres ferment assez régulièrement l'horizon de distance en distance, et présentent ainsi à la vue un espace à la fois vaste et circonscrit. A ces rideaux d'arbres s'attachent d'ordinaire, sauf aux heures du milieu du jour, de légères brumes qui donnent au paysage un aspect d'une douceur mélancolique, et parfois une sorte de physionomie résignée. Ces brumes, qui sont, circonstance assez singulière, un phénomène très particulier au sud, où la lumière est beaucoup plus voilée que dans le nord,

jouent un rôle considérable dans les paysages de
Paul Potter. Sous cette lumière voilée, la verdure prend une teinte d'ordinaire pâle et maladive, quelquefois sombre, toujours triste, qui fait
un contraste marqué avec la riante exubérance
qu'elle présente aux environs de Harlem, et la
douceur suave qui la distingue dans l'extrême
nord. A ces caractères vous reconnaissez la
prairie humide, brumeuse, de Paul Potter, sa
lumière sans éclat, ses ciels saturés de vapeurs,
ses perspectives majestueuses mais sans profondeur, ses horizons qui satisfont l'œil, mais qui
ne fuient jamais devant lui comme pour l'inviter
à les suivre, et ne nous font jamais apparaître
cette vision d'un je ne sais quoi d'indéfini et
d'insaisissable que nous avons rencontré si souvent chez des paysagistes moins grands que lui.

J'ai dit que j'avais une seconde raison pour
unir le nom de Paul Potter à celui de la ville de
Rotterdam. Cette raison, c'est que le plus remarquable jugement que j'aie encore lu ou entendu
sur le fameux *Taureau* de Paul Potter, celui qui
serre de plus près le sens et la portée de cette
œuvre magistrale, m'a été donné précisément
à Rotterdam par M. Albert Réville. Comme mes
impressions après contemplation du tableau de
Paul Potter se trouvèrent exactement d'accord

Le Taureau.

avec ce jugement, je ne puis mieux faire que de
le transcrire, car je ne saurais dire autrement ni
aussi bien. « Parmi les belles choses que vous
verrez à la Haye, me dit M. Réville, je vous
recommande le fameux *Taureau* de Paul Potter,
qui est, à mon sens, une des pages capitales de
la peinture hollandaise. Dans cette œuvre, Paul
Potter a fait mieux qu'une belle peinture d'animaux, car il a écrit avec le pinceau la véritable
idylle de la Hollande. Là est exprimé l'amour
profond, attentif, délicat, presque paternel du
paysan hollandais pour ses bêtes. » L'idylle de
la Hollande, telle est en effet la grandeur de
l'œuvre de Paul Potter; M. Réville avait raison,
et n'exagérait en rien par son jugement la portée de ce tableau, laquelle est du reste si claire
qu'elle s'impose d'elle-même à l'esprit du contemplateur. Paul Potter a voulu résumer et a
résumé en effet la poésie de cette vie rustique et
agricole qui a tenu et qui tient une si grande
place dans l'histoire économique du petit peuple
hollandais, et qui est entrée pour moitié dans le
développement de sa prospérité. A l'époque où
Paul Potter a peint son *Taureau*, cette vie rustique était la plus grande force de la Hollande;
c'est dans l'agriculture qu'elle concentrait encore
les meilleurs efforts de son intelligence et de son

énergie. En me reportant aux dates, je trouve que le *Taureau* de Paul Potter a dû être peint vers 1646 ou 1647, c'est-à-dire avant la paix de Westphalie, à la veille même de ce fameux congrès de Munster, représenté par Terburg dans une page célèbre, événement qui fut le promoteur véritable du grand essor qu'allait prendre le commerce hollandais et de l'activité qu'il allait déployer pendant plus de trois quarts de siècle, en enchaînant au profit de sa sécurité ce célèbre géant d'Anvers, dont la captivité, consentie par l'Espagne, le rendit maître du marché de l'Europe centrale. De la vie politique, la Hollande ne connaissait encore que ce qu'elle a de plus doux, l'enivrement de l'indépendance conquise; mais elle ignorait ce que la vengeance et l'ambition ont d'âpres jouissances, et elle devait attendre encore près de trente ans avant de devenir le centre des coalitions contre la France, avant de conquérir le rôle qui lui donna sous Guillaume et Heinsius une sorte de suprématie européenne. Dans cette page mémorable, Paul Potter a donc exprimé ce qui était encore, au moment où il la peignit, la vie principale et l'âme véritable de son pays.

L'amour du paysan hollandais pour ses bêtes, comme il apparaît clairement dans le personnage de ce vacher qui, penché contre un saule, con-

temple ses chers animaux ! Certains connaisseurs
lui reprochent d'être laid ; certes ce n'est pas un
Apollon, mais quelle tendresse on lit sur son
visage ! La beauté qu'il n'a pas, ses bêtes la pos-
sèdent à sa place, et la joie heureuse qu'il ressent en les voyant si robustes et si magnifiques
imprime à sa physionomie une sorte d'attrait qui
est déjà une récompense. Et qui sait si ce profond amour n'en trouvera pas un jour une plus
grande? L'habitude des pensées nobles est le
véritable principe de la beauté, qu'elle finit toujours infailliblement par engendrer, lorsqu'elle est
transmise de génération en génération sans que
la bâtardise du cœur interrompe le cours de la
sève. Voilà le fruit des sentiments exprimés par
Paul Potter, pensais-je un jour au Helder, en
regardant un couple de jeunes paysans de la
Nord-Hollande assis dans la salle d'attente du
chemin de fer. C'était un homme visiblement, ce
jeune paysan costumé à ravir, serré à la taille
par une veste de fin drap noir à boutons d'argent,
chaussé de grandes bottes à l'écuyère, si relui-
santes, si claires, qu'un nègre aurait pu les prendre pour miroir, et dont il contemplait machina-
lement l'éclat pendant que sa jeune compagne
remettait ses lourdes boucles d'or massif. Nulle
gaucherie, nulle raideur, nuls faux mouvements,

mais cette parfaite aisance, cette rectitude des
attitudes, cette souplesse de la démarche et du
geste, ce tact du corps, qui dénotent la richesse
depuis longtemps acquise, les habitudes de l'indépendance et la fierté sans efforts qui en résulte.
Eh bien ! tout cela, richesse, aisance, beauté du
corps, liberté des mouvements, était le résultat
pratique, la récompense matérielle de cet amour
avisé des bêtes, héréditairement transmis depuis
ce paysan si laid de Paul Potter jusqu'à ce jeune
paysan si fier qui attirait mon regard au Helder.

Ces sentiments du paysan hollandais se lisent
encore dans la beauté de ce taureau et de cette
vache. Des bêtes ne sont pas aussi belles que
cela sans être gâtées, choyées, caressées à l'envi.
Comme la litière doit être souvent renouvelée
sous leurs flancs ! comme elles doivent être bien
protégées contre les rhumes et les courants d'air
dans leurs étables aux portes sans fissures, étroitement closes ! comme la table de leur râtelier
doit être soigneusement brossée et servie avec
propreté, et dans quels jolis seaux toujours neufs,
en bois peint de gaies couleurs, elles boivent sans
doute ! La pensée qui a inspiré ce tableau est
une pensée toute démocratique ; cependant je
m'étonne qu'il ne se soit pas encore trouvé quelque bel esprit pour démontrer que l'œuvre de

Potter était une œuvre aristocratique, car ces
bêtes sont des bêtes royales. Quelle fierté marque la tête de ce taureau, infant ou dauphin de
l'étable! quel indomptable orgueil se lit dans ses
yeux farouches! quel étonnant aplomb il y a dans
son attitude passive et cependant menaçante,
comme l'est l'attitude, même au repos, de celui
qui peut tout! A coup sûr, ce dauphin-là n'a
jamais connu les coups de gaule, et lorsqu'il a
fait quelque sottise, c'est le petit berger qu'on a
fouetté. Et cette vache, vraie reine douairière et
mère royale du précédent personnage, comme
elle est accroupie avec noblesse, comme elle
tient droit la tête, et quelle majestueuse ampleur
dans ses formes! Quant à la brebis assise auprès
d'eux avec ses mamelles gonflées de lait jusqu'à
l'excès, c'est l'image la plus frappante de la fertilité qui se puisse voir, d'autant plus frappante
qu'elle est plus simple, et que le peintre s'est
servi d'un des plus ordinaires phénomènes de la
réalité pour exprimer une pensée qu'artistes et
poètes ont presque toujours désespéré d'exprimer autrement que par l'allégorie. Un orage se
prépare dans le ciel; mais ces bêtes n'éprouvent
aucune des inquiétudes que l'approche des tempêtes donne aux animaux. Que leur fait l'orage?
Elle est si près, l'étable où ils pourront aller

ruminer dans leur âme obscure l'élégie du poète
latin sur le bonheur qu'on ressent à entendre du
fond d'une chambre bien close le vent mugir et
la pluie battre les portes !

Par le sentiment que nous venons de décrire,
et qui est en toute réalité celui du tableau, on
voit combien on est peu fondé à reprocher à Paul
Potter comme exagérées les dimensions qu'il a
données à sa grande toile. Ces dimensions sont à
la taille du sentiment de l'œuvre. Le fameux
Taureau de la Haye ne saurait être regardé
comme un simple paysage ou une simple peinture d'animaux ; la scène méritait le cadre que
les artistes réservent d'habitude aux actions
humaines, car c'est l'homme qui est au fond de
cette scène. Autant vaudrait reprocher à Rembrandt les dimensions qu'il a données à la *Ronde
de nuit*, sous le prétexte que le sujet est, après
tout, des plus ordinaires. Dans l'un et dans l'autre tableau, ces dimensions sont exigées par la
nature de l'inspiration, qui est, au fond, la même ;
ce sont deux pages patriotiques sous leur apparence de vulgaire réalité. Rembrandt a fait pour
la vie civile hollandaise ce que Paul Potter a
fait pour sa vie rustique. Ce que Rembrandt a
exprimé dans sa *Ronde de nuit*, c'est l'enivrement de la liberté et le tapage joyeux de ses fêtes,

la bruyante turbulence d'âmes qui sont encore dans la lune de miel de l'indépendance ; ce que Paul Potter a exprimé dans le *Taureau*, c'est le bonheur moins bruyant, mais plus âpre encore peut-être, que le libre possesseur du sol, l'homme non marqué de servitude, éprouve à voir croître des moissons qui sont à lui, à voir grandir des troupeaux formés par ses soins. Toute la vie républicaine de la Hollande est dans ces deux pages admirables ·qui se complètent l'une par l'autre.

Avec quel empressement, après avoir contemplé le fameux *Taureau*, j'ai cherché dans ce même Musée de la Haye, dont cette toile est l'ornement, le portrait de Paul Potter par Van der Helst ! Je voulais savoir si l'on pourrait lire sur sa physionomie une âme digne d'avoir une telle inspiration. Ce portrait n'est pas un des beaux ouvrages de Van der Helst ; mais le mérite du peintre nous garantit la fidélité de la ressemblance, et, malgré les différences assez singulières que présentent entre eux les divers portraits de Potter, c'est celui qu'on doit tenir pour vrai, car il répond exactement à ce que nous savons de la personne physique de cet artiste qui mourut si jeune. C'est un visage de jeune paysan phtisique à cheveux roux, plein de douceur et de mélancolie, avec des traits rustiques et fins, avec une distinction dans la physionomie qu'on attribuerait à la maladie, si l'on ne savait que quelques gouttes du sang le plus héroïque et le plus noble des Pays-Bas, celui des Egmont, coulaient dans ses veines. Oui, ce visage dénote bien une âme digne de cette inspiration ; le peintre correspond bien à l'œuvre, et ce n'est pas sous d'autres traits que l'imagination aurait aimé à se le représenter.

IV

LA HAYE

De toutes les villes de l'Europe, la Haye est peut-être celle qui donne le mieux une vision lointaine de ce que dut être Versailles aux derniers temps de l'ancienne monarchie, par exemple vers l'époque où Sterne le visita, et s'amusa à dessiner la figurine de son chevalier de Saint-Louis, marchand de petits pâtés : vision néanmoins bien imparfaite, car la Haye n'évoque aucune idée de faste et de magnificence, et les carrosses où *tant d'or se relève en bosse* n'abondent pas dans ses rues. A la Haye, séjour de la maison royale de Hollande et de ce que le petit royaume compte d'aristocratie en fonctions officielles [1], tout est vraiment plus simple que par-

1. La haute société hollandaise semble assez inégalement disséminée sur l'étroite surface de ce petit pays ; cependant

tout ailleurs : boutiques nombreuses et bien gar-
nies, sans nul étalage et nul éclat, lieux de
plaisir et de réunion rares et sans trompeuses
amorces, habitudes régulières et sages; dès neuf
heures du soir, tout bruit s'éteint. Un ami du
principal libraire de la Haye, M. Belinfante,
veut bien m'introduire dans un des cercles de la
ville, celui où se réunit la bourgeoisie lettrée,
avocats, professeurs, employés des divers minis-
tères. Ces vastes salles, propres et sans luxe, en
bois de chêne verni et luisant, me reportent à
deux cents ans en arrière, à l'époque où nos magnifiques seigneurs eux-mêmes allaient boire ou
se délasser dans les salles de quelque cabaret en
renom, et me font songer, par la disposition du
mobilier, à quelques-uns des intérieurs de taverne
des anciens peintres hollandais. Dans ce cercle,
on me fait faire connaissance avec les *sand-
wichs aux crevettes*, friandise de saveur toute
populaire, régal de marin et de pêcheur, dont
le parfum, en pénétrant mon cerveau, y évoque,

il est en dehors de la Haye trois régions qu'elle nous a
paru habiter de préférence : la campagne semée de riantes
villas entre Harlem et Amsterdam; Utrecht, ville opulente
et de sévère tenue, où se retirent bon nombre de hauts
fonctionnaires retraités et de riches commerçants qui ont
renoncé aux affaires, et la Gueldre, la plus nobiliaire historiquement et la plus féodale des provinces hollandaises,
qui, m'apprend-on, est en outre le séjour favori des personnes qui ont fait fortune aux Indes.

non certes des visions poétiques d'Orient à l'instar de l'opium, mais, ce qui vaut tout autant, de prosaïques et cordiales visions, de solides et braves images du passé, — vieux loups de mer, grasses commères épanouies, bourgeois qui n'ont jamais connu la légèreté d'esprit que donne la pratique ascétique du jeûne, hobereaux qui ne pèchent point par la mièvrerie des goûts. Après la première gorgée, le *squire* Tobie Belch, oncle de la belle Olivia, de Shakspeare, et son compère André Aguecheek, se sont mis à danser leurs gigues devant mes yeux, et quand j'ai eu terminé, il m'a semblé que je venais de lire un bon chapitre d'un roman anglais du dernier siècle, de Fielding ou de Smollett. Le cercle de la noblesse, que j'ai pu inspecter tout à mon aise par ses fenêtres bien éclairées, ne pèche pas non plus par l'exagération du luxe, et fait sous ce rapport un contraste singulier avec la salle vraiment somptueuse du club d'Utrecht; sa plus grande magnificence est certes sa situation au bord du *Vivier*, dont l'eau caresse ses murailles, point de la ville d'où l'on a parfois de ravissants aspects pittoresques, surtout des effets de lumière et de vapeur d'une finesse et d'une élégance froides dont peut seulement donner une idée l'espèce de gaze diaphane et glacée des belles gravures anglaises

sur acier. C'est une magnificence, il est vrai, qui
en vaut une autre, et la perpétuelle bucolique
qui s'étend sous les yeux des membres du cercle
privilégié de la Haye vaut bien, pour la santé
de l'imagination, le perpétuel vaudeville dont les
personnages défilent tout le long de l'année sous
les yeux des affiliés de notre *Jockey-Club*.

Mais, en dépit de cette simplicité dans les habitudes extérieures et de cette absence de tapage
fastueux, la Haye est partout marquée d'un
cachet royal qui est son unique caractère : de là
son analogie avec notre Versailles. Le quartier
du *Vivierberg*, la spacieuse promenade plantée
d'arbres qui conduit à la bibliothèque royale, la
grande rue qui mène au bazar Boer, et qui, se
prolongeant en allée, conduit à Scheveningen,
peuvent, sans désavantage aucun, soutenir la
comparaison avec les magnifiques avenues de
Versailles. Le caractère général de l'architecture
des quartiers aristocratiques mérite une mention toute spéciale. Il n'y faut point chercher
l'extrême originalité de l'architecture des riches
quais d'Amsterdam, de *Heeren's gracht*, par
exemple. Ici l'alignement règne en souverain,
une sévère uniformité a fait disparaître de ces
façades toute marque de fantaisie individuelle;
mais ces quartiers n'en sont que plus aristocra-

tiques, en un sens, par cette noble monotonie
même, et plus conformes à ces lois de la haute
société moderne qui consistent à réprimer toutes
les floraisons fantasques et toutes les végétations
pétulantes du caractère individuel, par la franc-
maçonnerie anonyme d'une bienséance et d'une
tenue communes aux hommes d'un certain ordre.
A la Haye comme à Versailles, on peut observer l'influence très particulière que la royauté
exerce sur ce qui la touche immédiatement, et
les transformations qu'elle fait subir aux choses
qui sont renfermées dans sa sphère ambiante.
La royauté assouplit sans efforts l'indépendance
de ceux qui l'approchent et la change en déférence ; l'esprit le plus original éteint de son
plein gré ses saillies indisciplinées dans une
soumission respectueuse, et l'aristocrate le plus
sûr de son autorité individuelle, dès qu'il re-
nonce à se tenir à l'écart, se transforme immédiatement en un simple *noble*. Il devient un
serviteur de haut rang, et alors adieu aux fantaisies personnelles, architecturales ou autres ; tout
ce qui reste de l'aristocratie consiste nécessairement dans le grand air avec lequel on porte
la soumission, dans la grâce avec laquelle on
manifeste la déférence. Ce qui entoure la royauté
n'existe que pour lui faire cortège et accompa-

gnement; elle exige donc d'abord un intervalle marqué, et ensuite une harmonie qui ne s'obtient qu'au prix d'une uniformité sévère. Dans une ville gouvernée par cinq cents patriciens égaux entre eux de rang et de pouvoir, cinq cents palais d'une variété extrême témoigneront au contraire que la magnificence de leurs possesseurs n'a été gênée par aucune contrainte, par aucun sentiment d'inégalité qui les ait rappelés à une sorte de modestie.

Rien n'est frappant sous ce rapport comme l'aspect d'Amsterdam quand on vient de quitter la Haye. A Amsterdam, la ville républicaine par excellence, l'architecture des maisons offre le spectacle des républiques bien ordonnées, celui de la fantaisie la plus excessive dans l'alignement le plus correct, de l'indépendance la plus complète au sein de l'ordre le plus régulier. Jamais la ligne droite n'a été respectée avec plus d'intelligence que dans les quais magnifiques de *Keizers' gracht* et de *Heeren's gracht;* mais en revanche toutes les figures des deux parties de la géométrie, surfaces et solides, ont été épuisées pour les façades et les frontons de ces riches demeures. Ce sont des arcs, des courbes, des triangles, des trapèzes, des losanges, des carrés, des cubes, des cylindres à foison, si bien que les habitants d'Amsterdam, pour rendre leurs enfants savants dans l'art d'Euclide et d'Archimède, n'ont besoin d'autres figures que de celles de la géométrie amusante et vivante de leurs demeures. Là, visiblement, chaque habitant est roi, car chacune de ces maisons dit à haute et intelligible voix : Je suis le résultat d'une volonté individuelle, et je n'ai souci de ma voisine pas plus qu'elle n'a souci de moi.

Certainement ce Versailles hollandais ne possède rien qui puisse se comparer pour la grandeur au palais de Louis XIV, à la terrasse du grand escalier, à ce parc, chef-d'œuvre de l'art classique des jardins, qu'il a été de mode de dénigrer parmi nous pendant un temps, mais qui peut soutenir la comparaison avec les plus nobles choses, et qui cessera d'être beau le jour où les paysages de Poussin et les soleils de Claude Lorrain perdront aussi leur sérieuse beauté. La Haye n'est pas cependant sans quelques-unes de ces créations d'un *art artificiel* qui marquent presque inévitablement les résidences de la royauté, lorsque ces résidences la gardent à l'écart de la foule des sujets. J'ai nommé déjà le *Vivier*, ce lac charmant creusé au centre de la ville, d'où l'on jouit des spectacles pittoresques les plus délicats, grâce à la petite île verdoyante qui se dresse au-

Le Vivier à la Haye.

dessus de ses eaux. Ne dirait-on pas un détail détaché d'un grand parc royal, distrait de l'ensemble dont il faisait partie par la munificence d'un souverain? Mais si la Haye n'a pas le parc classique de Le Nôtre, elle a celui qui convient essentiellement à un Versailles hollandais et qui s'accorde avec le génie d'un pays dont les peintres découvrirent les premiers l'existence de la nature, — le Bois, la plus délicieuse promenade dont puisse jouir un civilisé raffiné qui tient à épuiser les sensations de la vie rustique sans obéir à ses exigences et à ses ennuis.

Oh! comme on est loin de la ville et en même temps qu'on en est près! Ce bois n'est pas un parc, c'est la nature même, et le citadin de la Haye qui irait y passer tous les jours quelques heures n'aurait rien à envier, en connaissance intime de la campagne, au bûcheron le plus perdu au fond des forêts et au paysan le plus enfoui au sein des terres. Qu'il est vert, ce bois, qu'il est feuillu, qu'il est ombreux, qu'il est humide! C'est en vain qu'on y a tracé des allées, découpé des pelouses, creusé des pièces d'eau; l'art n'a pu réussir à y dessécher et à y tarir aucune des sèves de la nature. Notre paysagiste Corot a-t-il jamais vu ce bois? S'il l'a vu, il a dû en être fou d'enthousiasme; s'il ne l'a pas connu, il faut avouer qu'il l'avait presque deviné, car rien ne ressemble davantage — surtout aux heures du matin et du crépuscule qui sont les heures favorites où il aimait à épier la nature — à ces paysages verts et feuillus, chargés de vapeurs blanches ou grises dont la mollesse dissimule la solidité des arbres et des terrains, où il plaçait de préférence ses figures d'un caractère incertain, femmes, fées, fantômes sortis d'une traînée de brume.

Ce parc a son Trianon, un Trianon d'aspect tout rustique. La pieuse veuve de Henri-Frédéric qui éleva cette demeure modeste, se rapprocha beaucoup plus de la nature sans le vouloir ni le savoir que ne le fit en le voulant notre reine Marie-Antoinette avec son petit Trianon; personne certes ne s'étonnerait de voir sortir une fermière vraie ou fausse de cette résidence qui me rappela le titre d'un roman enfantin, *la Maisonnette dans les bois*, titre qui décrit si exactement son caractère que c'est le nom même sous lequel les Hollandais la désignent. C'est la marque d'un vrai bon goût, ennemi des cacophonies et des discordances, d'avoir évité le contraste déplaisant qu'un extérieur prétentieux de palais aurait fait avec ce parc si campagnard. Cette petite maison ressemble à la monarchie dans les pays germaniques, pleine de bonhomie à l'extérieur, simple d'apparence comme elle ne l'a jamais été dans nos pays latins, mais singulièrement royale à l'intérieur, et plus sûre intrinsèquement de ses prérogatives que ne le fut jamais le plus fier de nos rois magnifiques. La modestie extérieure de cette maison du Bois recouvre les souvenirs les plus fiers et la somptuosité la plus rare.

Dans cette suite de belles salles, deux surtout arrêtent plus particulièrement la curiosité. La première est la salle d'Orange, avec son plafond en coupole et ses peintures de Van Thulden, amusant trompe-l'œil qui donne pendant quelques minutes l'illusion de Rubens, espèce de chapelle appartenant à ce *Hero-Worship* et à cette religion du *Sinto* que les races nobles ont eus de tout temps pour elles-mêmes. Cette chapelle sans autel est le logement d'une âme, le sanctuaire d'une mémoire, celle du prince Henri-Frédéric, frère du terrible Maurice, troisième stathouder des Provinces-Unies et triomphateur définitif de l'Espagne. Avec son souvenir, sa veuve voulut conserver encore un reflet de l'éclat qu'il jeta dans le monde, et ce reflet coloré, ce sont les peintures de Jordaens et de Van Thulden qui recouvrent les parois de la salle. Ces peintures allégoriques, éloquentes seulement pour celui qui sait quel fut le prince, ne doivent certes évoquer dans l'esprit de l'ignorant que l'idée d'une grandeur vague et confuse ; cependant cette impression de l'ignorant naïf ne serait pas sans quelque vérité, sinon à l'égard du prince dont ces allégories célèbrent les exploits, au moins à l'égard du temps où il vécut ; car, en regardant ces peintures et surtout la composition gigantesque, embrouillée et presque monstrueuse de Jordaens qui orne le fond de la salle, je ne pus m'empêcher de penser que par cette œuvre compliquée le peintre anversois avait involontairement donné une fort exacte représentation du gigantesque gâchis dans lequel la paix de Westphalie trouva l'Europe. Comme emblème des exploits de Henri-Frédéric, — dont le principal, par parenthèse, fut de ruiner la ville natale du peintre, — la composition de Jordaens est inexacte et peu claire ; mais comme emblème de ce qu'elle n'exprime pas, c'est-à-dire du pêle-mêle de l'Europe au sortir de la guerre de Trente Ans, elle est aussi lumineuse que possible.

Quant à la seconde salle, la salle chinoise, le mobilier, entièrement exotique, est probablement ce qui en Europe donne l'idée la plus juste et la plus haute de ce qu'est le luxe chez les grands des sociétés de l'extrême Orient. Ah ! voilà des

gens qui s'entendent à l'art d'orner un appartement, ces Chinois et ces Japonais ; élevé à cette
hauteur, cet art devient presque moral et se confond à peu près avec la sagesse : car que nous
recommandent toute philosophie et toute religion, sinon d'entretenir l'âme dans un état d'allégresse qui lui conserve sa lumière et sa chaleur?
Comment les monstres du *spleen* et du découra-
gement pourraient-ils s'introduire dans un appartement rempli de ces autres monstres, enfants du
caprice des artistes chinois et japonais, parmi
ces vases, ces porcelaines, ces coffrets, qui dis-
traient et morcellent l'attention, et, appelant à
chaque minute l'âme en dehors, l'empêchent de
se refouler sur elle-même? Comment les pensées
tristes entreraient-elles dans l'esprit devant ces
tentures et ces rideaux de soie blanche, ramagés
de fleurs et animés d'oiseaux? Oh! que tous nos
velours, nos brocarts, nos damas les plus splendides, paraissent lourds, moroses et ennuyeux
auprès de telles étoffes! Cependant toutes les
choses ont leur revers, et je ne puis m'empêcher de penser que vivre perpétuellement au
milieu d'une abondance de semblables amusantes merveilles doit à la longue remplir l'âme
d'enfantillage, la rendre incapable de tout sérieux
et de toute grandeur, et qui peut dire si ce n'est

pas là une des causes de cette puérilité qui nous frappe chez les sociétés de l'extrême Orient.

En dehors de ce charme des lieux, la Haye possède un attrait moral très particulier, qui en fait un des séjours les plus désirables de l'Europe. La Haye ne contient pas de populace, et ce n'est certes jamais pour cette ville que Voltaire prononça son imprécation célèbre : *Adieu, canards, canaux, canaille;* d'abord parce que la canaille y est inconnue, ensuite parce que les canaux n'existent qu'en dehors de la ville, et enfin parce que, pour tous canards, la Haye ne possède que les cygnes qui nagent dans le *Vivier*. Les manières du peuple de la Haye sont un reflet de celles de la société choisie que les circonstances lui ont donné exclusivement à servir. A la Haye peut se vérifier sur le vif l'influence que les aristocraties exercent à la longue sur le caractère des classes populaires, même chez les races dont le caractère est le plus indépendant, les Hollandais et les Anglais. Le peuple de Venise est, dit-on, le plus doux, le plus affable, le plus poli de la terre, et Dieu sait cependant si ce sang italien, mélangé de sang grec, illyrien et dalmate, contient des éléments violents. A quoi tient cette politesse, sinon à cette longue domination de dix siècles d'aristocratie qui peu à peu a

broyé, assoupli toute obstination, tout entêtement, enseigné à ce peuple avec l'obéissance la
contrainte personnelle, et réprimé ces soudaine-
tés irréfléchies de l'instinct physique qui se traduisent chez l'homme comme chez l'animal en
mouvements sans raison de colère, d'audace et
de familiarité. Certes ce n'est point un phénomène aussi frappant que l'on observe à la Haye ;
cependant le résultat est le même sur une plus
petite échelle. Le peuple de la Haye possède une
supériorité de manières et de tact, un art de
servir, une politesse et une absence de morgue
que l'on ne rencontre à ce degré en Hollande
que dans cette seule ville, et le voyageur qui
désirera vérifier notre observation n'aura qu'à
pousser droit à Amsterdam en quittant la Haye,
sans s'arrêter à Leyde, ville d'université, et surtout à Harlem, ville en partie déchue de son
ancienne splendeur, et où il trouverait en conséquence quelque chose de cette politesse qu'il
aurait laissée à la Haye, car rien n'enseigne la
politesse comme la déchéance.

Il est vraiment presque inexplicable que la
Haye ait réussi à conserver si longtemps son
aimable originalité, et qu'elle n'ait pas échangé
ce caractère d'oasis royale contre le caractère de
véritable capitale. Ce fait est peut-être la preuve

Un coin du vieux Scheveningen.

la plus irréfutable du patriotisme parfait de la maison royale de Hollande, car jamais une maison ambitieuse n'aurait permis que dans un pays monarchique la capitale fût représentée par une ville d'aspect, de mœurs et de traditions toutes républicaines comme Amsterdam ; j'imagine que sous d'autres princes ce contraste bizarre aurait été évité. Rien n'était plus facile cependant que de faire de la Haye une grande capitale, et si quelque entreprenant baron Haussmann eût passé par là, la chose serait accomplie depuis long-temps [1]. Ne pourrait-elle en effet, s'étendant jusqu'à Scheveningen, aller toucher la mer, et devenir ainsi un centre d'activité commerciale bien autrement choisi, bien autrement pourvu de ressources et de facilités de communications que ne le fut jamais Amsterdam sur son mélancolique Amstel et en face de son Y ? Peut-être cette fortune arrivera-t-elle quelque jour à la Haye ; mais alors adieu à ses mœurs et à sa politesse ! La Haye cesserait d'être le séjour désirable et charmant qu'elle est aujourd'hui.

C'est évidemment au voisinage de la Haye qu'il faut attribuer la vogue dont les bains de mer de Scheveningen jouissent depuis tant d'années

---

1. Écrit en 1868.

déjà, car il est impossible d'expliquer par le
charme du lieu ce caprice de la mode : il ne se
peut rien voir de plus aride et de plus maussade
que cette plage, rien de plus morose et de plus
sauvage que le petit village qui est à côté. D'ordinaire les villages hollandais sont gais à l'œil;
mais voilà un village qui ne rit pas, ce Scheveningen! Ce contraste est d'autant plus frappant
qu'on vient de quitter une ville charmante,
et qu'on est conduit à ce sombre Scheveningen
par une magnifique avenue. Ces dunes désa-
gréables, dans lesquelles on enfonce jusqu'aux
genoux, n'ont d'autre mérite que de contenir
assez de sable pour récurer pendant l'éternité
toutes les batteries de cuisine de toutes les ménagères de la peinture hollandaise, et Dieu
sait quelle quantité de chaudrons elle contient!
Quant à la mer, le premier regard qu'on jette
sur elle n'est rien moins que poétique. On dit
que ses tempêtes sont terribles pendant les orages d'hiver, je n'en sais rien; mais par les temps
calmes elle a vraiment une placidité toute hollandaise. C'est à peine si l'on entend ici sa
grande voix, que cette masse de sable adoucit en
un murmure faible et triste. Pour sa couleur,
elle n'est ni bleue, ni verte, ni glauque; elle est
grise et nuance de boue. A Scheveningen, à Zand-

woort, à Amsterdam, au Helder, partout elle porte le même manteau d'aspect morne et désagréable à l'œil ; mais il y a une compensation à cette laideur : cette mer si déshéritée de couleur et de musique est aimée de la lumière d'un amour plus fin, plus tendre, plus sensible, dirai-je presque, que les mers de contrées plus belles.

Les couchers du soleil sur la mer n'ont pas en Hollande la pompe et la majesté qu'ils ont dans d'autres pays, mais ils ont une suavité élégiaque incomparable. Rien de plus triste et de plus doux : on dirait que le soleil va mourir. Il se dresse à l'horizon comme un agonisant dont l'œil jette une dernière flamme, et il envoie à la mer son adieu enveloppé dans un sourire si languissant que le cœur en est attendri comme devant le spectacle d'une réelle agonie. Ce baiser si faible, ce dernier regard si caressant qui effleure l'épiderme des flots, vous l'avez vu courir bien des fois dans les marines des peintres hollandais, surtout de Backhuysen, souvent trop malmené par les connaisseurs, mais qui, comme tous ses confrères de Hollande, n'a fait autre chose que reproduire fidèlement ce qu'il voyait, une mer de couleur sale, sur laquelle glisse, furtive, discrète et pâle, une lumière maladive qui n'a pas la force de pénétrer le premier flot. Le Musée

Van der Hoop contient en particulier un spécimen remarquable de ce spectacle. Là où ces couchers de soleil sont les plus beaux, c'est à Amsterdam, et je conseille à tous ceux qui voudront connaître ce phénomène dans toute sa douceur, et en même temps pénétrer la vérité intime des marines hollandaises, d'aller souvent aux bouts de la ville s'accouder sur un des ponts de l'Amstel, et de regarder de là le soleil se coucher sur l'Yachtaven ou sur l'Y ; c'est la mélancolie même. Devant ce spectacle, on retrouve sans nul effort quelques-unes des impressions des hommes des anciens âges, on se sent venir une âme d'Hindou du temps des Védas ou de Grec de l'époque poétique, et l'on a envie de croire que le soleil meurt tous les soirs.

Des édifices de la Haye, que j'ai visités comme tout le monde et dont la description se trouve partout, je n'ai rien à dire. Un seul détail m'a frappé d'une manière originale dans la salle des États, les rangées des encriers d'étain si soigneusement fourbis et espacés d'une manière si mathématique. Il m'a semblé visiter la salle du congrès de Munster après que les plénipotentiaires auraient eu levé la séance, tant la disposition de cette salle ressemble, grâce à ce détail des encriers, à celle que nous présente la gravure du célèbre tableau où Terburg a peint les membres de ce congrès. En dehors du musée, la Haye n'avait pour moi d'autre intérêt rétrospectif que les souvenirs du Taciturne qui s'y rencontrent, et j'ai dit ailleurs quelle impression ils m'avaient causée. Je n'ai pas eu le courage de visiter la prison où furent enfermés le vieux Barneveldt et les De Witt. Le souvenir des martyrs de la liberté est toujours triste quand la raison ne peut les absoudre absolument et que leur nom n'éveille pas un enthousiasme sans mélange. La liberté est le plus grand des biens de la vie ; mais l'indépendance nationale est la première des conditions de l'existence d'un peuple, et les chefs du parti républicain, s'ils eurent raison devant les principes, eurent toujours tort en fait contre le stathoudérat, qui eut pour lui la force des circonstances, et contre la nation même, qui refusait d'affaiblir son droit de légitime défense, d'exposer son existence conquise par le miracle de son énergie et par le miracle plus grand encore de princes dévoués sans arrière-pensée à leurs concitoyens. La philosophie absout les chefs du parti républicain de Hollande ; mais l'histoire moins indulgente les condamne. Certes il est toujours triste de voir des âmes nobles tomber sous les coups de l'ignorance et du fanatisme, d'honnêtes

gens périr parce qu'ils ne pouvaient consentir à
penser comme leur tailleur et leur blanchisseuse,
pour prendre l'expression de Voltaire ; aussi,
toutes les fois que les noms de quelques-uns des
martyrs républicains de Hollande se rencontrent
sous sa plume, un cri d'indignation échappe-t-il
au grand polémiste, qui de tous les hommes
est celui qui a le plus abhorré la populace. Certes c'est une dure condition, mais il est des situa-
tions où le patriotisme commande aux gens
éclairés de penser comme leur tailleur et leur
blanchisseuse. Il est vrai qu'il est moins pénible
à un prince de se soumettre à cette condition qu'à
un simple citoyen, et c'est pourquoi la monarchie
aura toujours plus de faveur auprès des masses
populaires que la république [1], qui est de sa nature
oligarchique, et qui, quelque démocratique qu'elle
soit à l'origine, deviendra toujours, au bout d'un
temps plus ou moins long, le gouvernement de
quelques-uns, de par la logique secrète des choses, qui mène les hommes ailleurs que là où ils
voulaient aller.

1. Écrit en 1868. Les faits ont semblé donner tort à l'opinion que nous émettons ici, et c'est au temps seul qu'il
appartient désormais d'en justifier l'exactitude.

HOLBEIN

Le Musée de la Haye possède un mérite qui manque à tous les musées que j'ai visités jusqu'à présent : il ne fatigue pas. Il se compose d'un peu moins de trois cents numéros et peut se voir en quelques heures. Il contient juste le nombre de chefs-d'œuvre voulus pour que le spectateur puisse jouir de sa faculté d'admirer sans qu'elle lui devienne une souffrance, une douzaine tout au plus : un Paul Potter, trois ou quatre Rembrandt, un Titien, un Holbein, deux Albert Dürer. Ce n'est pas, il est vrai, à cette douzaine de chefs-d'œuvre que se borne l'intérêt du Musée de la Haye ; mais la masse de ravissantes compositions qu'il renferme n'exige pas de contemplation soutenue, ni de dépense épuisante de fluide nerveux. Les Jean Steen, les Van Ostade, les

Terburg et les Gérard Dow peuvent être regardés sans plus de fièvre que ces spirituels dessins où Troost a représenté des scènes de la vie hollandaise et des épisodes du théâtre national d'autrefois. Entre deux chefs-d'œuvre, on se sert de quelques-unes de ces amusantes compositions comme de délassant intermède, on se refait de l'admiration par la gaieté, et l'on sort de ce musée dispos et sans mal de tête, ce qu'on ne pourrait dire de toutes les galeries de peinture.

Rembrandt est le premier qui attire l'attention et c'est à lui que nous devrions nous arrêter d'abord; mais, comme nous le retrouverons à Amsterdam, traversons aujourd'hui les salles hollandaises et allons droit au salon consacré aux maîtres étrangers. Là se trouve une des pages capitales d'Holbein et son chef-d'œuvre, je le crois bien, le portrait d'une bourgeoise suisse. Ce tableau remarquable se trouve placé non loin d'une *Hérodiade* de Lucas de Leyde, joli visage empreint de cette grâce délicate et un peu mièvre confinant à la gentillesse plutôt qu'à la beauté véritable qui se rencontre souvent dans les peintures de ce vieux maître, et flanqué de deux portraits d'hommes d'Albert Dürer d'une conscience admirable; ainsi l'œil embrasse à la fois quatre chefs-d'œuvre. Ces deux portraits d'Albert Dürer méritent une mention spéciale : l'un est celui d'un vieillard dont il est impossible de spécifier l'âge, ni de nommer le sexe, tant il est vieux, tant son nez et son menton, qui se cherchent et sont près de se rejoindre, lui donnent l'aspect d'une vieille femme. Devant ce portrait, l'imagination remonte d'emblée le cours des âges. Grand Dieu ! mais c'est un revenant du temps de Sigismond ; ce con-temporain de Luther a vu certainement brûler Jean Huss et se souvient du concile de Constance. L'autre portrait est celui d'un homme d'âge moyen sur lequel le fardeau de la vie a l'air d'avoir lourdement pesé ; c'est la figure la plus fatiguée que je connaisse, même en comptant celle du Caraffa qui fut le septième ou le huitième gé-néral de l'ordre des jésuites, curieux visage sur lequel la finesse napolitaine se présente comme terrassée sous la torpeur produite par l'expé-rience de la vie. Ainsi encadrée des deux portraits d'hommes d'Albert Dürer, la bourgeoise suisse d'Holbein a l'air d'être placée entre son mari et son grand-père. Ce sont en effet trois portraits de même famille, tant par une certaine parenté d'âme et de talent entre Holbein et Albert Dürer, tous deux adorateurs passionnés de la vérité, que par la ressemblance plus étroite encore de la race et des sentiments, qui sont visiblement communs

entre la bourgeoise suisse d'Holbein et les deux
Allemands d'Albert Dürer.

Dans le portrait de cette bourgeoise suisse se lit
le principal caractère d'Holbein, celui qui fait de
lui un véritable représentant des pays de race
germanique et leur artiste le plus sérieux à l'époque de la Réforme, après Albert Dürer toutefois.
Ce caractère, c'est l'indifférence à la beauté. Pour
faire un portrait dont le souvenir reste dans la
mémoire des contemplateurs, Holbein n'a jamais
eu besoin de la beauté, il lui a suffi de la vérité.
Cette bourgeoise, par exemple, qui fait en ce
moment l'objet de notre admiration, posant devant un artiste ordinaire, aurait fourni certainement un des plus laids modèles qu'on pût voir.
Le contour du visage est rond et sans grâce, les
traits sont petits, courts, ramassés, la chair, visiblement malsaine, parle de rhumatismes, de
sang apte à la décomposition. Le seul détail physique réellement beau de ce visage, c'est la peau,
qui est d'une blancheur remarquable et surtout
d'une étonnante finesse. Cette figure n'en reste
pas moins à jamais gravée dans le souvenir. Peu
de temps après mon séjour en Hollande, j'eus
l'occasion de traverser Bâle, et je ne manquai
pas, ainsi qu'on peut le penser, d'aller visiter le
Musée de cette ville, où se trouvent tant de beaux

échantillons du talent d'Holbein, où surtout tant
de preuves irrécusables de sa profonde science de
métier et de l'expérience de sa main ont été réunies dans cette collection unique de quatre-vingts
dessins. Eh bien! tous ces portraits du Musée de
Bâle, celui de l'imprimeur Froben, de l'orfèvre
Schweiger, du bourgmestre Mayer, du juriscon-
sulte Ammerbach, du bourgeois anglais à pare-
ments de fourrure, sont parlants, mais rivalisent
vraiment de laideur. Ammerbach, ami d'Holbein,
fondateur de ce Musée de Bâle, dont la base la
plus solide est la collection de tableaux et de
dessins du maître qu'il avait réunis, Ammerbach
attire plus particulièrement l'attention. C'est bien
une des plus déplaisantes figures qui se puissent
rêver. Ce n'est pas que ce visage soit dépourvu
de tout attrait physique ; mais cet attrait est mis
à néant par une grimace d'aigre dédain que son
ami Holbein, dans son amour de la vérité, n'a
pas songé à diminuer. Tel était Ammerbach dans
l'habitude de la vie, tel Holbein l'a peint avec la
franchise que Cromwell réclamait du peintre
Lely lorsque ce dernier fit son portrait : « Si vous
oubliez une seule de mes verrues, je ne vous
donne pas un penny ». Hans Holbein était marié
et père de famille, et il a gratifié la postérité des
portraits de sa femme et de ses enfants. Grands

dieux, quel tableau que ce chef-d'œuvre, et la singulière admiration qu'il inspire! La femme d'Holbein, type de bonne maritorne, a posé sans doute devant son mari au moment où elle venait

Portraits de la femme et des enfants d'Holbein.

de s'acquitter de ses fonctions de ménagère. C'est la vulgarité même en négligé malpropre. On dirait que, pour plus de vérité, Holbein lui a refusé le droit de laver ses mains et son visage, et de se parer de ses beaux atours. Voilà ce qu'elle était six jours de la semaine, a-t-il l'air d'avoir voulu dire à la postérité : le dimanche, elle était un peu moins affreuse, et j'aurais pu vous la représenter telle qu'elle se montrait ce jour-là ; mais je vous aurais menti, puisque la majeure partie du temps elle était ce que vous la voyez. Les deux enfants d'Holbein sont debout contre les genoux de leur mère ; ce sont deux marmots assez gentils, mal peignés, mal lavés, déguenillés, qui ressemblent à deux petits pauvres des tableaux espagnols. On se demande quel démon a déterminé Holbein à faire un pareil tableau qui pourrait être regardé comme une véritable satire des siens et une vengeance contre la vie vulgaire que lui faisait incontestablement une telle menagère. Eh bien! ce n'est pas un démon qui l'a poussé, c'est une vertu des plus franches et des plus naïves, la sincérité. Ainsi l'amour de la vérité est tel chez Holbein qu'il n'épargne même pas sa famille et ses amis. Avec un peu de bonne volonté, il aurait pu certes corriger la déplaisante grimace d'Ammerbach, déguiser légèrement la vulgarité de sa femme, atténuer le tempérament malsain de la dame suisse. Peu de chose suffisait pour cela, choisir pour Ammerbach une pose qui dissimulât sa grimace, permettre à sa femme de se parer de sa robe des grands jours et de son bonnet neuf, choisir des couleurs de vêtements qui fissent moins ressortir la blancheur malsaine de la bourgeoise du Musée de la Haye. Un Italien n'y eût pas manqué ; dans son insouciance de la beauté, Holbein n'y a même pas songé.

Un jour que nous nous trouvions assis à côté de M. Ingres, nous prîmes la liberté de lui demander quel était l'heureux possesseur de son portrait d'une dame italienne de l'empire, et comme nous lui exprimions toute l'admiration que ce portrait nous avait fait éprouver à l'Exposition universelle de 1855 : « Oui, répondit-il avec la vivacité qui lui était habituelle, c'est bien le portrait que j'aime le mieux avoir fait. Ce n'est pas que dans les autres j'aie fait de concessions, au moins, mais dans celui-là... » Il ne s'expliqua pas davantage, pourtant nous n'eûmes aucune peine à compléter et à interpréter sa pensée. De tous ses portraits, c'est en effet celui de cette dame italienne où le maître a le plus exclusivement consulté la nature et où il l'a le moins corrigée. J'entends ici par corriger la nature contraindre le modèle à choisir telle ou telle pose qui le fasse sortir de ses habitudes corporelles vicieusement contractées, qui fasse saillir telle ou telle de ses grâces, enfouie d'ordinaire dans la masse de ses traits, ou qui présente sa physionomie

sous son aspect le plus sympathique. Ajoutez
encore que le peintre peut s'aider de certains
auxiliaires et même de certaines conventions
pour flatter son modèle, le choix du costume,
surtout le choix des couleurs, les accessoires du
tableau, un dais, un fauteuil, une cheminée, une
table chargée de fleurs ou de livres, une draperie,
détails qui donnent au portrait soit plus de majesté, soit plus d'abandon et d'aimable familiarité, selon le caractère qu'on veut rendre. Or
Holbein ne s'est jamais inquiété de tels détails;
son modèle a mis le costume qui lui a plu, a
choisi la pose qu'il a préférée. Holbein s'est oc-
cupé non de le faire valoir, mais de rendre son
effigie telle qu'elle était réellement. Il y a aussi
un genre d'infidélité à la vérité dont il est bien
difficile de ne pas se rendre coupable pour peu
qu'on ait la passion de la beauté. Que manque-
t-il à l'ovale de ce visage pour être parfait? Peu
de chose en vérité : il suffirait qu'il fût arrondi
légèrement. Ce nez serait irréprochable si la
courbe en était infléchie d'un millimètre; pourquoi ne pas compléter la nature lorsque cette
correction demande si peu de frais? Les mains
sont plus belles que le visage, mettons-les en
évidence. Qui ne devine que les Italiens se sont
mille fois rendus coupables de ce péché véniel?

La *Joconde* de Léonard est irrésistible ; mais son adorable sourire était-il l'expression habituelle de son visage, ou bien n'était-il que l'expression exceptionnelle, passagère, de ses heureux moments? Holbein ne se rend jamais coupable de tels péchés. Lorsqu'il a rencontré la beauté, et cela lui est arrivé plusieurs fois, il l'a peinte telle qu'il la voyait, sans aucune de ces corrections. Le meilleur exemple que l'on puisse en donner est son tableau de *Laïs de Corinthe*, portrait d'une demoiselle noble de la maison d'Offenbourg, laquelle, pour le dire en passant, eut une délicatesse médiocre, si elle se trouva flattée de se voir représentée en courtisane grecque avec une pile d'or devant elle. J'avais été très frappé de la beauté de ce visage dans une gravure due à un artiste suisse qui figurait à l'Exposition universelle de 1867, et il m'avait fait ressentir un genre d'impression analogue à celui que nous éprouvons devant les figures de Léonard. Tout autre a été mon impression lorsque j'ai vu l'original au Musée de Bâle. La *Laïs* d'Holbein est une grande Allemande, jolie fille, aux traits allongés et robustes, la physionomie un peu brutale, avec de beaux yeux souriants, légèrement bêtes. Il est évident que le graveur, enthousiaste de son œuvre, avait fait inconsciemment devant le tableau ce qu'Holbein n'a pas fait en face du modèle vivant lui-même. La *Laïs* du peintre est ce qu'elle fut dans sa réalité la plus franche, une beauté lourde et sans caractère sympathique. Notez cependant qu'Holbein avait d'autant plus ici le droit de corriger la nature qu'il avait choisi le modèle dans l'intention d'en faire un portrait qui fût en même temps une sorte d'allégorie.

Grâce à cet amour de la vérité, sur lequel nulle séduction semble n'avoir jamais pu s'exercer, même lorsqu'il reproduisait de beaux visages, Holbein est, je crois, celui de tous les portraitistes qui a le mieux exprimé la ressemblance fondamentale, et ce qu'on pourrait appeler le *permanent* de ses modèles. D'autres peintres de portraits ont mieux rendu la vie mobile, Rembrandt est incomparable sous ce rapport; d'autres ont mieux rendu ces grâces de l'expression qui s'épanouissent à la surface des traits, mais qui ne sont pas plus le visage qu'une végétation fleurie n'est la terre qui la porte : ce qu'Holbein a rendu avec une solidité admirable, c'est le modèle au repos et dans son centre de gravité, la structure essentielle de son visage, en un mot non l'*humus* mélangé de la physionomie, mais le *tuf* même du *moi* humain. En regardant les portraits d'Holbein, nous sommes sûrs de leur ressemblance intime avec ses modèles, et si nous ne devinons pas toujours ce que ceux-ci eurent d'attraits fugitifs ou intermittents, nous les saisissons dans leurs qualités continues, durables, et qu'ils ne pouvaient pas plus dépouiller que leur chair. C'est ainsi qu'ils étaient à toutes les heures du jour, quelles que fussent les passions qui les agitaient; bien mieux, c'est ainsi qu'ils furent en dépit de tous les changements de la chair, depuis le berceau jusqu'à la tombe, dans la jeunesse en fleur comme dans le soucieux âge mûr, comme dans la vieillesse ridée. Cette partie de nous-mêmes qui est inaccessible au changement, qui est notre véritable *moi*, Holbein la saisit et la fait saillir avec une habileté et une fermeté incomparables.

Si Holbein n'avait peint que des bourgeois oubliés, nous ne nous douterions probablement pas de la qualité qui constitua son talent; mais, heureusement pour sa mémoire, il eut l'occasion d'appliquer ce talent à des personnages restés historiques, et, l'histoire à la main, nous pouvons garantir la ressemblance de ses portraits, car le caractère essentiel qui nous apparaît dans l'image de tel ou tel personnage est justement celui que l'histoire lui assigne. Qui ne voit dans les si nom-

breux portraits qu'il nous a laissés d'Érasme, —
dont la gloire par parenthèse doit un beau cierge
à Holbein, — que le trait essentiel de ce *moi*
était une finesse lumineuse? c'est aussi ce que
l'histoire nous apprend de lui. Qui ne devine
dans son portrait de Henri VIII une âme massive,
lourde, capable par conséquent de mouvements
violents, orgueilleuse précisément parce qu'elle
est pesante, comme on devine le lion redoutable
dans son repos même? Cette bourgeoise suisse
anonyme, que nous admirons au Musée de la
Haye, n'a pas laissé d'histoire, mais nous pouvons
nous la figurer aussi bien que si cette histoire
eût été écrite. Son histoire fut celle des âmes
vertueuses, ce qui équivaut à dire qu'elle n'en
eut pas. Une assurance modeste est le trait domi-
nant de cette physionomie; on y lit toutes les
vertus qui fleurissent dans les terrains modérés,
dans ceux qui ne sont ni trop sur les cimes brû-
lantes ou froides, ni trop dans les vallées humi-
des, qui ne sont visités ni par trop d'ombre, ni
par trop de soleil. Cette vie s'écoula paisible et
pieuse, — car le visage a cette douceur qui est
particulièrement propre à la piété, — protégée
contre le prochain par une aisance sans faste,
contre les passions de l'âme par la modestie de
la condition. De tempérament malsain et sans

beauté, elle ne connut pas les adulations et les
flatteries; mais elle n'en souffrit pas, et cette
absence de regrets et d'envie fut récompensée
par une paix intérieure qui, se répandant sur ce
visage, lui donne un attrait sympathique que n'a
pas toujours la beauté, souvent d'aspect fort redoutable par les dangers qu'elle laisse entrevoir.
Jamais personnage inconnu ne s'est révélé avec
plus de naïve franchise que cette bourgeoise
suisse en robe de grosse étoffe d'un bleu sombre
et en coiffe blanche retombant sur le front à la
manière du voile des religieuses, comme si elle
était une nonne de la vie laïque, une vestale de
la vie conjugale. — Ce voile, pour le dire en
passant, par la manière dont il retombe molle-
ment sur le front et y adhère, tout en restant
distinct de la chair, est une merveille de finesse
qu'il faut se borner à indiquer, car la décrire de
manière à la faire apparaître aux yeux qui ne
l'ont pas vue est chose impossible. — C'est dans
cet art de rendre le trait fondamental de ses
modèles que consiste le génie d'Holbein comme
peintre de portraits, génie tout philosophique et
tout allemand, comme on le voit, puisque, pour
le définir, il m'a fallu, empruntant un mot au
vocabulaire de la philosophie, dire qu'Holbein
se distinguait de tous ses émules en ce qu'il

avait peint surtout le *permanent* de ses modèles.

En dehors de ce mérite éminent, Holbein avait-il du génie? Quelquefois je me suis surpris à en douter; mais il est vrai que la qualité que nous venons d'indiquer est d'ordre si rare qu'on peut la tenir pour du génie et n'en pas exiger d'autre. En tout cas, ce dont je suis sûr, c'est qu'il avait une maîtresse main, et que jamais homme n'apprit son métier avec plus de conscience; j'en prends à témoin les quatre-vingts dessins qui se voient au Musée de Bâle. Un critique d'art distingué, M. Charles Clément, rendant compte d'une publication dont l'auteur a eu l'excellente idée de substituer de beaux dessins d'après les maîtres aux éternels modèles que les professeurs donnent à copier à leurs élèves, s'étonnait du grand nombre de dessins d'après Holbein que contient, paraît-il, cette publication. Il faisait observer qu'il était surprenant qu'Holbein, malgré son mérite, fournît plus d'échantillons que les plus grands maîtres. C'est qu'il s'agit ici non de génie, mais de science du métier, et que l'auteur de ce recueil, lorsqu'il a cherché des modèles irréprochables qu'il pût mettre sous les yeux des élèves, en a trouvé en plus grande abondance dans Holbein que chez les autres peintres. Les quatre-vingts dessins de Bâle sont d'une précision rigoureuse qui atteste la profonde science technique du maître. Il y en a de toute sorte : têtes d'étude, esquisses, portraits, dessins d'arabesques et d'ornements faits sur commande pour des édifices publics ou des maisons de particuliers ; — car Holbein, comme tous les grands artistes de cette époque, ne croyait pas se rabaisser en consacrant son temps à des besognes relevant du métier, et la qualification d'artiste se confondait modestement dans son esprit avec celle d'artisan. Tous sont remarquables par la sûreté de main qu'ils révèlent ; pas un coup de crayon n'est resté inachevé, pas un trait n'a été laissé négligemment à l'état d'indication.

Parmi ces dessins, il en est plusieurs de fort beaux ; mais il en est deux qu'il faut plus particulièrement citer : le portrait désigné sous le nom du *Jeune homme au grand chapeau*, page qu'on peut présenter en toute confiance, tant pour la beauté des traits du modèle que pour la pureté correcte, comme un type de dessin classique. Le second, qui est un chef-d'œuvre, possède une importance historique ; c'est un portrait du petit prince Édouard, fils de Henri VIII, celui qui fut Édouard VI, à l'âge de cinq ou six ans, visage d'enfant sans vivacité, mais qui, à l'occasion, pourrait être boudeur et morose. Nous apprendrons aux très rares lecteurs qui pourraient être curieux d'un tel détail sur un prince si loin de nous, qu'à cet âge de cinq ou six ans Édouard avait beaucoup des traits et du visage rond de son père, tandis qu'en grandissant il prit de la ressemblance avec sa revêche mère au menton pointu, Jeanne Seymour, dont Holbein, historiographe par le pinceau de la cour d'Angleterre, a fait aussi un portrait qui se voit aujourd'hui au Musée de la Haye, juste au-dessous de la bourgeoise suisse. Visage maigre, traits allongés et aigus, expression froide, regard hautain et cependant sans morgue, tant la hauteur semble l'habitude d'âme de cette personne, très grand air, au demeurant, physionomie sèche et peu sympathique, telle est la reine Jeanne Seymour, troisième femme de Henri VIII et mère de son seul rejeton mâle, lequel ne valut jamais, soit dit en passant, pour la vigueur virile et la trempe du caractère, ses deux rejetons féminins : Marie la Sanglante et Élisabeth, deux hommes véritables.

Je viens de dire qu'il m'était arrivé de douter parfois qu'Holbein eût du génie. C'est qu'en effet Holbein, très grand peintre de portraits, devient inférieur dès que le modèle vivant ne pose plus devant lui, et qu'il lui faut composer une scène avec ses propres ressources et rendre des sentiments

pour son compte personnel. Tous les guides du
voyageur et tous les livrets des musées de l'Europe vous apprendront qu'il existe à Bâle un grand
tableau d'autel divisé en huit compartiments, autrement dit en huit petits tableaux, représentant
la *Passion de Notre-Seigneur*, et presque tous
ajouteront que ce grand tableau, peint sur bois et
divisé en carrés qui le font ressembler à une
gaufre, passe généralement pour le chef-d'œuvre
d'Holbein. Ce tableau eut même à son époque
tant de réputation que l'empereur Maximilien en
offrit, paraît-il, la somme incroyable de 35 000 florins. Cela prouve non pas que le tableau soit
excellent, mais que Maximilien, personnage dont
la parfaite noblesse ne fut pas sans bizarrerie,
prince qui fut à beaucoup d'égards un don Quichotte couronné, esprit rétrospectif et à tournure
archaïque, avait plutôt l'amour du gothique que
le sentiment de la beauté. En effet, dans ce tableau, — œuvre d'ailleurs de la jeunesse d'Holbein, — que je me permets de trouver très laid,
le gothique le plus gauche du plus gauche moyen
âge se mêle à un sentiment aussi nouveau qu'audacieux, mais incomplètement et surtout hideu-
sement exprimé. L'inspiration religieuse est la
même que celle d'Albert Dürer ; c'est cette interprétation radicale et démocratique du christia-

nisme, qui est si navrante chez le maître de Nu-
remberg, cette interprétation à laquelle, un siècle
et demi plus tard, Rembrandt devait donner sa
forme la plus nette et la plus voisine de la grandeur. De ce tableau d'Holbein, comme des œuvres analogues d'Albert Dürer, émane un sentiment d'arianisme qui s'impose de lui-même au
contemplateur. L'esprit de la composition reste
très chrétien ; mais la scène qu'elle nous présente
est purement humaine, et l'on se sent amené à
établir instinctivement la séparation entre les deux
natures que les théologiens unissent en Jésus. Ce
Jésus est laid, non d'une laideur morale comme
chez Rembrandt, mais comme le plus vulgaire
des produits de la création, laid d'une laideur
abjecte, sans flamme qui trahisse l'âme, sans
rayon qui révèle le prophète, sans aucune de ces
expressions de piété, de douceur et de confiance
où la divinité de la nature pourrait se révéler.
Toute lumière est éteinte chez ce Christ, et vraiment ses bourreaux sont presque excusables, car
il est impossible de deviner un dieu sous une pareille enveloppe. Ce Christ, c'est la boue humaine
dans toute sa visqueuse humidité, un vase de la
plus vile terre que le potier n'a pas approché du
feu purificateur. J'imagine que les pauvres sor-
ciers de village, quand on les mettait à la torture

ou qu'on les brûlait, durent présenter maintes
fois un spectacle analogue à celui de ce Christ
d'Holbein. Oh! non certes, se dit-on presque involontairement, il n'était pas dieu au moment
où il subit de semblables souffrances; il avait
fait abdication complète de sa nature divine,
pour ne la reprendre que dans le ciel. Il n'expo-
sait aux supplices que l'homme, il ne rendit au
Créateur que le dieu. Les deux natures furent
successives, non simultanées, et séparées sur la
terre comme dans l'éternité.

Cette grande composition trop vantée n'offre
même pas toujours la correction et la pureté de
dessin qui distinguent Holbein. Elle est bien loin
de valoir un autre tableau sur bois représentant
le Christ mort étendu dans le tombeau. C'est ce
que nous avons vu de plus cruellement douloureux après le *Christ à la paille* de Rubens. Dans
cette œuvre, excellente comme peinture, se trouve,
cette fois complètement rendu, le sentiment que
nous venons de décrire, et que la *Passion de
Notre-Seigneur* exprime d'une manière imparfaite, gauche et sans nulle poésie. Nous venons
de nommer Rubens; et, en effet, ce tableau d'Holbein appelle à première vue la comparaison avec
les divins cadavres sortis du pinceau du maître
d'Anvers. Chez Rubens, comme chez Holbein, le

Christ est un Christ populaire, mais quelle différence ! Chez le maître d'Anvers, ce pauvre cadavre d'homme du peuple reste le Christ selon toutes les traditions de l'orthodoxie ; chez Holbein, cette dépouille humaine est entièrement hétérodoxe. Regardez à Anvers non seulement le *Christ à la paille*, mais encore et surtout le Jésus de la *Descente de croix*. Un des caractères les plus admirés généralement de ce Christ, c'est sa réalité funèbre. Il est bien mort, se dit-on, on le voit à l'inertie avec laquelle pendent les membres, à la pâleur exsangue des chairs, à l'abandon général du corps, en un mot. Eh ! sans doute, il est mort, aussi mort que possible ; mais ce qui me frappe, en regardant ce chef-d'œuvre de la peinture pathétique, c'est combien cette mort est particulière et ressemble peu à la mort commune. Avec un prodigieux génie, Rubens a trouvé moyen de faire ici sentir une miraculeuse exception ; pour cela, il lui a suffi de donner aux chairs une certaine mollesse, de faire tomber les membres avec un abandon absolu sans doute, mais sans rigidité cadavérique, de faire pencher la tête sur la poitrine de manière à lui donner la pose que prend parfois la tête d'un homme qui dort assis. Est-ce la mort ? Oui, c'est la mort, mais c'est aussi une léthargie surnaturelle. Avec

le cadavre de Rubens, la résurrection n'a rien
d'impossible ; au contraire, le corps étendu dans
le tombeau par Holbein n'en soulèvera jamais la
pierre, tant la rigidité est complète, tant la non-
existence est marquée avec netteté. Dans le cadavre de Rubens, on sent, pour parler le langage de
l'Église, la chair glorieuse promise à l'immortalité ; dans celui d'Holbein, on ne voit qu'une
chair misérable dévolue au ver du sépulcre.

VI

LE PAYSAGE DE LA NORD-HOLLANDE.
RUYSDAEL

Holbein vient de nous retenir longtemps sur le domaine exclusif de l'histoire; pour secouer cette poussière du passé et nous rafraîchir de ces impressions dont le charme est le résultat d'un effort d'imagination, partons pour la Nord-Hollande, et plongeons-nous au sein de la nature qui donne des plaisirs sans labeurs. La Nord-Hollande commence, à proprement parler, à Harlem; mais ce n'est que beaucoup plus haut que le paysage prend toute son originalité. En tout cas, il ne saurait y avoir de plus vif allégro que cette campagne de Harlem comme introduction à la symphonie pastorale de la Nord-Hollande. Nous avons déjà décrit, en cherchant des points d'opposition pour expliquer le paysage

de la Sud-Hollande, cette exubérance de végétation de la campagne des environs d'Harlem
et ces riantes maisons de plaisance que nous
avons définies des nids humains enfoncés dans
des édredons de verdure. Une particularité de
ce paysage d'Harlem, c'est qu'il est le point de
toute la Hollande où le gazon offre le vert le plus
vif. Dans le sud, la verdure est, selon les heures
du jour, pâle ou sombre; dans le nord, elle est
douce et tendre; à Harlem, point intermédiaire,
elle est intense, robuste et gaie sans nuance aucune de tristesse. C'est une ravissante campagne, cependant elle ne surprend pas trop : on
retrouve quelque chose de son image dans ses
souvenirs des autres pays; mais, lorsque le
chemin de fer, qui vous emporte au Helder, vous
a fait franchir quelques lieues, alors commence
le spectacle le plus original que vous réserve la
nature de Hollande, après le paysage aquatique
de l'arrivée à Dordrecht, toutefois. Jamais originalité ne fut due à des éléments plus simples et
moins nombreux; figurez-vous deux surfaces parallèles prolongées à l'infini, une surface verte,
celle de la terre, et, selon les jours, une surface
bleue ou blanche, celle du ciel. Cette immense
prairie, qui s'étend sans discontinuité de Harlem
au Helder, donne, en pleine terre ferme, quelque

chose de la sensation que l'on éprouve en mer
lorsque l'œil, regardant à l'horizon, n'aperçoit
que vagues succédant aux vagues. De même, il
n'aperçoit ici que flots de verdure succédant à
flots de verdure, et *moutonnant* sous un vent
frais et doux. Comme sur mer, la vue est reposée
d'un spectacle qui serait bientôt accablant par
cette illusion bienfaisante de l'œil qui, donnant
un démenti à la géométrie, prouve, contre l'évidence de la raison, que deux lignes parallèles
peuvent se rencontrer lorsqu'elles sont prolongées à l'infini; l'horizon est fermé par le baiser
du ciel et de la terre. Comme la mer, enfin, ce
spectacle endort l'âme et la plonge dans l'hébé-
tement délicieux que nous ressentons lorsque,
assis sur une plage, nous y restons de longues
heures sans penser à rien. Au bout d'un instant,
un sentiment d'une suavité incomparable s'empare de vous devant cette immense nappe de verdure d'une nuance si tendre. L'âme éprouve le
besoin du silence et du recueillement, à l'instar
de cette campagne où l'on n'entend aucun bruit,
sauf, de loin en loin, le léger battement d'ailes
de quelque joli petit canard, gros comme une
perdrix, que l'on voit sortir du fossé qui longe le
polder, ou le bond muet de quelque taureau pais-
sant dans la prairie. Vos paisibles voisins arri-

vent bientôt eux-mêmes à vous gêner, et l'esprit
de la solitude vient vous solliciter avec une éloquence d'une douceur irrésistible.

Je conçois parfaitement maintenant que les
habitants de la Nord-Hollande passent pour
bizarres, même auprès des Hollandais des autres
provinces. Leur taciturnité, leur farouche amour
de l'isolement, leurs excentricités qui ressemblent aux manies des âmes innocentes d'enfants
et de solitaires, leur proverbiale patience, tout
cela est conseillé par cette nature, et si, au bout
de quelques heures, nous avons pu ressentir
ces influences et glisser dans un état d'âme en
harmonie avec ce paysage, qu'est-ce donc de
l'homme qui passe les longues années de sa vie
en face de cette verte steppe? Avec ces vertus,
cette nature conseille aussi à la longue, je le
crois, les défauts qui en sont le revers, la lenteur, l'indolence et la mollesse. Tous ces traits de
caractère se réunissent synthétiquement en un
seul, l'indépendance, sentiment qui est nettement marqué dans la disposition de ces villages
qui se composent d'habitations isolées et que
l'on rencontre égrenées sur le *polder*. Chacune
de ces gentilles petites maisons, qui sont con-
struites contre terre, comme si elles se courbaient
pour éviter les coups de vent qui passent sur la

plaine, se tient sur son quant à soi, à l'écart de
sa voisine, et non fraternellement unie à elle
comme les maisons des villages de nos pays. Les
animaux eux-mêmes semblent ressentir l'influence morale de cette nature et obéir à l'isolement et au recueillement qu'elle conseille. Le
troupeau est essaimé sur le *polder* comme le
village lui-même; les animaux paissent, non par
groupes et par bandes, par petits comités d'amis,
comme dans nos prairies, comme dans les autres
provinces hollandaises même, mais volontiers
isolés; on dirait qu'aucune de ces bêtes n'a de
camarade d'étable. Elles m'ont aussi semblé
silencieuses; au moins pendant mon excursion
dans la Nord-Hollande, n'ai-je entendu ni un
mugissement, ni un bêlement. Les animaux de
nos contrées sont plus loquaces et ne manquent
pas d'exprimer leur plaisir, leur crainte ou leur
colère, au moindre bruit qu'ils entendent, au
moindre promeneur qu'ils aperçoivent. Est-ce
une fantaisie de ma part? Cela est bien possible;
mais comment donc les bêtes ne ressentiraient-
elles pas, dans une certaine mesure, les mêmes
influences que les hommes, et pourquoi, si la
nature conseille aux bipèdes humains la taciturnité et l'isolement, ne les conseillerait-elle
pas aussi aux animaux, qui lui sont, en toutes

choses, beaucoup plus dociles? Les animaux n'ont pas, pour lutter contre l'influence de la nature, ces ressources morales dont l'homme se vante d'être armé : si donc, en dépit de ces ressources, l'habitant du Nord est moins sociable que celui du Midi, comment les bêtes hollandaises seraient-elles aussi sociables que celles de nos campagnes de France?

Nous pouvons définir en deux mots le caractère général de ce paysage : tout y est couleur, rien n'y est forme. De là sa douceur et sa suavité, de là aussi une certaine mollesse et une véritable monotonie; rien qui arrête le regard et l'empêche d'errer vaguement sur la verte plaine, rien qui donne un sursaut à l'imagination et l'arrache au bercement par lequel cette nature l'endort lentement, en lui présentant toujours le même aspect et en lui chantant toujours le même *lied*. De loin en loin, quelques rares touffes d'arbres, plus fréquemment des arbres mélancoliquement isolés, et qui ont l'air d'avoir, eux aussi, le sentiment de l'indépendance. Toujours la prairie verte, l'œil se fatigue, à la longue, de cette couleur. Je crois que les Nord-Hollandais eux-mêmes ont ressenti cette fatigue, et c'est ainsi que je me plais à expliquer une de leurs bizarreries, dont les voyageurs ont beaucoup ri, et qui

me semble trahir, au contraire, un génie inné de
coloriste. Je veux parler de ces arbres peints de
diverses couleurs, surtout en bleu de ciel, que
l'on rencontre, dans la Nord-Hollande, autour
des grandes fermes. Est-ce le résultat d'une
manie à la manière chinoise, comme on l'a dit?
Eh non! c'est le résultat inconscient d'un besoin
ressenti par l'œil. L'œil, fatigué du vert, cherche
une autre couleur et n'en trouve pas; il y a bien
la robe grise des troncs d'arbres, mais c'est une
teinte trop effacée; il en faudrait une plus tranchée et qui pût faire contraste avec lá couleur
triomphante. De là l'idée de peindre les troncs
d'arbres en bleu. Ce qu'il y a de certain, c'est
que cette bizarrerie n'a absolument rien qui choque, en face de l'éternel *polder* et qu'elle m'a
paru, pour ma part, une innovation des plus
sympathiques [1].

La Nord-Hollande est vraiment l'idylle de
l'Europe, tant pour l'aspect général du paysage
que pour les sentiments moraux qu'il éveille.
Oh! que voilà un pays qui parle peu de grandeur

1. Il est probable que cette peinture est un préservatif
contre les insectes qui fourmillent sur cette terre humide;
mais cette explication ne détruit pas cependant notre observation, car à quoi bon employer les couleurs jaune et
bleu lorsque le blanc d'un simple lait de chaux suffirait
comme chez nous.

et de gloire! Ce n'est pas là que le laboureur, du
soc de sa charrue, fera jaillir les ossements des
guerriers, et, s'étonnant devant ce spectacle,
fournira le sujet d'un paysage historique aux
Poussins du présent et de l'avenir. Oh non! ce
paysage ne parle pas de vie héroïque ; mais
il parle, ce qui vaut tout autant, de vie patriarcale, d'affections simples, de bonheur silencieux,
de patience et de douceur. Là peuvent vivre des
familles selon la Bible et le *Vicaire de Wake-
field*, des paysans selon les chants de Robert
Burns. Y a-t-il des méchants et voit-on des as-
sassinats dans la Nord Hollande? Je me suis
surpris à en douter, d'abord parce que je ne sais
pas où pourraient s'embusquer les meurtriers
en ce pays ouvert de toutes parts devant le ciel,
ensuite parce qu'il me semble difficile que cette
nature sans violence et pleine d'apaisement
puisse inspirer à l'âme des sentiments noirs ou
passionnés. Dans un tel pays, l'âme tournerait
plutôt aux manies innocentes, et c'est par l'influence de la nature ambiante qu'il faut, avons-
nous dit, expliquer très probablement les bizarreries des habitants. Ce paysage parle de vie
patriarcale, il parle aussi de vie philosophique,
d'austérité, de pensées graves; là peuvent vivre,
dans le voisinage d'âmes simples, les solitaires

selon Spinoza, les hommes qui, dans les profondeurs de la méditation, ont su trouver la paix, et dans le renoncement, le bonheur. Ce paysage, en effet, a deux faces : d'une suave douceur pendant le jour; dès qu'il est touché par les ombres du soir, il devient d'une mélancolie profonde; mais cette mélancolie n'a rien d'affaiblissant pour l'âme. La tristesse du paysage hollandais n'a nul caractère byronien ou élégiaque, elle n'a pas de plaintes ni de murmures; elle est grave, muette et recueillie. C'est la mélancolie la plus mâle et la plus saine qui ait jamais émané du cœur de la nature aux multiples inspirations.

C'est ce sentiment d'austérité que Ruysdael a merveilleusement compris, et c'est pour l'avoir compris qu'il mérite le nom d'homme de génie. Lui aussi, comme tous ses compatriotes, il n'a peint que ce qu'il voyait; mais son œil s'est arrêté justement sur ce qui était le plus digne d'être remarqué dans son pays, c'est-à-dire sur cette mâle et saine tristesse de la nature hollandaise. Ces paysages singuliers, composés des éléments les plus pauvres du monde, un maigre terrain, une flaque d'eau immobile, un buisson isolé, un arbre unique, ces paysages qui semblent presque des paradoxes, que l'artiste a imposés à notre admiration par la force de son

génie, ils existent, et la réalité parle à l'âme
juste le même langage que lui parlent les peintures de Ruysdael. Le caractère d'individualité
que prennent les objets naturels dans la grande
plaine de la Hollande, Ruysdael seul l'a saisi; ni
avant ni après lui, aucun de ses confrères et de
ses émules ne s'est même douté de cette puissante originalité. Il a surpris l'âme pensive de la
nature de son pays, tandis que les autres n'en
ont vu que les surfaces et les gais costumes.
Voilà pourquoi il a pu accomplir le miracle de
nous intéresser avec un paysage qui contient un
seul arbre, ou un pauvre buisson, ou un pont de
bois à demi ruiné. Mais cet arbre isolé, il faut
voir quelle physionomie il prend en Hollande dès
que les heures du soir font sentir davantage encore sa solitude; alors il a vraiment l'air d'un
philosophe qui médite ou d'un ascète en contemplation. Ce buisson sans voisins, autour duquel
montent les abondantes fumées de la terre à la
fin du jour, exprime dans sa muette éloquence
toutes les tristesses de l'abandon et de la pauvreté. Ce terrain maigre et sans charme dit plus
mélancoliquement que Salomon que tout est vanité, et que verdure et fleurs sont une illusion
qui apparaît à la surface d'un éternel rien. Cette
flaque d'eau immobile parle du repos éternel avec

plus de gravité que n'en parla jamais bouddhiste hébété par le *Nirwana*.

Parmi les beaux Ruysdaels que l'on voit en Hollande, il en est deux qui sont plus particulièrement faits pour toucher les âmes dignes de nobles pensées. L'un, le plus extraordinaire, se trouve au Musée Van der Hoop à Amsterdam. Un terrain sec, sans verdure, sans arbres ni fleurs, nu comme la pauvreté même et cicatrisé de ravins comme l'image du malheur, est traversé par un courant d'une eau terne, lente, impuissante ; tout en haut, une habitation chétive ; un ciel sombre, pluvieux, recouvre ce paysage ; le vent souffle visiblement sur cette lande où il n'y a pas une feuille à emporter, où il ne remuera que quelques grains de sable. Avec ces maigres éléments, Ruysdael a composé un paysage dont on a peine à détourner les yeux. Plus on le regarde, plus on sent s'élever en soi le plus haut sentiment de l'âme humaine, le sentiment de la soumission aux lois des choses. C'est le plus frappant symbole de renoncement que j'aie jamais vu, et, pendant tout le temps que je l'ai regardé, il m'a semblé contempler l'explication par l'art de cet aphorisme : « changer plutôt ses désirs que l'ordre du monde », troisième règle de la méthode de ce Descartes qui fut contem-

Le Champ de blé.

porain de Ruysdael, et qui, lui aussi, avait vécu en Hollande et vu de tels paysages.

Le second, qui se voit au Musée de Rotterdam, a fait, m'a-t-on dit, l'admiration d'une dame qui est femme d'un des écrivains philosophiques les plus distingués de ce temps-ci. Il n'y a guère, en effet, que les philosophes ou ceux qui se sont mêlés à leur vie qui puissent sentir le charme profond d'un pareil paysage. Un vaste champ de blé d'un blond pâle incline doucement la tête sous le souffle d'un vent léger qui n'a rien de la molle tiédeur de Favonius, ni de l'amoureuse espièglerie de Zéphire. Un rayon de soleil, aussi pâle que la moisson, tombe sur les pointes des épis, et court sur le champ entier avec une finesse incroyable. Blafards sont les épis, blafarde la lumière qui passe sur eux comme une caresse tristement prolongée. Cette fois encore, Ruysdael a composé son chef-d'œuvre avec les éléments les plus ingrats du monde, une moisson incolore et une lumière incolore ; mais un charme d'une mélancolie sans amertume s'échappe de cette toile, et nous parle éloquemment de la condition ordinaire des pauvres humains. Oh ! que ces épis ont été peu favorisés du sort et peu gâtés par la nature ; ils ont grandi cependant, ils ont percé ce sol humide, résisté à cet air grelottant, et avec l'aide de cette lumière moins avare que pauvre et qui a donné ce qu'elle a pu, ils sont arrivés à maturité et composent maintenant une moisson tout comme s'ils avaient vécu sous la lumière la plus opulente, caressés par les brises les plus amoureuses et nourris par le sol le plus généreux. Voilà l'image de la vie moyenne de notre espèce : pour la majeure partie des hommes, le ciel est aussi froid, la lumière aussi pâle, l'air aussi âpre ; ils vivent cependant, et, dociles à une inconsciente résignation, ils accomplissent leur loi et portent leurs fruits en dépit de l'inclémence des choses et de l'indifférence de la nature. Ce champ de blé révèle tout le secret de la sagesse : savoir vivre sans soleil.

VII

LEYDE

Leyde est la première ville où le caractère hollandais se présente dans toute sa pureté et son originalité natives. La Haye est une ville cosmopolite avec des formes hollandaises ; à Rotterdam, le caractère de la Flandre est partout reconnaissable ; à Leyde, toutes ces particularités de nature hybride qui marquent la transition d'un pays à un autre, ont disparu. Dans cette ville, en partie déchue de son ancienne splendeur, respire plus que partout ailleurs, plus même qu'à Harlem, la vieille vie bourgeoise hollandaise du xviie siècle avec ses habitudes d'économie et de propreté. Cette propreté hollandaise, qui est devenue proverbiale, c'est à Leyde qu'il faut aller pour la trouver dans ce qu'elle a de plus exquis et de plus sensé à la fois. Rien n'est donné au luxe et au plaisir des

yeux : les magasins sont aussi modestes que des
boutiques d'autrefois, les habitations ne font aucune avance de coquetterie à l'attention du promeneur ; mais cette modestie enveloppe une propreté irréprochable, qui est dans l'*être* et non
dans le *paraître*. Mille détails trahissent la per-
sistance des anciennes habitudes au sein de nos
mœurs modernes et reportent la pensée vers les
intérieurs que nous ont si souvent montrés les
maîtres aimables du xviiᵉ siècle. Par exemple,
dans un hôtel où vous montez à votre chambre par
un escalier de marbre, vous trouverez sur votre
table un flambeau dont le pied est attaché à une
sorte de soupière de cuivre, vaste comme cette
mer d'airain du temple de Salomon que vous
avez pu admirer dans les gravures sur bois des
vieilles éditions de la Bible. Ce meuble singulier
aurait pu faire excellente figure au milieu du bric-
à-brac de flambeaux, lampes, mouchettes et
chauffe-pieds qui composait la galerie rétrospec-
tive de Hollande à notre Exposition universelle de
1867, car il ressuscite devant notre imagination
le temps déjà bien ancien où l'usage de la bougie
était un luxe, cette mer d'airain ayant visiblement pour destination de recevoir tous les flots
graisseux que pouvait laisser échapper la vulgaire
chandelle de suif dont s'éclairaient nos aïeux.

Tout est propre à Leyde, depuis le pavé jusqu'aux toits, lesquels ont une physionomie marquée et méritent une mention particulière. Ces toits sont droits et forment au sommet un angle aigu, au lieu de l'angle plus ou moins obtus qui résulte de la pente douce et mieux ménagée des nôtres; aussi la pluie chasse-t-elle impitoyablement tout grain de sable, tout mince débris, toute moisissure parasite de ces toits brillants comme s'ils étaient lavés chaque jour. Cette disposition donne aux maisons de Leyde une singulière sveltesse, et, quand on regarde le panorama de quelques-unes de ses rues, il semble voir un pensionnat de grands garçons élancés ou de fluettes demoiselles alignés sur deux rangs.

Leyde, la plus illustre des trois universités de Hollande, n'est donc pas seulement la ville des savants, elle est aussi par excellence la ville des ménagères hollandaises. C'est là qu'ont pris naissance les peintres les plus foncièrement hollandais, l'illustre Rembrandt et ces maîtres secondaires qui ont fait du tableau de genre l'exacte représentation de la vie familière de leur patrie, Gérard Dow, Metzu, Miéris, Jean Steen. Le tableau de genre hollandais, c'est l'œuvre du *genius loci* de Leyde, comme le paysage hollandais est l'œuvre du *genius loci* de Harlem, patrie de tant de grands paysagistes, Ruysdael, Wynants, les Wouwermans, Berghem. Leyde et Harlem, c'est là qu'il faut chercher la réelle originalité de la civilisation hollandaise, partout ailleurs mélangée d'alliage flamand ou germanique. Les deux villes se partagent entre elles le génie propre du pays, les particularités curieuses qui l'ont rendu si intéressant pour les autres peuples : à Leyde appartiennent les savants, les Elzevir, les ménagères, le tableau de genre et Rembrandt; à Harlem, les tulipes et les hyacinthes, la peinture de paysage et Ruysdael.

L'originalité de cette physionomie est aujourd'hui pour le visiteur le véritable intérêt de Leyde ; mais cette âme de la vieille Hollande circule invisible à travers la ville, et n'a laissé ici aucun de ces grands témoignages qui, partout ailleurs, la font apparaître aux yeux. Ici pas de *Taureau* de Paul Potter, pas de *Leçon d'anatomie*, pas de *Ronde de nuit*, pas de *Milices bourgeoises*, pas de ces portraits d'arbalétriers qui décorent l'hôtel de ville de Harlem. Leyde est veuve de tout art, et des innombrables productions de ses glorieux fils aucune n'est restée pour donner le signalement de ses mœurs et de son caractère. Nulle servante de Gérard Dow et de Miéris ne se présente ici pour nous dire : Leyde est par excellence la ville de la propreté. Nulle grosse farce de Jean Steen n'est accrochée à ses murailles pour nous rappeler que cette ville studieuse fut aussi une ville de joyeuse humeur, et que son peuple eut toujours un goût prononcé pour les bonnes choses de ce monde. Passe encore que Leyde soit veuve de son Rembrandt ; Rembrandt est l'interprète général de toute une nation, bien plus, de toute une communion ; mais l'absence de son Gérard Dow et de son Jean Steen prive vraiment de toute voix le génie même du lieu, et l'empêche de se faire reconnaître au visiteur qui ne sait pas le deviner [1].

Ici une réflexion qui a son importance se présente à notre pensée : quand vous voulez découvrir l'âme vraie d'une localité, ce n'est pas aux très grands génies qui en sont sortis qu'il faut vous adresser, car, en vertu de l'expansion qui est en eux, leur nature rayonne hors de l'enceinte étroite de leur ville ou de leur bourgade ; de tels hommes expriment l'âme d'un peuple, quelquefois même un état d'âme universel. Les génies

---

1. De toutes les œuvres de ses fils, Leyde n'en a conservé que deux, et une seule a quelque importance. C'est un triptyque du vieux Lucas de Leyde représentant le *Jugement dernier*. De toutes les œuvres de cet artiste que nous avons vues, celle-ci est la moins remarquable. Lucas de Leyde est plus original quand il est gracieux que lorsqu'il veut être terrible ou sévère.

du second ordre ont, au contraire, une saveur de terroir très prononcée. Un Rubens est la personnification de toutes les Flandres ; mais l'humeur anversoise proprement dite se retrouve dans Jordaens. Le génie de Titien échappe en grande partie à Venise ; mais toutes les magnificences de la ville des doges vivent dans Véronèse. Un Molière, quoique enfant de Paris, est un interprète de la France entière ; mais l'esprit parisien proprement dit respire avec tout son vif entrain dans Regnard. Quiconque voudra connaître les caractères particuliers des diverses villes italiennes, savoir en quoi les mœurs de Bologne différaient de celles de Ferrare, celles de Florence de celles de Sienne ou de Pise, devra bien plutôt demander ces renseignements à Bandello qu'à Boccace. C'est ainsi que Gérard Dow et Jean Steen sont les représentants de Leyde, tandis que Rembrandt est le représentant de la Hollande entière.

L'âme populaire de Leyde a donc perdu tous ses interprètes, et la ville est restée strictement universitaire. Ici la muse est l'érudition : les musées sont les galeries archéologiques, les collections savantes, les bibliothèques. En dehors de ces collections, Leyde n'a d'autre intérêt rétrospectif que son hôtel de ville, amusant édifice d'un

goût enfantin et baroque, qui n'a rien à démêler
avec les lois de la beauté, mais où sont réunis
quelques souvenirs du fameux siège et quelques
peintures commémoratives, entre autres un tableau moderne représentant le dévouement du
bourgmestre Adrien Van der Werff, lequel, pour le
dire en passant, était originaire non de Hollande,
mais d'Anvers, où, paraît-il, sa famille existe
encore. A propos de Van der Werff, je me suis
parfois surpris à douter qu'il ait exactement tenu
le beau discours légèrement cicéronien que les
historiens lui prêtent. Ceux-ci auront très probablement arrangé à la façon de Tite-Live quelque
énergique parole populaire par laquelle le bourgmestre de Leyde aura enlevé les cœurs de tous
ces affamés qu'il devait sauver malgré eux. Une
harangue de Salluste, si sublime qu'on la suppose, aurait, selon toute apparence, été fort impuissante sur ces malheureux, qui étaient alors
dans cet état où, selon un véridique proverbe,
le ventre n'a point d'oreilles. Il est beaucoup
plus vraisemblable que Van der Werff, qui connaissait son peuple, aura dit avec une pantomime expressive : « Vous avez faim, et c'est
pour cela que vous parlez de vous rendre ; eh
bien ! mettez-moi dans le pot et faites-moi bouil-
lir, cela vous fournira de la soupe », ou quelque

chose d'approchant. L'histoire nous a conservé les discours et les ordres du jour dans lesquels, à son entrée en Italie, Bonaparte montrait la Lombardie comme une proie à ses soldats ; mais une tradition orale nous a transmis un résumé de ces harangues qui est trop caractéristique pour n'avoir pas été prononcé : « Du pain ! vous osez me demander du pain ! aurait-il répondu dans un moment où il était embarrassé des réclamations de ses soldats ; eh ! dans huit jours vous en aurez à ne savoir qu'en faire. » Voilà un mot qui sacre pour le commandement celui qui est capable de le faire accepter comme payement des exigences de la nature.

Leyde possède un *plantage*, un parc, où les habitants, sans sortir de leur ville, peuvent aller rafraîchir leurs yeux aux riants aspects de la nature. Ce gracieux spectacle, invariablement répété dans toutes les cités que je traverse, finit par me suggérer la réflexion que le dernier souverain des Français était resté singulièrement Hollandais de souvenir et d'imagination. Ces transformations qu'il avait fait subir à nos bois de Boulogne et de Vincennes, ces parcs dont il traçait le plan dans les villes où il séjournait, — à Plombières et à Vichy, par exemple, — c'est à la Hollande beaucoup plutôt qu'à l'Angleterre qu'il en avait emprunté l'idée. Le décor verdoyant dont il avait doté nos villes, c'est le décor invariable des villes hollandaises. Quelquefois même, quand la ville est petite, elle se confond avec ce décor, et alors elle a l'air d'avoir été bâtie pour lui. Arnheim, enserrée par son superbe boulevard et envahie de tous côtés par un charmant paysage, ressemble à une miniature de ville que l'on aurait bâtie dans un grand parc pour en varier les aspects.

Les hommes traduisent involontairement leur âme jusque dans les petits détails de leur existence, et ces parcs, aimables aux yeux de l'artiste et salutaires aux poumons du peuple, ont une importance pour l'observateur des phénomènes politiques. Rien ne fait mieux comprendre la profonde différence qui sépare les temps où nous vivons de la société d'autrefois que la comparaison de l'ancien système de promenades avec le nouveau. L'ancien système de promenades était aristocratique comme la société; notre nouveau système est démocratique. Autrefois on plantait une promenade pour les siècles; il lui fallait la durée pour grandir, et bien des générations s'écoulaient avant qu'apparût celle qui pouvait jouir réellement de ses ombrages. Le luxe moderne de nos promenades, au contraire, ce luxe composé de verdure, de fleurs et d'arbrisseaux,

qu'il est frais, mais qu'il est éphémère et fragile!
On dirait qu'il n'y en a là que pour une saison, et
qu'il faudra renouveler incessamment le bail à
court terme passé avec la nature. Oui, mais ceux
mêmes qui ont planté ce parc ont pu en jouir; ces
fleurs sans durée qu'un printemps emporte, un
printemps les ressuscite; ces arbrisseaux, dont
l'orage respecte la modestie pliante et souple,
peuvent, en cas d'accidents, être remplacés du
jour au lendemain; les vents et les pluies du ciel
balayent et lavent la poussière qu'un jour de trop
grand soleil répand sur ce luxe verdoyant étalé à
ciel ouvert. Ainsi des générations des hommes
dans les sociétés démocratiques : mobiles et
éphémères, elles passent comme le printemps
de l'année, fleurissent et se dessèchent en quelques heures; elles se succèdent aussi sans plus
d'interruption que les printemps.

Comparez à ces modernes *plantages* le seul
spécimen de promenade à l'ancienne mode que
contienne, je crois, la Hollande, le *mail* d'Utrecht.
Cette promenade fut établie, dit-on, avant l'arrivée des Espagnols dans le pays, ce qui lui
donne, comme vous voyez, de respectables quartiers historiques et nous reporte aux derniers
temps de la domination des anciens princes-évê-
ques. Elle a le premier et le plus essentiel carac-

tère des aristocraties, la durée et l'immutabilité. Elle en a aussi le second et le plus moral, la sévérité et la noblesse. Notre Louis XIV, qui s'y connaissait, ne fit point devant cette promenade la dédaigneuse grimace qu'il avait faite devant la peinture hollandaise, et lui, qui avait dit à propos des Teniers et des Van Ostade : « Enlevez ces magots de mes yeux », lorsque ses troupes entrèrent à Utrecht, il fit ordonner qu'on respectât cette avenue dont le caractère majestueux était si bien d'accord avec ses goûts. Que c'est beau, mais que c'est triste et taciturne ! Huit rangées de tilleuls, noblement espacées, quatre d'un côté, quatre de l'autre, séparées par une spacieuse allée, s'étendent en ligne droite sur une longueur de près de trois quarts de lieue. On ne saurait rien imaginer de plus imposant ; toutefois se promener sous ces allées est vraiment aussi peu un plaisir que possible. Vaste est l'espace, et pourtant l'air respirable y manque ; il semble que l'âme subisse une sorte de contrainte et qu'elle perde toute élasticité. A vos pieds, pas un brin d'herbe, rien que les flots d'une poudre séculaire lentement amoncelée ; aussi, lorsque vous brossez vos vêtements, vous avez le privilège de vous dire que vous avez été au moins noblement sali : la poussière que

vous secouez n'est pas une poussière roturière
du matin ou de la veille, c'est une poussière qui
date peut-être du xvie siècle et que soulevèrent
autrefois les miquelets du duc d'Albe. Cette promenade a cependant une verdure, puisque ces
arbres ont un feuillage ; mais cette verdure est
perchée si haut que les oiseaux du ciel peuvent
seuls en jouir. Oh comme on soupire après les
brimborions de verdure de nos parcs modernes,
après leurs arbrisseaux plantés de la veille, et
comme on pense qu'il est vrai, l'antique adage
qui disait que gaieté n'est pas compagne de
grandeur !

Le Musée d'antiquités, qui est fort riche, présente, à ceux dont l'imagination ne dédaigne pas
les violentes sensations de l'écrasement, de remarquables sculptures de divinités indiennes, et
à ceux que l'amour de la science rend capables de
braver l'horreur, il offre la plus complète collection de momies égyptiennes. C'est un des plus
laids spectacles qu'on puisse voir que celui de ces
corps noirs, desséchés, et qui, dans la longue habitation du sarcophage, ont échangé la forme humaine contre celle du singe. Crocodiles sacrés,
ibis, serpents, chats et ichneumons ont aussi partagé ce triste privilège de l'immortalité ; mais,
plus heureux que l'homme, ils ont au moins con-

servé dans cette longue mort la parfaite pureté des formes de leurs espèces. En parcourant cette galerie funèbre, je me suis surpris à murmurer le vers de Dante :

O vana gloria dell' umane posse;

ô vaine gloire des grandes pensées et des grands sentiments de l'homme ! Peu de choses sont plus grandes dans l'histoire morale de l'homme que cette obsession de l'idée d'éternité qui s'était comme assise sur l'âme des anciens Égyptiens avec la pesanteur d'une pyramide sur les sables du désert. C'est la terreur de la mort et le respect de la forme humaine qui avaient donné naissance à ces pratiques de l'embaumement, et ces pratiques pieuses ont abouti à créer la plus parfaite image de la mort qui se puisse rêver, pis que cela, la plus parfaite image de la décrépitude. Méphistophélès, qui ne perd jamais ses droits en ce monde, s'il visitait cette galerie avec le docteur Faust, ne manquerait pas de lui faire remarquer que les Égyptiens, en voulant sauver de l'anéantissement leurs morts chéris, les ont condamnés, résultat grotesque, à l'éternelle caducité. Toutes les momies, en effet, quel que soit leur âge ou leur sexe, sont caduques et séniles. Infortunées momies ! est-ce que le sein de la na-

ture n'eût pas été un tombeau plus doux? est-ce
que la dissolution au sein de cette éternelle
fontaine de Jouvence ne leur aurait pas mieux
assuré le privilège de l'immortalité? Peut-être
aujourd'hui, après avoir traversé des éléments
sans nombre, leur substance vivrait-elle sous une
forme aimable, au lieu d'être retenue captive
dans les liens d'une mort hideuse. Trois fois
heureuses sont-elles quand, broyées sur la palette
du peintre, elles servent à réchauffer les ombres
noires des toiles de quelque Ribeira! trois fois
heureuses aussi célles dont l'ignorante médecine
du passé se servit pour calmer les convulsions
des épileptiques ou que les sorcières mêlèrent à
leurs philtres d'amour! au moins celles-là ont
été associées à la vie humaine. Le mouchoir
magique qu'Othello donna en cadeau à Desde-
mona et qui causa la mort de la douce patri-
cienne avait aussi été teint dans la liqueur bal-
samique d'une momie, et certes la meilleure
fortune qui leur soit arrivée est bien ce service
rendu à la poésie. Ah! si le Musée grec de Leyde,
pensions-nous durant notre promenade, était
aussi complet que la galerie égytienne, voilà où
nous trouverions la véritable idée de l'immortalité; mais quoi, tout maigre que soit ce musée,
ne s'y rencontre-t-il pas un bel échantillon de

sculpture où cette idée se laisse lire, cette tête d'Apollon, sereine et correctement belle, et qui dit avec une éloquence si simple : La beauté immuable au sein du calme immuable, voilà l'immortalité.

On a décrit plusieurs fois la précieuse collection japonaise du colonel Siebold, et l'on a très bien dit ce qui en fait l'attrait [1]. C'est moins un musée qu'une collection de bric-à-brac; par cela même elle nous initie de plus près à la vie intime des Japonais que la collection de la Haye, pourtant si riche et si choisie. Nous ne reviendrons pas, après les voyageurs dont les récits sont entre les mains de tout le monde, sur les principales merveilles de ce musée, bijoux, bronzes, ivoires. Nous voulons cependant dire quelques mots sur une partie de cette collection qui en est pour nous le véritable intérêt, la collection des images et dessins coloriés. La plupart de ces images roulent sur ce sujet dont l'imagination chinoise et japonaise, plus fine que grande, semble ne pouvoir sortir, la représentation de la vie intime et bourgeoise. Nous y suivons l'existence d'une famille japonaise à toutes les heures du jour et du soir, au lever, à la toilette, aux repas, rece-

---

1. Notamment M. Maxime Ducamp dans son *Voyage en Hollande.*

vant des visites, chantant sur la guitare sa musique indigène, à sa maison de ville, à sa maison
de campagne. Plus précieux encore que ces scènes
de la vie intime sont les dessins qui représentent
des paysages. Là les Japonais se montrent artistes réellement supérieurs, quelquefois grands, et
toujours d'une adresse consommée. Un de ces
paysages, peu remarqué, je le crois, enfoui qu'il
est dans la masse des objets, est un cauchemar
vraiment étrange. Un courant d'eau torrentueux
et profond coule entre deux murailles implacables
de rochers qui l'étreignent avec force et montent
à pic jusqu'à une hauteur des plus respectables.
Le fleuve tourne, les parois de la muraille de
pierre tournent aussi avec lui, absolument comme
deux geôliers qui accompagnent les mouvements
d'un prisonnier. Rien que cela, et l'on frissonne ;
c'est la plus sinistre image de solitude coupable
que j'aie vue ; jamais décor de mélodrame n'a
été aussi saisissant, surtout aussi simplement
conçu. Ce qui distingue les paysagistes japonais,
c'est une faculté que l'on rencontre également
dans la poésie descriptive des Chinois au plus
haut degré, la faculté de reproduire les surfaces
extérieures des choses, comme s'ils étaient doués
du pouvoir de les écorcher et d'en transporter
l'épiderme sur leurs tableaux. Deux des phéno-

mènes de la nature entre autres, l'eau courante et la neige, sont attrapés par eux avec une habileté extraordinaire. Quelque précieuse néanmoins que soit la collection Siebold, c'est à la Haye qu'il faut aller pour voir le chef-d'œuvre de l'art japonais : nous voulons parler de quatre tableaux émaillés sur cuivre représentant, comme toujours, des scènes de la vie domestique, qui se trouvent au Musée des curiosités. Lorsque les yeux viennent largement de se repaître des chefs-d'œuvre de l'étage supérieur, ces tableaux émaillés composent le plus admirable dessert de friandises. Rien que colorations tendres et fragiles unies dans la plus suave harmonie, lilas, vert de pousses d'avril, rose de pêcher en fleur, blanc mat de lait reposé, gris-perle, bleu pâle; c'est vraiment un printemps de couleurs. Deux tableaux hollandais, également émaillés sur cuivre, sont placés au-dessous de ces chefs-d'œuvre d'une finesse si harmonieuse, comme pour servir de contraste et faire ressortir la supériorité de ces artistes de l'extrême Orient. Oh! que les couleurs en paraissent crues, barbares, que les paysages en paraissent lourds et secs, et que l'aspect général en paraît maussade !

Le véritable Musée de Leyde, c'est la salle du sénat à l'Université, galerie de portraits qui mérite le nom de collection historique par le grand nombre de noms illustres qui s'y trouvent réunis. Si vous avez jamais pu douter que le visage de l'homme est le parfait miroir de son âme, ne manquez pas, quand vous serez en Hollande, d'aller rendre visite aux deux sénats académiques de Leyde et d'Utrecht, et puis comparez les impressions que vous aurez éprouvées. Tous les professeurs d'Utrecht morts sans célébrité, ou morts en possession d'une renommée des plus modestes, ont d'honnêtes et décentes physionomies, sans autre caractère que cette distinction légèrement banale qui résulte des habitudes d'une bonne tenue et qu'on a le droit d'exiger de quiconque exerce certaines fonctions. A Leyde, quelle différence! Le sénat d'Utrecht nous fait assister à une procession d'ombres officielles, le sénat de Leyde à une réunion d'hommes vivants. Chez ces derniers la vie intellectuelle a visiblement été intense, passionnée, sérieuse, enthousiaste, et la nature les a récompensés en gravant sur chacun de leurs visages la marque d'une âme originale. Entre eux et leurs confrères d'Utrecht, il y a la même différence qui sépare un moine mystique d'un marguillier, et un abbé mitré d'un membre de conseil de fabrique. Ce sont des savants pour tout de bon, et non des

messieurs qui ont rempli des charges honorables.
Celui-ci a aimé la science comme une maîtresse,
source de voluptés profondes ; celui-là l'a respectée comme une matrone légitime chargée de
continuer la chaîne morale qui relie les différentes
générations des hommes ; cet autre l'a adorée
comme une religion. Tous ont des visages pleins
de caractère et quelques-uns même sont extrêmement jolis. En écrivant ce dernier mot, j'ai surtout présente à l'esprit l'élégante et noble figure
de S'Gravesande, l'ami de Newton, figure si bien
faite pour attirer l'attention d'autres Muses que
celle de la philosophie naturelle, et qu'Euterpe et
Terpsichore elles-mêmes auraient pu regarder
avec intérêt. Mais aussi, que d'hommes illustres
ont professé à Leyde, depuis Juste Lipse jusqu'à
Boerhaave ! Gomar et Arminius sont là, chacun
avec la physionomie de ses doctrines. Le visage
de l'érudit Runhkenius possède un caractère de
solidité bourgeoise, dont le portrait de M. Bertin,
par Ingres, peut seul donner une idée lointaine
(en faisant abstraction de la beauté des traits,
toutefois). En contemplant ce visage robuste et
bien d'aplomb, on pense à une sorte de savant à
l'ancienne mode, d'une érudition invincible, riche
d'un arsenal comble de faits, de textes, d'opinions, et tout prêt à écraser n'importe quel adver-

saire sous une grêle de citations. Tout autre est Albert Schultens, le créateur de la philologie comparée, visage blême, maladif, pensif, un peu triste; on dirait, tant la faiblesse et la finesse y sont parfaitement unies, un homme qui porte une idée dont le poids l'accable.

Parmi ces portraits, il en est deux qui nous intéressent particulièrement. Le premier est celui de Saumaise; figure laide, sèche, vive, en bloc rès française, et, j'en suis fâché pour les amis des lumières, parfaitement spirituelle. Ah mon Dieu, oui! cet obscurantiste de Salmasius, ce défenseur du droit divin selon les doctrines de Jacques Ier et de Charles Ier, cet adversaire malheureux du grand Milton possède un nez de furet, des yeux malicieux et une physionomie mobile qui n'est pas sans attrait. Le second est celui de Joseph Scaliger, que nous pouvons, à la rigueur, appeler notre compatriote, puisque son père, le féroce Jules-César, le mit au monde à Agen. En réalité, Joseph Scaliger est un Italien, et l'on s'en aperçoit bien à sa physionomie. Ah! voilà un visage qu'on n'oublie pas, celui de ce Scaliger! Figurez-vous un mélange de cardinal romain, d'artiste de la Renaissance, de *magnifico* de Venise et de brigand des Calabres, et vous aurez une idée du visage de Joseph Scaliger avec son nez d'aigle, ses traits maigres et accentués, sa physionomie mi-partie de grand seigneur et mi-partie d'artiste. Toutes les autres figures de savants, si caractérisées pourtant, s'effacent et deviennent humbles devant celle-là. Quel feu étrange y eut-il donc dans cette Italie des siècles antérieurs? En rencontrant ce visage de Scaliger après ceux de tous ses illustres confrères, j'ai ressenti juste la même impression que j'avais éprouvée, quelques jours auparavant, au Musée de la Haye lorsque, après avoir contemplé les chefs-d'œuvre hollandais, je m'étais trouvé brusquement en face d'un chef-d'œuvre de Titïen, provenant de la galerie du feu roi Guillaume. Cette toile merveilleuse avait vraiment l'air d'être plus étonnée de se voir à la Haye que le doge de Gênes ne le fut jamais de se voir à la cour de France. Un seigneur, assis devant un clavecin, tourne la tête vers une jeune femme entièrement nue dont la personne présente, avec la plus admirable perfection, les deux caractères de la beauté telle que la comprend Titien, la force dans les membres et le tronc, la grâce dans les traits et la physionomie, — un corps robuste, sain et irréprochable, surmonté d'une tête mignonne et aux séductions irrésistibles. Nul contraste ne

nous parut jamais plus grand que le contraste
entre ce poème de la chair et les chefs-d'œuvre
familiers qui l'entouraient et qui restaient un
instant écrasés sous cette splendeur. Tel le
portrait de Joseph Scaliger parmi les portraits
de ces autres savants de toute nation, hollandais, allemands, français.

VIII

L'HOTEL DE VILLE DE HARLEM

D'ordinaire, on quitte la Hollande sans exécuter le petit voyage de Rotterdam à Gouda, et nous devons encore à M. Réville de ne pas nous être rendu coupable de cette négligence. Gouda, petite ville aujourd'hui muette et dédaignée, fut autrefois l'enfant gâtée de la Hollande et la favorite de la noblesse des pays voisins. Municipalités et corporations hollandaises, chapitres de chanoines, princes et rois, lui ont, comme à l'envi, prodigué les caresses, ce dont témoignent les admirables vitraux de son église. Ce vitrail a été donné par les seigneurs de la Sud-Hollande, ce second par le peuple de Dordrecht, ce troisième par le duc d'Arenberg, ce quatrième par Philippe II, celui-ci par les chanoines d'Utrecht, celui-là par Marguerite d'Autriche, cet autre enfin par le Taci-

insi, les ennemis les plus
ont trouvés au moins d'acte bienveillance en faveur de
Si jamais vous visitez cette
z bien arrêter particulière-
a sur le second vitrail, qui
gmestres de Harlem, et cela
La première, c'est que ce
les derniers en date, se rap-
les autres, de l'ancien sys-
verre du moyen âge. Il
avec plus de douceur, ce
que la couleur jaune clair
lois de la perspective y
et les diverses
perpecent l'une a l'autre a
Pour tous les autres,
atent de grandes com-
mque flamande et sont
tre, la Renaissance
toutes les con-
sées à l'art et
par les artistes,
votre curiosité,
un des premiers et
noblesse de Harlem.
sade, celle de Frédéric

Barberousse, de Richard Cœur de Lion et de
Philippe Auguste, ce furent les Hollandais de
Harlem, placés sous les ordres de Guillaume,
fils du comte Florent de Hollande, qui ouvrirent
aux princes croisés le passage de Damiette, en
mémoire de quoi Harlem joignit désormais une
épée d'argent aux quatre étoiles qui composaient
ses armes. C'est cet événement, resté cher à
Harlem, où l'on voit encore le modèle du vaisseau qui portait Guillaume et ses compagnons,
que représente le second vitrail de l'église de
Gouda.

Harlem est la plus noble ville de la Hollande,
dans toute l'acception que les aristocraties donnent à ce mot noble, celle qui contient les souvenirs les plus antiques. Harlem, comme nous
venons de le voir, est allée aux croisades, ce
qui veut dire non que cette ville a seule fourni
des soldats aux armées chrétiennes d'alors,
mais que ses fils sont les seuls Hollandais dont
l'histoire ait conservé un exploit digne de souvenir. Lorsque le comte Guillaume, élu empereur d'Allemagne en opposition avec le grand
Barberousse, par la grâce de la politique du clergé
romain, institua les *heimraders* du Rhin, sorte
de conseil chargé de protéger les populations
contre les inondations du fleuve, Harlem eut

l'honneur de fournir deux de ses notables à cette institution. Harlem fut le siège de l'ordre des chevaliers de Saint-Jean de Jérusalem. Quant à la part qu'elle prit à l'œuvre de la délivrance, point

Hôtel de ville de Harlem.

n'est besoin de la rappeler ; les détails du fameux siège, une des luttes les plus féroces dont l'histoire fasse mention, sont sans doute présents à toutes les mémoires. Harlem se vante — fort à tort, je crois, — d'avoir inventé l'imprimerie, et oppose son Laurent Coster à Guttenberg ; mais elle possède la gloire plus certaine d'avoir créé la peinture de paysage : ce sont les yeux de ses fils qui, les premiers, découvrirent l'existence de la nature et la virent dans toute sa nudité familière. A tous ces titres de gloire, Harlem en joint un dernier qui lui conserve encore aujourd'hui, toute déchue qu'elle est, une supériorité des plus respectables. Elle a été et est encore, pour ainsi dire, le greffier, le notaire des actes dignes de mémoire et des grandeurs de la Hollande, et c'est de quoi porte témoignage son hôtel de ville, qui n'est, ni plus ni moins, que le dépôt des archives historiques des provinces néerlandaises, archives représentées par des images peintes, et continuées, sans lacune d'aucune espèce, jusqu'au xviiie siècle, où commença la décadence de cette ville.

Là se trouvent les portraits des anciens souverains de la Hollande, depuis le premier Thierry jusqu'à l'empereur Maximilien, série qui primitivement formait comme une sorte de longue frise de peinture placée dans un couvent de carmélitains et qui fut sauvée des fureurs des destructeurs d'images par les bourgmestres de Harlem. L'ancienne maison des chevaliers de Saint-Jean de Jérusalem a déposé là aussi toute la série de ses commandeurs pendant deux siècles. Plus loin, un des premiers peintres de la Hollande,

Jean Van Scorel, élève du Flamand Jean de Ma-
buse, nous a transmis les portraits de ceux des
chevaliers de Harlem qui avaient fait le voyage
de Jérusalem, tous en armure, et à la main la
branche de palme, insigne antique des pèlerins.
Puis viennent beaucoup de portraits des princes
d'Orange, pour la plupart, il est vrai, des copies,
quelques-unes d'après Miereveldt, et un certain
nombre de portraits de bourgeois et de bourgeoises historiques, par exemple celui de cette
victime du duc d'Albe, Jean Gaal Claasz, bourgmestre de Harlem. Au milieu de cet amusant
et instructif bric-à-brac de la vieille Hollande,
intéressant surtout pour l'histoire, deux toiles
peuvent attirer particulièrement l'attention des
artistes. L'une, la *Nuit de Noël*, œuvre de Last-
man, le maître de Rembrandt, est surtout remarquable en ce qu'on y surprend un vague sentiment
du brusque rayon lumineux qui a produit chez
le grand peintre tant d'effets d'incomparable
magie. L'autre est un tableau de Honthorst, la
Chansonnière, caricature de la vie des rues de
Hollande, sans autre charme que celui d'une
réalité enlevée avec esprit et verve comique, mais
curieuse en ce sens que la copie de la réalité y
est faite non avec le fini des peintres de l'époque
suivante, qui eurent le bon esprit de transformer

en miniatures les personnages de leurs tableaux
de genre, mais dans de grandes proportions et
presque selon le système italien. De tous les premiers peintres hollandais, Honthorst est peut-être
celui qui donne le plus l'idée de la manière dont
quelques-uns de nos modernes artistes ont compris l'imitation de la réalité.

La partie vraiment intéressante de ces archives peintes est la partie moderne, celle qui se
rapporte à l'âge d'or de l'indépendance hollandaise, c'est-à-dire les peintures de Van der Helst
et de Franz Hals. Sans sortir de France, nous
avons une idée très complète de la peinture hollandaise de genre et de paysage; mais il faut
aller en Hollande pour se rendre compte de ce
que fut cette peinture démocratique illustrée par
Van der Helst, Franz Hals, Franz Grœbber,
Pierre Anraadt, vingt autres encore, parmi lesquels Rembrandt en personne. L'inspiration première de cette peinture est une audace naïve des
plus amusantes, audace à laquelle on pardonne
facilement, puisque nous lui devons plusieurs
chefs-d'œuvre. Figurez-vous qu'une sorte de
fièvre de vanité s'emparant de nos diverses administrations municipales, toutes, jusqu'aux plus
chétives, voulussent avoir leurs portraits collec-
tifs, administrations de toutes les mairies de

Paris, administrations de tous les bureaux de bienfaisance, administrations de tous les monts-de-piété, de tous les hospices, de tous les établissements de banque, états-majors de tous les corps de la garde nationale. Ce n'est pas seulement l'hôtel de ville de Harlem, c'est encore celui d'Amsterdam et bon nombre d'édifices municipaux de la Hollande qui sont pleins de ces singulières archives peintes. Les trois chefs-d'œuvre que l'on voit à la *Trippenhuys* d'Amsterdam, le *Repas de la milice bourgeoise* de Van der Helst, la fameuse *Ronde de nuit* et les *Syndics des drapiers* de Rembrandt, appartiennent à ce genre de peinture. Il y a mieux, la *Leçon d'anatomie* rentre, en plus d'un sens, dans cette catégorie, car ce tableau fut composé par Rembrandt pour la *guilde* des chirurgiens, et les nouveaux biographes du grand peintre [1] nous apprennent qu'avant le chef-d'œuvre du maître il y avait eu nombre de travaux analogues exécutés pour la corporation des chirurgiens d'Amsterdam. Ce genre de peinture a deux défauts qu'il est à peine besoin d'expliquer au lecteur : le premier, c'est qu'il n'amuse qu'un instant ; le second, c'est que

---

1. Entre autres un Hollandais, M. Vosmaer, qui, à l'époque où ces lignes furent écrites, venait justement de publier la seconde partie d'un livre abondant en curieux détails sur *Rembrandt et ses œuvres*.

le mérite en est avant tout un mérite de métier,
et qu'il n'y faut pas chercher autre chose que les
qualités de main du peintre. Si tel tableau attire
et accapare votre attention, il en faut faire exclusivement honneur à l'artiste, le modèle n'y est
pour rien. Il semblerait que ces tableaux dussent
avoir une importance historique et ouvrir à l'imagination les portes de la poésie du passé : en
aucune façon. Ces personnages ont beau être
éloignés de deux siècles, comme ce sont, après
tout, les premiers venus qui ont posé, ils n'ont
pas plus de choses à vous dire que ne vous en
dirait aujourd'hui le premier passant accosté au
hasard. Nulle forte vie morale ne se lit sur ces
visages qui parlent tous uniformément d'une existence honnête et modérée, régulièrement absor-
bée par des affaires qui, même de leur temps,
n'eurent aucune sérieuse portée pour leurs contemporains. Ces personnages ont monté leur
garde, fait quelques règlements administratifs,
distribué des secours aux indigents, présidé les
repas et les réunions des corporations auxquelles
ils appartenaient. Tout cela est parfaitement
honorable, se dit-on devant ces énormes toiles,
mais qu'est-ce que tout cela me fait ? et comme le
portrait de Cartouche ou de la Brinvilliers aurait
plus de chance de m'intéresser ! On se demande

vraiment d'où a pu venir à ces bourgeois l'audace
de se présenter devant la postérité vêtus de noir
de pied en cap, et de croire qu'ils avaient chance
de l'intéresser sans avoir seulement brûlé et rasé
une pauvre ville, ou commis quelque action de
violence d'un beau caractère et d'un intérêt romanesque. Mais quoi ! plus on regarde ces visages,
moins on y découvre de capacité pour la violence
et la passion ; aucun d'eux ne vous dit : Prenez
garde, une âme redoutable est cachée derrière
les fenêtres de ces yeux ; aucun ne se laisse soupçonner d'un crime ou seulement d'une espièglerie robuste. Eh ! que faire de tous ces gens-là ! il
n'y en a pas un seul qui serait capable de violer
Lucrèce ou d'assassiner Clarisse Harlowe. Ajoutez que, la plupart du temps, la beauté des modèles ne rachetait en rien cette absence d'intérêt
poétique. Quelquefois même ces personnages,
mieux conseillés, auraient compris qu'ils avaient
de sérieuses raisons de ne pas se faire peindre.
Certains de ces tableaux, sans que le peintre l'ait
voulu, sont de véritables caricatures ; dans le
nombre, j'indique surtout les *Régentes de la maison du Saint-Esprit,* de Pierre Anraadt, qui se
voit à l'entrée de l'hôtel de ville de Harlem ; la
déférence que l'on doit aux personnes du sexe
féminin, même lorsqu'elles sont douées d'une

force musculaire à renouveler les exploits de la
Brunehild des *Niebelungen* et qu'elles jouissent
de la paix du Seigneur dans le sein d'Abraham
depuis plus de deux cents ans, nous oblige de
priver nos lecteurs de la divertissante description de ce chef-d'œuvre grotesque. Oh! comme
devant ces peintures, qui présentent les images
de tant d'honnêtes gens, on sent par contraste
le prix de l'Italie, et comme l'imagination s'élance
avec bonheur vers ses bandits et ses sirènes!

Ce qu'il faut chercher dans ces tableaux, c'est
donc exclusivement le talent des peintres : il est
souvent fort considérable. Parmi la multitude
des artistes qui se sont employés à ces archives
coloriées, deux surtout veulent être cités, Van
der Helst et Franz Hals. Van der Helst, le plus
remarquable des deux à mon avis, présente un
caractère des plus singuliers et des plus em-
barrassants. C'est incontestablement un artiste
de premier ordre. Comme science du métier, il ne le cède à personne. Ses figures sont
peintes avec une fermeté pleine à la fois de franchise et de patience. Son coloris est vif et plaisant à l'œil; le célèbre tableau du *Repas de la milice bourgeoise* est aussi frais encore aujourd'hui
que s'il venait de sortir de l'atelier. Il y a mieux,
ce peintre possède à un très haut degré le senti-

ment de la vie : eh bien! qui nous dira pourquoi, malgré tout cela, Van der Helst nous laisse sans satisfaction aucune, pourquoi nous quittons ses toiles avec la pensée qu'il manque là quelque chose que nous ne pouvons définir? Ce qui manque à Van der Helst, c'est un atome de ce don sans lequel les talents les plus forts et les plus variés ne peuvent nous sauver de l'infériorité, le génie. Pour s'en convaincre, on n'a qu'à jeter les yeux sur la *Ronde de nuit*, qui fait face à son tableau du *Repas de la milice* à la *Trippenhuys*. Il y a entre ces deux toiles à peu près la même différence qu'entre un bal donné à l'hôtel de ville de Paris à la clarté du gaz et un bal donné sous la lumière de la lune par les fées et les génies. D'un côté tout est magie et poésie, de l'autre tout est froide magnificence. Certes ce n'est point l'éclat qui manque à la toile de Van der Helst : que ces écharpes sont brillantes, que ces costumes sont riches! A l'exception de la robe jaune de la petite blonde de la *Ronde de nuit*, et, si l'on veut, du pourpoint du seigneur qui est sur le premier plan, Rembrandt n'a pas eu recours à d'aussi pittoresques chiffons; toutes les étoffes de son tableau sont de couleurs éteintes ou sombres, y compris le costume en velours rouge foncé de l'arquebusier qui est à l'un des angles du tableau. Cependant celle des deux toiles qui donne le plus le sentiment de la couleur, c'est la *Ronde de nuit*. C'est qu'il manque à la toile de Van der Helst cette souveraine harmonie que Rembrandt a su mettre dans la sienne; c'est que tous les éléments du tableau de Rembrandt ont été soumis à un seul, à l'élément magique de la lumière, tandis que chez Van der Helst ces éléments n'ont pas été fondus dans une unité poétique. L'œuvre de Rembrandt est une symphonie; l'œuvre de Van der Helst est une réunion de mélodies diverses qui, chantées en même temps et sur des tons différents, se contrarient l'une l'autre.

C'est cette absence de génie qui paralyse aussi le remarquable sentiment de la vie qui est chez Van der Helst. Après avoir longtemps cherché pourquoi ces figures si vivantes de Van der Helst me causaient si peu d'émotion, j'ai fini par découvrir que cette indifférence provenait de ce que l'artiste ne me menait jamais très avant dans le monde de l'âme, et ne dépassait presque jamais la frontière du tempérament physique. Ce que Van der Helst indique surtout avec une netteté admirable, c'est le tempérament de ses personnages; si l'on cherche bien, là est surtout son originalité, la qualité qui le sépare de tous les peintres de portrait et dans laquelle il n'a point de rivaux.

Le Repas de la milice.

Van der Helst est le plus grand peintre de portrait
du monde, s'il suffit pour cela de faire saillir cette
âme matérielle qui résulte en nous de l'équilibre
et du mélange des diverses humeurs. Quel était
le caractère véritable de ses personnages, la
trempe et la portée de leur âme? Nous ne
le voyons presque jamais très nettement. En revanche, nous pourrions signaler, avec la plus parfaite exactitude, leur état de santé, nommer les
maladies dont ils souffraient et dont ils étaient
menacés. L'enseigne à la belle écharpe bleue
assis au premier plan du célèbre tableau du *Repas
de la milice* est un sanguin qui fera bien de prendre garde à l'ivresse, car il est accessible aux
congestions, et l'apoplexie pourrait bien être sa
fin. Ce vieux gentilhomme qui se penche en
tremblotant pour porter un toast est un nerveux
déjà sur la limite de la paralysie. Le jeune Andries
Bicker Andrieszoon, dont nous avons fait mention
dans un de nos précédents chapitres, est un lymphatique sujet aux étouffements, comme l'indique sa malsaine obésité précoce. Ce ministre
protestant, dont le portrait se voit à Rotterdam,
et qui fait penser aux puritains de Walter Scott,
est un bilieux dont le tempérament est encore
en parfait équilibre, mais qui, à la suite d'une
trop longue controverse et dans un jour de colère,

pourrait bien sentir les premières atteintes de l'hépatite. C'est à cet art de peindre les tempéraments, plus qu'à toute autre qualité, que le *Repas de la milice* doit d'être une œuvre d'une originalité très particulière, au lieu de n'être qu'un très beau tableau. Et ici je ne puis m'empêcher de faire cette réflexion, que Van der Helst a trouvé dans ces repas de la milice d'autrefois les sujets qui s'accordaient le mieux avec son talent. Là où cette âme de notre tempérament physique se révèle dans toute sa franchise, c'est à la fin d'un repas, lorsque la bonne chère l'a mise en joie et en mouvement. Alors la pourpre du sang anime les joues du sanguin et fait déborder le flot des paroles bruyantes; le lymphatique devient plus profondément rêveur, et sur son front perle une légère rosée; le nerveux est saisi d'une irritation de sociabilité; quant à l'homme dont le tempérament est en bon équilibre, son œil devient humide, et, ses fibres se relâchant, sa personne entière trahit l'attendrissement. Toutes ces expressions de l'âme de la matière se rencontrent dans le *Repas de la milice* de Van der Helst, et font à cette toile une place à part dans les œuvres de la peinture.

Nul, bien décidément, n'est prophète dans son pays, et Van der Helst est une nouvelle preuve de la vérité de ce proverbe. Van der Helst, né à Harlem, ne figure dans les archives peintes de l'hôtel de ville que pour une seule toile, tandis que son maître (ainsi le veut une tradition incertaine), Franz Hals, né à Malines, y a déposé douze grandes toiles, dont deux restées inachevées. Ce genre de peinture, où il s'agissait de représenter des personnages pris dans la vie ordinaire, avec les proportions des figures de fresques, était peut-être la seule combinaison qui permît d'allier les grandes allures de la peinture flamande à la précision hollandaise; on pouvait introduire quelque chose du génie dramatique de Rubens et de Van Dyck dans ces grandes réunions de personnages qui exigeaient les groupes, les contrastes d'expressions. Un Flamand devait exceller dans ce mélange et en tirer à peu près tout ce qu'il pouvait donner, et Franz Hals n'a point failli à cette tâche; mais est-il bien réellement le maître de Van der Helst, comme on l'a prétendu? Que pouvait-il apprendre à Van der Helst? Il ne lui a pas révélé ce genre, qui est essentiellement un genre national, ainsi que cet hôtel de ville de Harlem en fait foi; quelques-uns des premiers peintres de la Hollande, Corneliszen de Harlem, Pieters Grœbber et autres, l'avaient pratiqué avant la grande époque de l'art

hollandais. Quant au faire et au coloris des deux
artistes, loin de se ressembler, ils sont à l'extrême
opposé. La peinture de Van der Helst est bril-
lante, chatoyante, luisante; celle de Franz Hals
est d'un coloris vigoureux, mais sans miroite-
ment. Il y a dans la peinture de Van der Helst
une extrême patience de rendu; il y a dans celle
de Franz Hals, au contraire, une certaine affec-
tation de négligence : en vrai Hollandais, Van der
Helst accorde à tous les détails la même impar-
tiale et minutieuse attention; Franz Hals sacrifie
beaucoup plus à la composition et aux suppres-
sions qu'elle exige pour grouper les personnages
ou attirer l'attention sur les figures principales.
Van der Helst a donc profité, aussi peu que possible, des leçons de Franz Hals, s'il est vrai que
celui-ci lui en ait donné : Franz Hals, en revanche, a beaucoup profité des leçons que lui donnait indirectement la Hollande : s'il est exact,
comme on le veut encore, qu'il ait influé d'abord
sur Rembrandt, Rembrandt lui a certes payé ce
service avec usure, car les procédés du maître
de Leyde ont laissé visiblement des traces dans
quelques-uns de ses tableaux.

Van der Helst est un artiste fort supérieur à
Franz Hals, et cependant, à première vue, c'est
Hals qui paraît le plus original. Cette illusion tient

au faire du peintre, où se révèle une liberté que
Van der Helst ne se permet pas, que ne se permet
aucun Hollandais à l'exception de Rembrandt.
Il y a dans ces peintures de Hals une solidité,
une vigueur, un relief, une chaleur de ton qui, au
premier abord, paraissent extraordinaires. Ses
tableaux ont l'air d'avoir été peints de quelques
coups de pinceau robustes, dont l'artiste ne s'est
pas même donné toujours la peine d'effacer les
traces; mais, sous cette fougue et cette spontanéité
apparentes, il nous semble apercevoir beaucoup
d'étude, de patience et de soin. Cette crânerie et
cette liberté ne laissent pas une impression bien
nettes de franchise, et sont plutôt chez Hals qualités acquises que qualités innées. C'est dans la
classe des artistes de *volonté* qu'on doit le ranger
et non parmi les artistes fils de la nature. Néanmoins, Franz Hals est un fort remarquable peintre, et il doit être cité immédiatement après
Rembrandt parmi ceux qui, en Hollande, donnent le plus fortement le sentiment et l'illusion
de la vie. Aussi ses peintures, quoique appartenant au plus froid et au plus ennuyeux des
genres, ont-elles quelque chose de cet élément
dramatique qu'on croirait n'appartenir qu'à la
seule *Ronde de nuit*. C'est en lui que respire
le plus fortement le sentiment d'orgueil dé-

mocratique qui donna naissance à ces archives
peintes. Tous ces archers, arbalétriers et mili-
ciens braillent à pleins poumons, gesticulent à
tour de bras, s'attendrissent après boire jusqu'aux
larmes, et fêtent la liberté avec cette chaleur et
cette allégresse par lesquelles l'homme fête toujours les biens de date récente. Ce sont des
parvenus de l'indépendance, on le voit ; l'habitude ne les a pas encore blasés sur le bonheur de
la liberté, et c'est pour cela qu'ils respirent avec
tant de jovialité, qu'ils s'enivrent avec tant de
cordialité, qu'ils tiennent leurs drapeaux d'un
air si fanfaron et portent leurs feutres avec tant
de fierté. Comme ils ont dû être heureux —
surtout ces archers de Saint-George, dont les
types et les attitudes révèlent, à ne pas s'y trom-
per, un corps exclusivement composé d'éléments
plébéiens, — de se voir traités par le peintre
tout comme s'ils étaient des Orange, des Egmont
et des Bréderode! On croit entendre d'ici leurs
naïves exclamations : « Nous y sommes tous,
tous, l'enseigne sur le devant, avec son drapeau
entre les cuisses et rouge comme une écrevisse,
le commandant debout, le sergent au second
plan » ; mais, quelque joie que ces bonnes gens
aient ressentie en se voyant ainsi *pourtraicturés*,
il semble que le peintre en ait éprouvé une aussi

grande à rendre leurs ressemblances. Il règne
dans les peintures de Hals une cordialité démocratique très réelle et qui est vraiment touchante.

Deux observations, qui n'ont d'importance que
pour le moraliste, nous ont frappé devant ces
peintures de Franz Hals. La première est faite
pour plaire aux partisans de l'inégalité des conditions. Hals a peint les officiers de deux compagnie d'archers, la compagnie de Saint-George et
la compagnie de Saint-Adrien. L'une était composée de plébéiens et de bourgeois, l'autre de gen-
tilshommes. Croiriez-vous qu'à première vue on
devine la différence, et qu'on découvre avant
enquête la composition particulière de chacun
de ces deux corps? rien n'est pourtant plus vrai.
N'est-ce pas là une piquante application des
paroles de Sbrigani : « Je vous ai reconnu tout
de suite pour gentilhomme rien qu'à la manière
dont vous mangiez votre pain? » La seconde
observation, c'est que, parmi ces régents d'hôpitaux, administrateurs d'établissements municipaux, syndics de corps de métier, beaucoup
sont de la plus extrême jeunesse. Autrefois, dans
la bourgeoisie comme dans la noblesse, on abor-
dait fort jeune la vie publique, au lieu d'y entrer,
comme de nos jours, fourbu par l'âge, mais, en

revanche, ayant tout à apprendre. C'est à cette heureuse habitude que l'ancienne société dut en partie de se maintenir si longtemps, en dépit de tant d'orages. Il est vrai que cet avantage résultait d'un fait que nous devons regarder comme un mal, la perpétuité et l'immutabilité des conditions, mal qui nous est interdit par la hiérarchie forcément mobile de nos sociétés démocratiques. Toujours est-il que jamais aucun siècle, avant le nôtre, n'avait entendu parler de *gérontocratie*, et qu'il était réservé, à notre époque de lumières et de progrès, de créer et le mot et la chose.

IX

REMBRANDT

Rembrandt est, après Rubens, le plus grand
artiste que l'on rencontre dans les Pays-Bas.
Leur originalité exceptionnelle les place l'un et
l'autre hors de pair; c'est là tout ce qu'ils ont de
commun. Quant à leurs dissemblances, elles
sont aussi profondes et aussi nombreuses que
possible; cependant, ces différences peuvent
toutes se résumer en celle que voici. Quelque
prodigieux que soit le talent d'exécution de Rubens, c'est au delà du métier qu'il faut regarder
pour trouver l'homme de génie, tant la portée de
ses pensées en dépasse l'expression, pourtant
si merveilleuse. Au contraire, bien que Rembrandt ait exprimé des pensées et des sentiments d'une haute importance, c'est à l'artiste
même, à l'homme du métier, qu'il faut sur-

tout s'adresser pour trouver l'homme de génie.

C'est mal louer Rembrandt que de l'appeler grand artiste; le seul nom qui lui convienne est celui de maître sorcier. Son vrai coup de génie fut de découvrir un secret de la nature que personne n'avait soupçonné avant lui. Ce secret l'enchanta tellement, par l'inépuisable fécondité des ressources qu'il fournit à l'art et par les merveilleuses applications qu'il en tira, qu'il ne put se défendre d'en exagérer la valeur. Il vit, comme personne ne l'avait jamais vu avant lui et comme personne n'a su le voir après lui, que la lumière, qui, dans la nature, est le seul véritable agent de poésie, était nécessairement dans l'art un agent souverain de magie. Il vit que la peinture, jusqu'à lui, avait attribué à la forme des objets une fixité qui ne leur appartenait pas, et que notre monde, au moins à la surface, qui seule importe à l'artiste, est un monde fluide, dont l'aspect varie incessamment.

Dans la nature, tous les éléments sont soumis au caprice de la lumière, et nous ne voyons pas une seule fois en notre vie les choses telles qu'elles sont réellement; nous les voyons seulement telles qu'il lui plaît de nous les montrer de minute en minute. Les formes des objets diffèrent selon qu'elles sont plongées dans l'ombre ou dans la lumière, et avec les divers degrés d'ombre ou de lumière ; les couleurs surtout varient infiniment selon le plus ou moins d'intensité de la lumière qui les frappe. Qui n'a vu la cime d'un bois ou le feuillage d'un penchant de colline changer vingt fois de teintes en une heure selon l'état du ciel ! Ce ne sont là que les merveilles banales de la lumière du plein jour et des pays favorisés ; elle a bien d'autres propriétés singulières. Par exemple, croiriez-vous que les pays du coloris par excellence, ce sont les pays à climat brumeux et indécis, où le ciel, d'ordinaire voilé, ne laisse tamiser la lumière qu'à travers une fine gaze blanche de vapeurs nuageuses ? Il semblerait qu'une lumière très éclatante et très égale, tombant à flots sur les objets, dût mieux les faire ressortir ; point du tout, elle en triomphe, et en en triomphant elle noie les formes, éteint les couleurs. Adoucissez au contraire la lumière de façon à lui enlever toute splendeur, pâlissez-la, et aussitôt les couleurs, prenant leur revanche, vont ressortir avec un éclat mat, sans brillant, mais d'une solidité extraordinaire. C'est là un phénomène qu'ont pu observer tous ceux qui ont vécu quelque temps en Hollande, et qu'ont connu à merveille presque tous les peintres hollandais. Avec un ciel brumeux et voilé, chaque couleur,

même la plus neutre, conserve son importance
et vaut pour elle-même; avec un ciel rayonnant,
toutes, même les plus éclatantes, perdent une
partie de leur caractère. Un des effets les plus
extraordinaires de coloris naturel que j'aie vus
a été dû au plus qu'ordinaire incident que voici :
une servante, vêtue d'une robe de mérinos noir
recouverte sur le devant par un tablier de coton
blanc partant du cou, éclairée sur une des places
de la Haye par cette lueur mouillée qui succède
aux orages et ressemble à un visage souriant
avant que ses pleurs soient essuyés. Je crus voir
un Van Ostade ressuscité. Tous les peintres hollandais, dis-je, ont connu ce phénomène, et de
nos jours même, un artiste distingué, M. Israëls,
dans ses tableaux d'*Orphelines d'Amsterdam*,
a su en tirer le meilleur parti.

Ce phénomène, très particulier à la Hollande,
est le point de départ de la découverte propre à
Rembrandt. Il suppose en effet un pays où, le
ciel étant habituellement voilé, il n'y a point ce
qu'on peut appeler de champ de lumière, et où
par conséquent la lumière se présente d'une façon
intermittente, par jets, par rayons, par lueurs.
Les obstacles que lui oppose une atmosphère
brumeuse l'obligent à une sorte de lutte qui lui
interdit de se montrer à l'état de vaste nappe

éclatante, qui la divise et la fractionne pour ainsi dire; en un mot, pour jaillir, il lui faut à tout instant se séparer de son contraire, qui est l'ombre. De là le phénomène du clair-obscur qui existe en toute réalité dans la nature de Hollande aussi bien que dans la peinture de Rembrandt. Il semblerait que cette lutte de la lumière dût être désavantageuse au point de vue pittoresque : au contraire, c'est dans cette lutte que consiste sa véritable magie, car il en résulte les accidents les plus nombreux et les plus variés.

Personne n'a mieux connu et ne connaîtra jamais mieux que Rembrandt les merveilles que l'on peut demander à chacune de ces formes accidentelles et à ces fractionnements de la lumière, rayon, reflet, lueur. Voulez-vous créer un effet de féerie, employez le reflet d'une lumière qui s'avive subitement : nous avons tous pu remarquer l'incomparable gaieté dont s'illuminent les objets lorsque la flamme mourante dans le foyer vient tout à coup à s'élancer; alors les parois de l'appartement s'illuminent avec une sorte de transport d'allégresse, comme si un hôte invisible venait d'entrer. Voulez-vous créer un effet de magnificence, ayez recours au rayon. Voici une expérience que les pays à ciels voilés

vous permettront de faire bien facilement :
prenez la plus vulgaire des étoffes, un pauvre
tapis d'hôtellerie par exemple, faites que la lumière, perçant péniblement le voile du ciel, laisse
tomber un rayon, un seul, sur un des points de
ce tapis; à l'instant, le point ainsi frappé va
prendre une splendeur magique, splendeur qui
sera due presque entièrement au voisinage immédiat de l'ombre. Ainsi l'ombre, loin d'être
l'ennemie de la lumière, lui donne au contraire
son plein effet, et son effet le plus vraiment poétique. Maintenant voulez-vous aller plus haut
que les effets de magie ou de magnificence,
voulez-vous créer le miracle, employez la lumière
sans reflet ni rayonnement, à l'état de *lueur;* autrement dit, créez un clair au sein d'une ombre
profonde. C'est le moyen que vous avez vu em-
ployé vingt fois dans les tableaux et les eaux-
fortes de Rembrandt. Les *Pèlerins d'Emmaüs*
sont remarquables sous ce rapport, mais plus
remarquable encore est l'esquisse première de
ce tableau, esquisse dont vous trouverez le fac-
similé dans la *Grammaire des arts du dessin*
de M. Charles Blanc. Dans cette pensée première, digne de toute sorte d'attention, car elle
indique une intelligence des plus subtiles et des
plus ingénieuses, Jésus vient de s'évanouir; ce-

pendant son siège au milieu de la table révèle encore la récente présence du Dieu, car il est rempli par la lueur céleste [1]. Ainsi, pour créer un effet de magnificence, l'emploi du rayon ; pour créer un effet de féerie, la lumière reflétée ; pour créer un effet de miracle, la lueur.

C'est cette connaissance des secrets de magie et de poésie que contient la lumière qui fait de Rembrandt un si grand artiste. On a dit qu'il avait clos la liste des peintres originaux ; rien n'est plus vrai. Après lui, il y a eu des peintres savants et nobles, exprimant des pensées moins incertaines, ou même, si l'on veut, moins hétérodoxes, des sentiments plus élevés et plus purs ; mais il est le dernier qui ait interrogé directement la nature et qui l'ait surprise au sein de ses mystères. Ceux qui aiment à rabaisser la gloire la mieux méritée pourront dire, il est vrai, que ce prétendu coup de génie devrait s'appeler plutôt une bonne fortune, car Rembrandt ne fut ce qu'il est que par le hasard de sa naissance.

---

1. Rembrandt cherchait beaucoup et longtemps avant d'arrêter la composition définitive de ses tableaux. Rien n'égale l'ingéniosité de ses premières pensées. J'en cite un autre exemple. Avant de s'arrêter à la composition que nous possédons de la famille de Tobie prosternée devant l'ange qui s'envole, il avait eu l'idée de faire disparaître l'ange, et de ne l'indiquer que par un seul pied aperçu au sommet du tableau.

C'est la nature de son pays qui lui a révélé ces
secrets de la lumière, et il est en effet douteux
qu'il les eût jamais trouvés, s'il était né Italien,
Français, ou seulement Flamand d'Anvers. Oui,
cela est certain, Rembrandt n'a pas fait autre
chose que profiter du spectacle des phénomènes
de son pays; mais comment, parmi tant de
peintres pleins de talent, en a-t-il seul compris
l'importance et le caractère? Nous pouvons dire
de Rembrandt ce que nous avons dit de Ruysdael. Ruysdael non plus n'a pas inventé une nature morose et mélancolique de fantaisie ; cette
nature existe en toute réalité, et cependant aucun
des artistes qui l'entouraient ne l'avait aperçue
et tous n'avaient reproduit à l'envi que le caractère le plus banal du paysage hollandais, sa
fraîche gentillesse et sa douce gaieté. Il en est de
même pour la sorcellerie de la lumière hollandaise avant Rembrandt. Ce qu'il y a eu de véritable science de la lumière chez les Hollandais,
depuis les effets de chandelle de Gérard Dow
jusqu'à l'aimable clair-obscur de Van Ostade, dé-
rive de lui. Rembrandt et Ruysdael ont exprimé
à eux deux la Hollande tout entière dans son
âme la plus cachée. A eux deux, ils ont surpris
tout ce qui vaut la peine d'être vu et compris
dans ce pays. L'un a surpris et révélé les se-

crets de sagesse, de mélancolie résignée, la philosophie du paysage hollandais; l'autre a surpris et révélé les secrets de magie, la poésie de la lumière hollandaise. Si jamais la Hollande, éternellement menacée, disparaissait sous les flots, tant qu'il resterait un Ruysdael et un Rembrandt, les hommes sauraient encore quelle fut l'originalité de cette nature évanouie.

Cette lumière de Rembrandt, à la fois riche et avare, brusque et insinuante, qui tantôt fait irruption et tantôt se faufile, est en harmonie merveilleuse avec les sentiments qu'il a exprimés et le monde qu'il a peint. Elle éclaire un monde humble, pauvre, dont les âmes comme les corps sont plongés dans l'ombre. Cependant un seul rayon suffit, là où il tombe, pour pénétrer toutes les parties de l'obscurité et faire apparaître ce qu'elle cachait. Rien ne peut échapper à l'atteinte de ce rayon en apparence si faible : ici il éclaire directement la scène, ailleurs il l'atteint par lumière reflétée, plus loin il fait les ombres transparentes et rend visibles les ténèbres et ceux qui les habitent. C'est le plus merveilleux symbole de la lumière évangélique que l'on ait jamais conçu. Lueur des *Pèlerins d'Emmaüs*, splendeur de l'ange qui vient de quitter le vieux Tobie, lumière du *Bon Samaritain*, étoile de l'*Adora-*

tion des mages, rayon de la *Présentation au temple*, comme votre éclat est faible en apparence, comme il est puissant en réalité! Pareilles aux clartés morales que vous figurez, comme elles vous êtes douces, et comme elles de portée infinie. Ce rayon de la *Présentation*, qui, du sommet du temple, tombe sur le groupe central, suffit pour éclairer le vaste édifice jusque dans ses recoins les plus obscurs et pour rendre visibles, à une incroyable distance, les moindres spectateurs de cette scène. C'est l'exacte représentation de ces lumières dont il est parlé dans les paraboles de l'Écriture, flambeau de la ménagère vigilante, lampe des vierges sages, lanterne sourde du divin veilleur de nuit, qui viendra frapper à l'improviste comme un voleur. C'est la réalisation du divin verset : « Vous êtes la lumière du monde, et l'on allume une lampe pour la placer non sous le boisseau, mais sur un chandelier, afin qu'elle éclaire tous ceux qui sont dans la maison. » Le rayon de Rembrandt n'est pas seulement une des plus merveilleuses inventions de l'art, il est une conception religieuse de la valeur la plus certaine.

C'est ce que le protestantisme a créé de plus grand dans l'art, et c'est en même temps l'expression la plus profonde qu'il ait donnée de son esprit.

Le spectacle que créa le protestantisme, le Christ
sortant du temple, échappant aux mains des docteurs, reprenant la vie des grandes routes, en-
trant dans les chétives hôtelleries, dans les humbles fermes, est aussi celui que nous présente
Rembrandt. Rembrandt est le plus démocratique
de tous les grands artistes, en dépit de son amour
pour les fanfreluches pittoresques, les oripeaux
brillants, les bonnets de fourrure et les panaches
dont il coiffe ses personnages, les colliers et
perles qu'il se plaît à montrer sortant de quelque
humble bahut, spectacle curieux, assez analogue
d'ailleurs à celui que présenta la Hollande de
son temps, entassant et cachant avec un soin
jaloux les plus précieuses richesses au sein
d'une vie d'épargne avare. Ici encore, dans cet
amour exagéré des choses brillantes, Rembrandt
fut instinctivement un fidèle interprète de la
Hollande de son temps; car un grand homme se
trouve toujours, même par ses défauts et ses
vices, plus près de l'âme de son pays qu'un
homme ordinaire par ses mérites et ses vertus.
Revenons à ses scènes religieuses. Son Christ
est essentiellement le Christ d'un évangile démocratique, qui s'est conformé en toute humilité au
mandat qu'il a reçu. Il s'est fait homme bien
réellement, il porte tous les stigmates de notre

pauvre condition. Sans beauté aristocratique et païenne, ce n'est pas là un Dieu qui servira jamais à ressusciter le culte des idoles. *Sunt idola antiquorum*, disait un jour en détournant dédaigneusement la tête, pendant qu'on lui montrait des statues antiques, le pieux pape Adrien d'Utrecht, compatriote de Rembrandt, qui, en dépit de son orthodoxie, eut, par le fait de son origine septentrionale et de ses instincts de race, quelques-uns des sentiments du protestantisme. Les Christs de Rembrandt n'auraient jamais effarouché l'austérité du pieux Adrien. La chair ne leur est de rien, la grâce des lignes leur est inconnue, leur laideur physique est irréprochable; c'est bien là le simple Fils de l'homme. Cependant une lumière morale, qui indique la présence d'une âme divine cachée derrière cette guenille charnelle, transfigure cette laideur et la préserve de toute vulgarité. Ce qu'il y a de divinité dans les Christs de Rembrandt est marqué par un caractère fort subtil, le contraste entre l'âme et l'enveloppe qu'elle accepte. L'enveloppe est celle d'un homme du peuple; l'âme qui transperce au travers est une âme hors de toute condition, grande, triste, sérieuse, portant un signe de solitude; mais cette âme est expansive, en vertu même de sa loi, et communiquera sa lumière à ceux qui l'approchent.

Ce sentiment démocratique s'exprime encore plus fortement, s'il est possible, chez Rembrandt par le choix de ses sujets que par la manière dont il les traite. Les sujets qu'il emprunte à l'Ancien Testament, lequel n'est pas marqué, comme le Nouveau, d'un cachet uniformément populaire et où la variété du choix est plus grande, sont extrêmement caractéristiques. C'est l'histoire de Samson, type d'homme du peuple dans toute la force de l'expression, puissant portefaix devant le Seigneur; c'est l'histoire de Suzanne, jeune femme faussement accusée par deux vieillards scélérats; c'est surtout l'histoire de Tobie, qui semble avoir été particulièrement chère au peintre. Cette prédilection est d'autant plus remarquable que le livre de Tobie, ainsi qu'on l'a fait judicieusement observer, est au nombre de ceux que les protestants rejettent comme apocryphes. Cette proscription de l'ortho-doxie protestante n'a pu cacher à Rembrandt la portée démocratique de cette belle histoire. Théo-logiquement, en effet, l'histoire de Tobie n'est rien moins que protestante, car c'est par le mé-rite de ses œuvres encore plus que par sa foi que le vieux Tobie a mérité la faveur de la protection divine. Il ensevelissait les morts et pratiquait la charité, et c'est pourquoi dans son malheur Dieu ne l'abandonna pas aux ténèbres, mais envoya un ange pour le rendre à la lumière. C'est l'histoire d'une famille pauvre bénie de Dieu pour ses vertus, et dont la cabane, malgré son dénûment, a reçu des hôtes plus glorieux qu'aucun palais princier. Protestante ou non, apocryphe ou non, cette histoire est singulièrement populaire, car elle enseigne mieux qu'aucune autre de la Bible l'impartialité divine, et raconte exactement la même merveille que Rembrandt s'est plu à représenter presque uniquement, les visites de Dieu aux petits et les splendeurs dont ses apparitions décorent leurs humbles demeures.

C'est qu'en effet Rembrandt, bien qu'il ait eu la gloire de donner l'expression la plus profonde du sentiment moral engendré par le protestantisme, n'est protestant néanmoins qu'autant que cette forme du christianisme s'accorde avec la démocratie. Il semble avoir deviné, en un certain sens, quelques-unes des conséquences les plus lointaines du protestantisme et de l'examen individuel appliqué aux livres saints. Cette religion philosophique, née de la critique et de la comparaison, qui retire le christianisme à l'éternité pour le rendre au temps, qui lui assigne une origine historique et fait jaillir sa source d'un point de l'espace, qui le représente comme né au sein de

la création et non pas comme préordonné par
Dieu antérieurement à toute création, qui, en un
mot, en fait une partie de l'histoire humaine et
terrestre au lieu d'en faire la pièce principale
de l'histoire ontologique du monde de l'être, cette
religion, dis-je, est déjà tout entière dans Rembrandt. Il est le premier peintre qui ait pris un
soin extrême à replacer ses personnages dans les
conditions de temps et de lieu. Rembrandt est véritablement l'inventeur de la couleur locale, dont
aucun autre peintre avant lui ne s'était jamais
avisé, sauf pour un seul épisode des livres saints,
l'adoration des mages, épisode dont le caractère
est tellement particulier que le peintre est involontairement obligé de sacrifier à une certaine
exactitude historique. Le moyen, en effet, de
représenter des rois *mages* sans leur donner les
vêtements et les attributs de cet Orient dont ils
apportent les richesses et les parfums? Cette préoccupation de la couleur locale s'étend chez Rembrandt à tous les sujets, et, s'il semble quelquefois
céder à la fantaisie dans les détails d'architecture
et de vêtement, ce n'est pas toujours par caprice
pittoresque ; il veut certainement être exact
autant que possible. Or le résultat immédiat de
cette préoccupation de couleur locale est de
donner aux scènes représentées une couleur pu-

rement humaine et historique, en sorte que le christianisme de Rembrandt, lorsqu'il ne laisse pas sous une impression démocratique, laisse sous une impression rationaliste.

S'il faut dire toute ma pensée, je crois fort que la religion de Rembrandt fut affaire, non de sentiment et d'instinct, mais d'imagination et d'intelligence. Il est vrai qu'il est le seul peintre hollandais qui ait fait de la peinture religieuse, et par là il semble trancher fortement sur tous ses émules; mais, quand on y regarde de très près, on s'aperçoit qu'il n'y a pas loin de ses personnages pieux et sacrés aux personnages vulgaires d'un Gérard Dow, d'un Van Ostade ou de tout autre, et que le même sentiment d'où sortit toute la peinture de genre hollandaise fut aussi l'inspirateur de la grande peinture de Rembrandt. La Hollande semblait condamnée par son sentiment exclusivement démocratique à ne produire aucune œuvre qui pût lutter avec l'Italie ou la Flandre; en homme de génie qu'il était, Rembrandt vit que le protestantisme lui fournissait le moyen d'interpréter les scènes de l'Écriture dans un sens familier et populaire qui serait en sympathie avec les instincts de la Hollande, et qu'il en pourrait sortir une peinture marquée d'un caractère de grandeur, tout comme celle que le catholicisme avait inspirée; mais je crois bien que la foi religieuse y fut pour peu de chose.

Sa pensée véritable nous paraît avoir été un rationalisme ingénieux, prudent, mais très net et très ferme. Nous n'en voulons d'autre preuve que l'admirable *Leçon d'anatomie* du Musée de la Haye, celle de toutes ses œuvres où il nous paraît avoir dit le dernier mot de son génie. Rembrandt y a exprimé pour toujours le visage ferme, intrépide, dur, sceptique, que fait à l'homme l'étude des mystères de la vie et de la mort. Le positivisme moderne ne trouvera jamais de plus parfaite représentation de lui-même, et c'est très judicieusement qu'une copie de cette œuvre a été placée dans une des salles de notre École de médecine. Sur tous ces visages sont écrites une ardeur sans tendresse, une curiosité sans émotion, une attention intense, une complète insensibilité. Un sourire de scepticisme matérialiste court sur les lèvres du joli docteur Tulp; il a l'air de dire à ses auditeurs : Voilà ce qu'est la machine humaine et par quels ressorts l'âme est menée. En face du docteur Tulp, un homme déjà d'âge mûr, dont le frottement de la vie a visiblement émoussé la sensibilité, se penche sur le cadavre étendu avec une curiosité presque bestiale. Celui-là est bien un pur matérialiste, car le terrible spectacle ne soulève chez lui aucune répugnance, aucune mièvrerie délicate, aucun froissement moral. Le visage indique une absence absolue d'élévation; c'est une sorte de caporal de la science médicale, endurci par la pratique et l'habitude, que le spectacle de la mort intéresse, mais n'émeut pas. Tout autre est ce beau jeune homme au visage fatigué par l'étude et les veilles, assis tout en haut du tableau, qui prend des notes en détournant la tête. Ses sourcils se froncent avec dureté en écoutant le docteur, ses yeux se fixent sur le cadavre avec une curiosité ardente, tout son visage respire une sorte de vaillance mâle et presque agressive; c'est l'intrépidité scientifique en personne. Enfin, derrière le premier de ces auditeurs, deux autres jeunes gens se tiennent debout, et écoutent avec une attention calme où se mêle une nuance de surprise. Tous ces personnages vivaient-ils il y a deux siècles, ou sont-ils nos contemporains? Aisément vous pouvez les dépouiller du pourpoint noir, du feutre à plumes, de la fraise hollandaise, qui composent leurs costumes, pour leur donner notre habit de drap et notre chapeau rond; en changeant de vêtement, ils ne changeront pas de physionomie. Vous les avez vus cent fois à l'École de médecine, à la clinique, aux amphithéâtres de dissection, dans les hôpitaux, dans les réunions scientifiques. Ils sont vrais aujourd'hui comme il y a deux cents ans; ils seront vrais dans mille ans comme aujourd'hui : éternellement la science de la vie et de la mort marquera de cette empreinte ses disciples et ses amants.

Ce caractère singulier de la *Leçon d'anatomie* nous conduit à une observation fort importante, qui semble avoir échappé jusqu'à présent à l'attention générale. Les figures de Rembrandt sont toutes des figures modernes, et que nous pourrions, sans aucun effort, prendre pour nos contemporaines; c'est un fait digne de remarque, car il est, je crois, le seul peintre qui présente cette particularité. Lorsque nous contemplons les portraits d'Holbein, de Léonard ou de Titien, ces visages nous frappent comme appartenant à un genre de beauté complètement disparu et dont nous ne trouverions pas l'analogue parmi nous. Nous avons tous pu observer d'ailleurs, en contemplant des collections de portraits, que les formes du visage humain semblent changer avec les siècles, comme si la nature elle-même obéissait à je ne sais quelles lois de la mode décrétées par les puissances de l'être. Les visages du xvi⁰ siècle sont pleins de vie et de passion, fréquemment excentriques et originaux, toujours

marqués d'un trait profond ; les visages du
XVIIe siècle sont forts, nobles, sans agitation, bien
d'aplomb et indiquant des âmes en parfait équilibre; ceux du XVIIIe sont turbulents, inquiets, curieux. Eh bien! ce phénomène semble ne pas
exister pour Rembrandt; ses personnages appartiennent à notre époque autant qu'au XVIIe siècle,
dont ils n'ont que le costume. Les arquebusiers
de la *Ronde de nuit*, dépouillés de leurs panaches et de leurs pourpoints, vous présenteront
exactement les visages de nos rues et de nos as-
semblées. De tous les peintres, Rembrandt est
donc le seul qui nous révèle cette sorte d'identité
du visage humain, qui nous dise clairement que
les traits de l'homme sont et demeurent toujours
les mêmes en dépit des différences superficielles
de la civilisation aux diverses époques. C'est
encore là un des traits démocratiques de son
génie. L'admirable tableau des *Syndics des drapiers* qui se voit à la *Trippenhuys* d'Amsterdam
est peut-être l'exemple le plus mémorable de cette
singularité : ce sont figures de notre connaissance la plus intime. Ce sérieux qui distingue les
plus âgés des syndics, c'est exactement le même
qui distingue de nos jours les hommes chargés du
souci des affaires, souci qui ne marque pas le
visage d'un caractère tragique, comme celui de

la guerre ou de la responsabilité politique, mais
le revêt d'une expression pensive où se combinent
la prudence et l'attention. Ce sourire si fin, vraie
merveille du pinceau, qui glisse entre les lèvres
du plus jeune des syndics comme l'éclair d'une
âme ironique et légèrement méprisante, c'est le
même qui distingue aujourd'hui tel ou tel jeune
bourgeois fort de sa richesse et de sa position
bien assise.

A quoi tient ce singulier caractère de Rembrandt? Je crois qu'il faut l'attribuer principale-
ment à un excessif désir de reproduire la vie en
mouvement. La ressemblance intrinsèque, per-
manente, du modèle au repos que nous avons
admirée chez Holbein ne suffit point à Rembrandt; ce qu'il poursuit avant tout, c'est cette
ressemblance fugitive qui apparaît et disparaît
avec les émotions de chaque minute. De là les
patientes études qu'il avait pratiquées sur lui-
même, ne pouvant les pratiquer sur ses modèles.
S'est-il assez peint lui-même, à tous les âges,
dans tous les costumes, en pourpoint de velours,
avec chaînes d'or, en chapeau d'officier, en houp-
pelande et en bonnet de paysan, et, circonstance
remarquable, toujours de face ou de trois quarts,
jamais de profil ! Le profil en effet ne présente
que les traits les plus indestructibles du visage ;

la face et le trois quarts offrent seuls cette vie
mobile que poursuivait Rembrandt, et qu'il a su
atteindre comme nul autre peintre avant et après
lui. Peut-être est-ce là qu'il faut chercher le secret de la singularité qui vient de nous occuper.
L'originalité véritable de l'individu est dans la
forme et non dans la physionomie. Au sein de la
vie et de la passion, tous les hommes ont entre
eux quelque ressemblance ; mais, s'ils rentrent
dans le repos et l'immobilité, l'inégalité reparaît
aussitôt. On ne sait réellement si une femme est
laide ou belle que lorsqu'on l'a vue dans une parfaite impassibilité.

La fameuse *Ronde de nuit* a été si souvent et
si bien décrite, que je ne me sens pas le courage
de chercher encore une fois le secret de cette
magie. Nous déclarons naïvement qu'il nous a été
impossible de découvrir d'où vient réellement la
lumière de cette toile fantastique, et que nous
n'oserions décider si le rayon tombe d'en haut ou
s'il part d'une lanterne qu'on doit supposer hors
du tableau. Dans ce dernier cas, la lumière par-
tirait nécessairement du côté gauche du tableau,
trouverait son foyer au centre, — là où elle fait
resplendir, comme une fée d'apothéose dramatique, cette petite Juive blonde aux poulardes pen-
dues à la ceinture, mignonne, nabote, grassouil-

lette, vrai modèle des Suzannes du peintre à l'âge
de douze ans, égarée au milieu de la forêt de
grandes jambes des arquebusiers, — et irait se
refléter sur le pourpoint jaune de l'officier qui est
à droite, sur le premier plan. Nous comprenons
parfaitement l'enthousiasme qu'une telle œuvre
inspire aux artistes et à ceux qui cherchent avant
tout, dans Rembrandt, l'homme de métier ; mais
nous déclarons franchement professer l'opinion
des rares juges qui ont eu le courage de préférer
à cette toile la *Leçon d'anatomie* [1]. Nous en
dirons seulement trois choses. Comme œuvre
de métier, c'est la plus incomparable lanterne
magique que jamais peintre ait allumée. Comme
œuvre d'imagination, la conception en est
moins originale qu'elle ne le paraît, et la fantaisie du peintre y a moins de part qu'on ne le
dit ; en réalité, la *Ronde de nuit* n'est que le
chef-d'œuvre de ce genre de peinture nationale
et quasi officielle que nous avons vu représenté par Van der Helst et Franz Hals. Comme
sentiment enfin, la *Ronde de nuit* possède
une portée morale sérieuse : c'est une page

1. Le livre d'Eugène Fromentin, *les Maîtres d'autrefois*, a
paru quelques années après la première publication de ce
volume, et nous avons eu la joie très sérieuse de voir que
son jugement admirablement motivé sur la *Ronde de nuit*
confirmait le jugement nécessairement plus sommaire que
nous avions émis sur la seule foi de notre instinct.

La Ronde de nuit.

patriotique. Là respire l'enivrement de l'indépendance, là s'agite la turbulence de la liberté
conquise, dont la lune de miel n'est pas encore
achevée; là retentissent, avec les joyeuses déto-
nations des mousquets, les hourras plus joyeux
encore de braves gens tout heureux d'être maîtres chez eux. Quiconque veut savoir ce que fut
le sentiment de la liberté dans son âge d'or en
Hollande, doit s'adresser à la *Ronde de nuit;* il y
vit, protégé à jamais par la magie lumineuse de
Rembrandt. La liberté meurt, le sentiment de la
liberté s'efface; mais la lumière, le clair-obscur
et la protection du génie sont éternels, et c'est
pourquoi la *Ronde de nuit* conservera le souvenir de la liberté hollandaise, peut-être par delà
l'existence de la Hollande. Si la Hollande perdait
un jour son indépendance, si jamais, par exemple, elle était soumise au régime de la caserne
prussienne et à la discipline d'une *landwehr* solidement organisée, j'imagine que bien souvent
plus d'un Hollandais s'arrêterait pensif et dirait
en soupirant, devant la *Ronde de nuit :* « Ah!
que nos pères avaient donc une manière de faire
l'exercice plus amusante que la nôtre! C'était
plaisir de marcher en patrouille avec cet entrain,
et de protéger l'ordre avec un si gai désordre.
C'était le bon temps, c'étaient là les jours du

consulat de Plancus, et si les théories modernes nous disent qu'elles connaissent une liberté préférable à celle qui s'agite dans ce chef-d'œuvre de notre Rembrandt, à cette bonne et franche liberté municipale qui consiste à être maître chez soi, les théories modernes en ont menti; car cette liberté n'est pas seulement la vraie, c'est la seule, et, en tout cas, c'est la plus gaie. » Le jour où les Hollandais se sentiront menacés dans leur indépendance, je leur conseille de bien vite fonder un parti de résistance qui prendrait pour nom de guerre *le parti des principes de la Ronde de nuit;* on saurait tout de suite ce que cela veut dire, car il n'y a pas au monde de principes plus simples et plus clairs.

X

UTRECHT

LE CIMETIÈRE DES MORAVES A ZEIST

Nous ne nous arrêterons pas à Amsterdam; nous avons dit d'avance, en parlant des autres cités de la Hollande, tout ce que nous avions à noter sur cette ville, l'originalité de sa physionomie, l'élégance majestueuse et la profondeur de perspective de ses quais, l'indiscipline architecturale de ses demeures, la mélancolique beauté de ses couchers de soleil. Ce qu'il y a certainement de plus curieux à Amsterdam, ce sont ses habitants; mais ce n'est pas après un séjour de moins d'une semaine que nous voudrions nous permettre d'en juger. Sur le peu que nous en avons vu cependant, nous n'hésitons aucunement à affirmer qu'Amsterdam est certainement la ville la plus vraiment républicaine de l'Europe, car c'est celle où do-

mine le plus exclusivement l'esprit commercial,
avec son mélange de qualités et de défauts. On
ne peut vraiment que recommander le voyage
d'Amsterdam à quelques-uns de nos démocrates;
là ils comprendront que la république est, avant
tout et par-dessus tout, une affaire de classes
moyennes, de commerce, d'indépendance ap-
puyée sur l'argent, nullement un gouvernement
de pauvres gens et de prolétaires. Là où domine
la certitude que l'homme n'est indépendant que
lorsqu'il est riche, là domine la république.
Aussi la seule secte à vues profondes de notre
temps a-t-elle été celle des saint-simoniens,
avec leur religion du capital et leur culte du dieu
Mammon, qu'ils avaient si ingénieusement et
avec une si judicieuse probité installés sous la
forme de billets de banque, dans la petite ro-
tonde qui servait de centre à l'Exposition universelle de 1867, organisée par eux; mais assez
sur ce sujet [1].

Je ne veux cependant pas quitter Amsterdam

1. Nous ne dirons pas comme dans une note précédente
que c'est au temps qu'il appartient de vérifier la justesse
de l'opinion que nous exprimions en 1868. Qu'est-il besoin
d'attendre l'action du temps? Depuis la publication première
de ce volume, la république s'est établie en France, et si
elle a rencontré quelque opposition, ce n'est pas dans les
rangs des plus riches et des plus entraînés par le courant
de l'activité industrielle et commerciale.

sans dire à quel singulier triomphe de la France
j'ai assisté dans cette ville et quelle singulière
émotion patriotique j'y ai ressentie. Un soir, pour
tuer le temps, je me fais conduire à *Leidsche-
Bosche*, espèce de grand café chantant, où l'on
joue le vaudeville hollandais et l'opérette française, fréquenté par un public dont la plume d'un
Paul de Kock hollandais tirerait un parti avan-
tageux. Les cabotins indigènes ouvrirent le spectacle par un vaudeville national dont je m'éver-
tuai à deviner le sens d'après leur jeu et leur
accent. Autant que je sus comprendre, il s'agissait d'un vieux beau de province sur le retour,
amoureux de sa ménagère, qui lui préfère un
jeune paysan frison. Les acteurs ne me parurent
ni meilleurs ni pires que d'autres comédiens, tant
que le point de comparaison me manqua ; mais
voici que des comédiens français leur succèdent
pour chanter l'opérette *Monsieur Choufleuri
restera chez lui*, et aussitôt le pauvre mérite de
ces indigènes disparaît devant l'éclat de nos
bohèmes français comme les fantômes devant la
lumière. Ces comédiens étaient simplement les
premiers venus, quelque chose comme une troupe
de Belleville ou de Montmartre ; mais là ils res-
plendissaient comme le soleil et me firent l'effet
de comédiens de génie, tant leur supériorité était

certaine, incontestable, éclatante. — Quel feu !
quelle verve ! quel brio ! quelle vivacité de pantomime ! En les regardant se démener comme de
joyeux forcenés et en écoutant leurs coq-à-l'âne
insensés, les larmes me montèrent véritablement
aux yeux, car ces pauvres gens venaient de me
représenter quelques-unes des qualités les plus
précieuses de la France et de me faire apparaître
l'image même de la patrie absente. Une pareille
émotion pourra paraître fort ridicule ; pour savoir
combien elle l'est peu, il faut avoir franchi une
seule fois la frontière. Le sentiment du patriotisme est semblable à la santé, dont nous ne
faisons aucun cas tant que nous sommes bien
portants et dont nous ne connaissons le prix que
par la maladie : tant que nous marchons sur le
sol de la patrie, nous ignorons quels liens puissants nous attachent à elle ; mais, dès que nous
sommes à l'étranger, alors les moindres circonstances qui nous la rappelent prennent une importance, et le triomphe du plus humble, du plus
obscur de nos compatriotes nous apparaît comme
une victoire nationale. Je n'ai jamais applaudi
comédiens avec une aussi cordiale frénésie que
ces acteurs ambulants , égarés en Hollande ;
durant cette soirée, je l'aurais vraiment emporté
en enthousiasme saugrenu sur Ragotin en per-

sonne, et je crois que, s'il m'avait fallu apprécier leur talent dramatique, ils auraient été traités avec autant de déférence et de respect que si j'avais dû parler de Molière ou de Corneille, c'est-à-dire des représentants mêmes du génie de la France.

Le chemin de fer met une heure et demie environ à franchir la distance qui sépare Amsterdam d'Utrecht, et, avant même la moitié de ce court trajet, le paysage a changé subitement de caractère. A mesure qu'on approche d'Utrecht, la campagne prend un air seigneurial inconnu aux provinces de la Sud et de la Nord-Hollande. Dans ces dernières provinces, la campagne est une souriante et mélancolique idylle, et, s'il était permis de pousser jusqu'au bout la comparaison entre les choses de la nature et celles de l'art, nous dirions que cette idylle est d'une unité de composition et de style admirable, car partout elle conserve une grâce exclusivement plébéienne. Ces provinces ont une histoire ; mais, semblables au peuple en qui le passé ne reste jamais vivant, et se dissout dès la première génération en souvenirs incertains comme des songes, leur sol n'a gardé aucune empreinte de cette histoire, et la nature y montre un aspect pour ainsi dire contemporain, comme si elle s'était épanouie d'hier.

Tout autre est le caractère de la province
d'Utrecht; là le paysage se présente avec un
air de faste et de cérémonie; cette nature a des
quartiers. C'est une région merveilleusement
appropriée aux retraites champêtres des personnes riches et qui veulent, même au sein du
repos, un reflet, une empreinte des élégances
de la vie sociale. Là on peut aisément installer,
non plus les petits nids humains et les gentilles
tanières villageoises de la Nord-Hollande, mais
de grandes habitations précédées de nobles avenues, entourées de larges parcs. Les arbres
commencent à abonder et forment de belles
rangées qui, partageant la campagne, donnent
à l'œil la double sensation de l'étendue et du
repos. Quel accord il existe en réalité entre
la nature et l'homme! La Hollande proprement dite est un pays démocratique, et démocratique aussi en est la nature. La province
d'Utrecht est une province de tradition plus
aristocratique, la nature y porte une livrée de
grandeur. Ineffaçables sont vraiment les mar-
ques que l'homme imprime à tout ce qui l'entoure; Utrecht en est un frappant exemple. Elle
fut autrefois le siège d'une cour ecclésiastique :
voilà qui remonte bien haut, n'est-ce pas? et il
semble que, depuis les jours du prince-évêque,

la ville aurait eu le temps de se défaire de l'empreinte qu'un tel séjour avait pu lui donner. Point
du tout; en changeant de maître et de doctrine,
elle n'a pas changé d'âme : après plus de trois
cent ans et sous l'empire du protestantisme,
Utrecht reste essentiellement marquée d'un cachet ecclésiastique. D'aspect piétiste, de vie
calme, Utrecht, à l'inverse des autres villes de
Hollande, parle de richesse et ne parle pas de
travail. Le vacarme assourdissant et joyeux, le
mouvement affairé des villes où les habitants
poussent, à tour de bras, la roue pesante de la
fortune, ne troublent pas ses rues larges et silencieuses, et cependant la puissance de la fortune
se fait partout sentir, sinon dans son activité, au
moins dans ses résultats. Pendant mon séjour à
Utrecht, je ne pus m'empêcher de songer à la
pratique Marthe de l'Évangile, qui se serait déci-
dée au repos, mais qui, même au sein du loisir,
garderait le souvenir de sa diligence d'autrefois.

Utrecht n'est pas seulement la ville protestante par excellence de la Hollande, elle est le
centre véritable de tout ce que ce petit pays contient d'influences religieuses de tout genre. La
religion y est la seule souveraine, au moins en
apparence. Ce qui est non une apparence, mais
une touchante réalité, c'est que le passé y parle

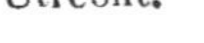

Utrecht.

encore très haut et par les voix les plus diverses.
Il est vraiment curieux d'entendre ces voix, si
rapprochées les unes des autres, prononcer toutes à la fois le nom de Dieu dans une sorte de caco-
phonie pieuse. L'université protestante s'est in-
stallée sur les dépendances de la cathédrale ; mais
on ne saurait trouver un lieu où respire d'une
manière plus aimable la mélancolie ascétique
du moyen âge, que son cloître, encore élégant
sous ses ruines. La cathédrale, le seul édifice
vraiment gothique que contienne la Hollande, est
aussi fort digne d'intérêt et vous fait remonter
d'un bond en plein xive siècle. Cette cathédrale,
par une coïncidence singulière, présente la plus
étroite ressemblance avec une de nos propres
cathédrales, celle de Limoges. Même position,
même caractère architectural, et, chose curieuse,
même histoire. Toutes deux s'élèvent au sommet
de l'ancienne ville, qu'elles dominent comme le
siège même du pouvoir, la citadelle, la cour de
justice, le lieu de refuge en cas de guerre et de
tumulte ; toutes deux sont bâties sur le même
plan, datent de la même époque et inspirent le
même sentiment de douce tristesse. Enfin, les
deux cathédrales ont cela de commun que
leurs clochers sont à une distance considérable de l'église ; la tempête et la foudre, en

détruisant la partie intermédiaire de l'édifice,
ont, dans les deux régions, opéré cette singularité, que l'incurie méridionale, d'un côté, et
la lenteur hollandaise, de l'autre, n'ont jamais
songé à réparer [1]. C'est de nos jours seulement,
après deux siècles, que les habitants d'Utrecht
se sont enfin décidés à effacer les traces d'une
tempête qui remonte à la seconde moitié du
XVIIe siècle. Le temps avait eu le loisir d'emporter maison des Bourbons, maison des Stuarts,
maison d'Autriche ; de transformer en roi l'élec-
teur de Prusse, de créer la Russie et l'Amérique, que ces bons Hollandais d'Utrecht n'avaient
pas encore eu le loisir d'enlever quelques cen-
taines de charretées de pierres encombrantes.
A la bonne heure ! et voilà un pays où il fait bon
vivre à l'abri de la fiévreuse activité moderne.

Non loin de la cathédrale se trouve un débris
fort excentrique du passé, le quartier des jansé-
nistes, maussade labyrinthe de petites ruelles qui
se coupent et s'entre-croisent comme une enfilade
de corridors, avec son église à façade d'habitation bourgeoise, témoignage des jours où le
catholicisme était réduit à se cacher dans l'inté-

---

1. Cela a cessé d'être vrai, pour l'une au moins des deux
cathédrales, celle de Limoges, qui est à l'heure présente en
bonne voie d'achèvement.

rieur des demeures. J'ai visité le quartier janséniste avec l'empressement que l'on peut supposer
à un Français ; mais la vérité m'oblige à dire que
les parfums de piété que j'étais allé y respirer se
sont trouvés mélangés à d'autres aromes dont mon
nerf olfactif n'a conservé aucun plaisant souvenir.
Un détail curieux : tout contre l'église janséniste
se trouve une autre église catholique sans grande
apparence. J'entre, et la première chose qui
frappe mes yeux, c'est une sculpture de la chaire
représentant le chien qui tient la torche allumée
entre les dents. Nul doute, j'étais dans une
église dédiée à saint Dominique, si terrible aux
hérétiques. Comment donc une église placée sous
cette redoutable invocation s'élève-t-elle aussi
près du quartier janséniste? Le hasard a de ces
rapprochements singuliers.

Une autre communauté, plus bizarre que le
jansénisme, mais celle-là appartenant au protestantisme, celle des Frères Moraves, possède un
établissement à Zeist, à quelques lieues d'Utrecht.
Pendant que j'étais dans la Nord-Hollande, je
n'avais pas voulu visiter Broeck, peut-être parce
que j'en avais trop entendu parler. Je n'y ai rien
perdu, puisque j'ai vu Zeist, car je doute que le
célèbre Broeck l'emporte sur ce ravissant village.
C'est ce qu'on peut voir au monde de plus élé-

gant, de plus paré, de plus parfumé. La nature y
est propre comme si tous les esprits élémentaires
en faisaient chaque matin la toilette ; pas un grain
de poussière, pas une tache, pas une moisissure ;
à la surface du canal qui longe l'établissement
des Moraves, un manteau de lentilles vertes seulement, mais cela évidemment pour le charme et
le complément du tableau. Tout est verni, luisant, brossé, lustré ; arbres, buissons et habitations ont l'air de sortir d'une boîte : c'est un paysage d'un dandysme accompli. Au centre de cette
riante localité s'élève le vaste établissement des
Frères Moraves. Je fus peu curieux de visiter l'intérieur de l'édifice, ayant, quelques années auparavant, parcouru tout à loisir le quartier que les
Frères occupent depuis le dernier siècle dans la
pieuse petite ville de Neuwied, sur le Rhin ; mais
à Neuwied je n'avais pu voir le cimetière morave, et je tenais à satisfaire cette curiosité,
éveillée en moi depuis longtemps par quelques
très belles phrases de Mme de Staël dans son
livre de *l'Allemagne*. Un jeune bourgeois morave
de la plus parfaite politesse s'offrit à moi fort à
point pour me servir de guide. C'était le fils d'un
fabricant de zincs d'art, morave comme lui et
comme lui de manières courtoises. Après m'avoir
fait parcourir les ateliers de son père et m'avoir

expliqué avec la plus patiente complaisance tous
les détails de la fabrication, — car, obéissant
aux aimables instincts de la nature humaine,
dès que je lui vis tant de bonté, je m'empressai
d'en abuser, — il me donna tous les petits renseignements nécessaires pour arriver au cimetière, objet de ma curiosité.

Ce ne fut cependant pas sans quelque diffi-
culté que je le trouvai. Pendant un quart d'heure,
je parcourus une campagne verte, coupée de
petits jardins, sans apercevoir aucun de ces in-
dices sinistres qui annoncent un cimetière. Enfin
je distingue un mur de petite dimension, et une
porte ouverte me présente quelque chose de semblable à l'enclos d'un modeste propriétaire pour
qui le vœu d'Horace aurait été exaucé. J'hé-
sitai quelques minutes à entrer, incertain de savoir si j'étais dans une propriété particulière d'où
l'on pouvait venir me mettre à la porte, ou dans
un de ces fiefs communs à l'humanité tout
entière dont nul ne nous chassera quand nous en
aurons pris possession. C'était un jardin un peu
bizarre et qui semblait trahir chez le possesseur
quelques excentricités d'imagination, par exemple l'amour d'une nature légèrement inculte et la
passion exagérée des roses. Une belle allée cou-
pait par le milieu ce jardin, où ne poussait rien

que de l'herbe qui retombait comme affaissée sur elle-même pour avoir grandi trop longtemps sans être émondée. D'autres allées latérales divisaient en carrés et en plates-bandes cette verdure épaisse ; mais l'abondance des rosiers était extraordinaire, et les parfums qui remplissaient l'air corrigeaient en quelque sorte l'impression morale que laissait la vue de ce gazon languissant par excès de croissance. Aux deux bouts du jardin, deux berceaux composés de treillages et de plantes grimpantes étaient disposés pour la commodité du promeneur ; il pouvait s'y reposer, y lire, y rêver, y faire sa sieste dans les chauds après-midi de l'été. Ce jardin n'était pas triste, car tout y parlait de nos habitudes d'existence, et cependant il inspirait cette sorte de mélancolie qu'inspirent les lieux abandonnés ; on aurait dit que le maître était absent et que son retour était incertain. Tout à coup, en me baissant, j'aperçois tout à ras du sol la surface d'une pierre taillée de petite dimension : je fais quelques pas en écartant le gazon ; au pied de chaque rosier, une pierre était posée à plat en terre, toute semblable à un cachet de cire sur un parchemin. Ces pierres étaient en effet les cachets qui scellaient pour l'éternité l'héritage que ceux qui ont vécu lèguent à la terre.

Ce gentil jardin était le cimetière morave.

Je m'assis sous un des berceaux de ce jardin des morts, et je m'abandonnai aux réflexions qu'un tel lieu peut inspirer. Un cimetière pareil est-il vraiment chrétien? Nous savons la place importante que l'idée de la mort occupe dans le christianisme, et quel soin il a pris de rappeler sans cesse cette plus solennelle et plus redoutable de toutes les réalités. L'idée de la mort est terrible pour le chrétien, non à cause du fait physique de la cessation de la vie, mais parce qu'elle entraîne nécessairement l'idée du jugement. Où sont allés ceux que nous avons vus disparaître? Ont-ils besoin de grâce et de pardon, ou bien, désormais heureux, la mort n'a-t-elle pas entraîné pour eux de plus grande affliction que la douleur passagère qu'ils laissent aux survivants? C'est une terrible incertitude, et qui justifie l'abondance des signes lugubres qui, dans nos cimetières, implorent la pitié divine, et demandent aux vivants l'aumône d'une prière ou à tout le moins d'une pensée mélancolique. Cette idée de la mort ne s'exprime guère, il est vrai, avec toute son effroyable éloquence que dans les cimetières catholiques; mais enfin, quoiqu'elle se montre très affaiblie dans les cimetières protestants, elle y conserve encore une partie de sa terreur. Ici,

au contraire, la pensée de la mort est complètement effacée; rien n'y rappelle une incertitude,
une anxiété, un doute douloureux, tout y parle
d'un sommeil doux et profond comme celui de
l'enfance; c'est vraiment un dortoir éternel. Est-
ce le cimetière d'une communauté de chrétiens?
est-ce le cimetière d'une secte qui admet l'anni-
hilation de l'être? Pour celui qui s'en tiendrait à
la surface des choses, le doute serait vraiment
permis.

Et cependant le sentiment qui a donné naissance à ces aimables champs de repos est bien
réellement chrétien, mais seulement, il est vrai,
dans des conditions très particulières. Le christianisme ne présente au fond cette image de la
mort que comme exhortation à vivre conformé-
ment à ses doctrines; à celui qui est chrétien de
fait comme de nom, il apprend à n'en pas avoir
peur. Pour le vrai chrétien, la mort, loin d'avoir
rien de redoutable, est le suprême bonheur; c'est
la fin du pèlerinage à travers un monde de larmes
et de fatigues, c'est l'entrée dans le repos et la
lumière. Quant au jugement, quelle crainte peut-
il inspirer à celui qui a vécu selon les prescrip-
tions du juge? Mais dans nos sociétés, si com-
pliquées, si mêlées de passions et d'intérêts, où
est le chrétien, c'est-à-dire l'homme dont le chris-

tianisme soit la vie tout entière? Nous sommes chrétiens à moitié, au tiers, au quart, pour un dixième de notre être; mais chrétiens d'un bout de nos âmes à l'autre, non! Dès lors nous perdons tout droit à cette confiance sereine que connaît le parfait chrétien, et l'image de la mort nous alarme avec justice. Dans les petites sectes au contraire, il n'en est pas ainsi; car, par cela même que le sectaire s'est séparé de la société générale, où il a trouvé trop de mélange, sa vie s'est mise étroitement d'accord avec sa doctrine et possède une unité que nos existences hybrides ne connaissent jamais. Les mêmes idées qui, dans le vaste monde, étaient des freins pour la conscience et des lois de contrainte deviennent des agents de liberté et des lois d'amour. Voilà l'explication de l'aspect riant des cimetières moraves; une confiance absolue et qui n'avait même pas besoin de l'aimable secours de l'espérance, tant la certitude était complète, leur donna naissance à l'origine. Pour l'individu dont l'existence est strictement chrétienne, l'idée de la mort se dépouille donc de toutes ses terreurs; mais cette sécurité exige des conditions qui ne sont jamais celles des vastes sociétés.

XI

LA GUELDRE — DES PAYS MIXTES.
AU TOMBEAU DE CHARLES LE TÉMÉRAIRE

Les Hollandais ont pour le paysage de leur province de Gueldre un engouement tout particulier que l'étranger ne peut ressentir au même degré. Qui ne sait que les amours les plus entêtés naissent des contrastes ? L'habitant des plaines soupire après les hauteurs, le montagnard envie l'habitant des plaines. C'est évidemment la satiété de leur éternelle prairie plate qui revêt la Gueldre d'un tel charme aux yeux des Hollandais : dans cette province au moins, on commence à apercevoir quelques exhaussements du sol, quelques monticules, quelques accidents de terrain ; mais l'étranger, dont le *polder* n'est pas la patrie, ne trouve pas à ce paysage la nouveauté et l'originalité de la mer de verdure des deux Hollandes.

La Gueldre lui rappelle des traits connus. L'Allemagne commence ici, et mille détails annoncent au voyageur ce grand et redoutable voisinage. Et d'abord c'est le fleuve allemand par excellence, le Rhin, qui vous l'indique par son changement de physionomie; on voit bien qu'il se sent près de sa patrie à la majesté et à l'ampleur de son cours. Il est déjà tel que vous l'avez vu à Cologne, à Bonn, à Mayence. Quel contraste avec la physionomie morose et boudeuse, avec le cours maussade et traînard qu'on lui voit à Leyde, surtout à Utrecht, où il mérite réellement le nom ironique que lui ont donné les habitants, *oude*, le vieux. Ici, comme bondissant de se retrouver en pays natal, il se multiplie et s'épanche en trois beaux fleuves ; c'est sa manière de chanter le *salve patria*. Arnheim, coquette petite ville, de physionomie légèrement indécise, vous réserve des avertissements d'un autre genre. Vous vous amusez, par exemple, à regarder les estampes qui décorent les murailles de votre hôtel, et il se trouve que cette occupation vous a fourni une occasion inattendue de repasser votre histoire des guerres de Silésie et de la guerre de Sept Ans. Voici tout l'état-major du grand Frédéric, Seidlitz, Schwerin, Léopold d'Anhalt, Ziethen chargeant en tête de ses hussards.

Sommes-nous donc déjà dans les États de Sa Majesté Prussienne? Non, mais vous êtes à moins de deux heures de ce pays de Clèves, aimé de Frédéric, et qui lui fournit l'occasion de soulever ses premières chicanes dans ce grand procès qu'il intentait à l'Europe pour réclamer au nom des droits de sa nature la propriété d'une gloire dont il avait besoin. En vérité, si le successeur du grand Frédéric, M. de Bismarck, est, comme nous le pensons, partisan des théories sur les agglomérations des peuples par races, il semble qu'il pourrait réclamer comme bétail allemand ces bons habitants de la Gueldre. En tout cas, il n'est assurément pas de province en Hollande, après le Limbourg, où son nom soit prononcé plus fréquemment. Il revenait bien souvent dans une certaine chansonnette comique dialoguée, que j'ai entendu chanter à Arnheim par deux queues rouges, dont un, pauvre diable maigre comme un râteau, vrai symbole de famine, était mime d'un vrai talent. *Bismarck* et *Maestricht*, *Maestricht* et *Bismarck*, on n'entendait que ces deux mots; on peut tirer de ce petit fait telle conséquence que l'on voudra. Cela ne veut pas dire que l'Allemagne désire la Gueldre ou que la Gueldre désire s'annexer à l'Allemagne; cela veut dire que la Gueldre est une province mixte, de physionomie allemande, où les choses de l'Allemagne sont plus mêlées aux intérêts du peuple que dans les autres provinces hollandaises, et qu'il pourrait bien y avoir là, les circonstances aidant, moyen de faire, à un moment donné, une application de la théorie des races.

Tout le monde visite Arnheim, et personne ne visite Nimègue : injustice notoire dont il faut sans doute chercher la raison dans la déplaisante situation que fait à Nimègue le non-achèvement du réseau des chemins de fer hollandais. Quand on est arrivé à Nimègue, on se sent comme prisonnier, et l'on ne sait comment continuer sa route à moins de rebrousser chemin. Tant pis pour les touristes qui reculeront devant ce léger inconvénient, ils y perdront le spectacle d'un panorama magnifique et d'une ville dont la physionomie compliquée est des plus instructives. Le Rhin n'offre nulle part de plus beau coup d'œil que celui de son fils le Wahal baignant les pieds de la vieille cité carlovingienne, dont le corps et les membres grimpent avec effort le long de la colline du Hoendenberg. J'engagerais volontiers nos partisans trop absolus du droit des races à venir méditer ici sur quelques inconvénients de leurs théories. Nimègue est une ville mixte, à triple physionomie, allemande, française, hollandaise. Je suppose qu'un procès s'engage pour la possession de cette ville ; s'il fallait la restituer à son légitime propriétaire, le juge, pour peu qu'il fût impartial, se sentirait fort embarrassé. Elle appartient bien légitimement à la Hollande, car il serait difficile de trouver une ville qui représentât mieux le caractère mixte des Pays-Bas ; mais l'Allemagne alléguerait qu'elle contient un certain élément germanique, et la France pourrait la réclamer avec tout autant de justice pour une raison analogue. La vérité est que, dans des contestations de telle nature, les raisons étant égales de tous les côtés, le seul droit est celui de la force. S'il est un spectacle qui justifie la légitimité de la guerre, c'est bien celui des pays mixtes. On comprend alors que certaines guerres puissent être l'unique moyen de décider de la justice et du droit, puisque tels différends laissés à l'arbitrage de la raison pourraient durer jusqu'à la fin des temps. Rien n'est plus aisé que de faire de Nimègue une ville française, elle l'est déjà ; rien n'est plus facile aussi que d'en faire une ville allemande. Ce qu'elle est le moins, c'est une ville hollandaise, et peut-être précisément pour cela est-il juste que la Hollande la possède.

C'est sous le coup de ces impressions laissées par ma promenade à travers la Gueldre et sur-

tout par le spectacle de Nimègue, que quelques
jours après je m'approchai à Bruges du somptueux tombeau de très haut et très puissant prince
Charles, dit le Téméraire en langue française, dit
le Hardi en langue germanique, duc de Bourgogne, de Brabant, de Limbourg, de Luxem-
bourg et de Gueldre, comte d'Artois, de Flandre,
de Hainaut, de Hollande, de Zélande et de Zut-
phen, seigneur de Frise, marquis du saint-empire. Cette visite au tombeau de Charles le Téméraire est la dernière grande émotion que j'aie
ressentie durant ce voyage. Pour la première
fois, je venais d'avoir une idée claire de l'entreprise gigantesque qui lui mérita son surnom.
Était-elle téméraire cette entreprise? Oui. Insen-
sée? Non.

Charles eut l'idée de ressusciter le royaume
de Lothaire, en complétant par la conquête ce
qu'il possédait des pays qui avaient formé jadis
la part du vieux prince carlovingien. Or il est
remarquable que tous ces pays enclavés entre la
France et l'Allemagne présentaient une physionomie mixte pouvant les faire réclamer soit par
l'une, soit par l'autre de ces nations avec une
parfaite légitimité, à moins qu'un maître hardi ne
s'autorisât de cette neutralité même pour fonder
leur indépendance et ne les réunît en un tout

Tombeau de Charles le Téméraire.

compact, en un même corps de monarchie. Ces
éléments étaient hétérogènes, dira-t-on; comment espérer fondre en un même royaume des
populations aussi diverses que celles sur lesquelles Charles eut la main ou jeta les yeux,
Flamands, Hollandais, Suisses, Lorrains? Ces
populations n'étaient pas plus diverses que celles
qui avaient formé cette monarchie française, dont
Charles avait l'exemple et le modèle sous les
yeux. Elles l'étaient même beaucoup moins, car,
bien que la monarchie française ait dû son succès précisément au caractère mixte des populations qu'elle a réunies sous son empire, quelques-uns de ces éléments étaient infiniment plus
réfractaires que les plus indépendants de ceux
sur lesquels Charles essaya son action. Si l'entreprise de Charles avait réussi, le résultat aurait
été une seconde France créée entre la France et
l'Allemagne, et opposant à jamais une barrière à
l'ambition de l'une et de l'autre. Les craintes qui
nous assiègent aujourd'hui ne seraient jamais
nées, car l'équilibre de l'Europe aurait été réellement assuré par la création de cette puissance
intermédiaire, tandis qu'il s'est toujours appuyé
sur la supposition que l'existence de ces petits
États pouvait être préservée par leur neutralité,
supposition complaisamment acceptée qui n'a pas

empêché ces populations de recevoir dix fois, depuis cette époque, des lois de maîtres divers.

Cette entreprise, dira-t-on encore, était illégitime. Pourquoi donc? Est-ce parce qu'elle violait le principe des nationalités? Où donc est la nationalité chez des populations mixtes? Leur caractère complexe est précisément la preuve que cette nationalité n'existe pas d'une manière précise. Pour que la nationalité soit fondée sur la race, il faut au moins que les populations soient sans mélange, et non réclamées par deux ou trois souches. Si l'on voulait appliquer rigoureusement le principe de la nationalité fondée sur la race, il faudrait aller bien plus loin que la constitution d'une Belgique, d'une Hollande, d'une Suisse; il faudrait encore émietter ces petits États; il faudrait constituer un pays wallon indépendant, une Flandre indépendante, une Gueldre et un Limbourg indépendants, une Suisse française, une Suisse italienne, une Suisse allemande. L'esprit de fractionnement du moyen âge, contre lequel se heurta Charles le Téméraire, était plus logique que nos théoriciens modernes, car lui, au moins, il ne reculait pas devant cette dissémination anarchique.

D'ailleurs, la nationalité est déterminée tout autant par la configuration du sol que par la race

et le langage, et, pour ne prendre que le point
qui nous occupe, je défie qu'on me montre plusieurs pays dans la vaste plaine qui s'étend
d'Arras au Helder. Vous partez d'Arras, la Flandre commence; vous entrez dans la Flandre, c'est
encore l'Artois ; vous arrivez à Gand, c'est déjà
la Hollande ; vous débarquez à Rotterdam, c'est
encore la Flandre. La nature, on le voit, est
mixte comme les habitants. Ce n'est guère qu'au-
dessus d'Amsterdam que la nature se présente
avec un caractère nettement tranché ; mais ce caractère est au fond le même que celui des régions
qu'on vient de quitter, et il ne nous frappe plus
particulièrement que parce qu'il a été épuré de
tout mélange par une suite de lentes et insensibles transitions. Si la géographie est la base de
la politique, où trouver plusieurs nations dans
cette contrée si justement appelée les Pays-Bas?

L'entreprise de Charles ne blessait donc aucune différence essentielle, et ne commettait pas
le crime de ces accouplements monstrueux devant lesquels les conquérants n'ont pas toujours
hésité. Nombreux sans doute sont les désaccords
qui divisent ces populations ; mais plus nombreuses encore sont les sympathies qui les unissent.
Les désaccords ont été engendrés non par la
nature, mais par l'histoire : or ce que l'histoire a

créé, elle peut l'effacer ; il n'y a que les antipathies
essentielles établies par la nature qui ne peuvent
se détruire. A la longue, le rapprochement de ces
populations leur aurait créé une nationalité réelle,
car de ce rapprochement il ne pouvait manquer
de sortir un génie original qui n'eût été ni celui
de la France, ni celui de l'Allemagne, génies entre lesquels elles ont toujours hésité. Réunies en
une même monarchie, elles auraient fondé pour
toujours leur indépendance, au lieu de la fonder
pour un bail plus ou moins long, puisqu'elles auraient possédé des moyens de résistance qu'elles
n'ont jamais eus par elles-mêmes, et qu'elles ont
plus d'une fois été obligées d'emprunter à de
puissants voisins. Est-ce que leur indépendance
les a sauvées de l'Espagne, de l'Autriche, de
Louis XIV, de Napoléon? est-ce que leur caractère complexe ne les a pas rendues le champ de
bataille de l'Europe toutes les fois que la guerre
s'est allumée? Et de tous ces peuples que Charles
médita de grouper sous son empire, combien en
est-il d'ailleurs qui aient conservé leur indépendance? L'Alsace et la Lorraine ont disparu, et ce
n'est que nos jours que la Belgique est parvenue
à se former en royaume dont plusieurs prétendent l'existence précaire. La Hollande seule s'est
délivrée de l'Espagne et préservée de Louis XIV,

grâce au courage de ses habitants, mais grâce aussi et surtout à la configuration bizarre de son sol et à la protection de la mer, qui la menace dans la paix et la sauve dans la guerre. Oui, la Hollande accomplit des miracles d'énergie pour assurer son indépendance; mais ces miracles, je doute fort qu'elle se fût souciée de les réaliser si, au lieu d'être conviée à une soumission contre nature, elle avait été conviée à un rapprochement de famille avec des populations sœurs. Quant à la républicaine Suisse, qui dans ces antiques guerres gagna si souvent la partie à la fois pour le roi de France et l'empereur d'Allemagne, combien de temps croyez-vous qu'il s'écoulera avant que la France ait la fantaisie d'étendre son bras jusqu'à Genève, et que les Allemands, amateurs bien connus de la nature et des arts, aient envie d'aller contempler à Schaffouse la chute de leur père Rhin ? Pauvre Charles, pauvre prince calomnié, ton ambition fut juste et noble, ton entreprise parfaitement rationnelle, sinon raisonnable, et cependant elle fut vraiment téméraire. La seule nationalité que ces peuples pussent lui opposer, le moyen âge la leur avait donnée. Le hasard voulut que toutes les populations soumises à son pouvoir ou but de son ambition fussent précisément celles en qui vivaient le plus fortement l'esprit de fractionnement du moyen âge, les franchises municipales, les habitudes d'autonomie nées à l'ombre de la féodalité; c'est contre cet obstacle que Charles vint se briser. Il devait infailliblement périr; mais, à la distance où nous sommes de cette époque, nous pouvons voir aisément ce que l'Europe perd aujourd'hui à l'insuccès de son entreprise.

Cet esprit d'indépendance qui les sauva il y a quatre siècles existe toujours parmi ces peuples; pensez-vous qu'il serait assez fort pour les sauver cette fois des entreprises de nouveaux Charles? et si ces nouveaux Charles se présentaient, croyez-vous qu'ils courraient d'aussi grands risques que le premier de remporter pour toute gloire le nom de téméraires [1]?

1. La guerre de 1870 a peut-être justifié une partie des craintes qui avaient donné naissance à ces pages et que des événements de date récente ne sont point faits pour dissiper.

FIN

TABLE DES MATIÈRES

FIN DE LA TABLE DES MATIÈRES.

Coulommiers. — Typ. Paul BRODARD et Cⁱᵉ.

LIBRAIRIE HACHETTE ET Cie

Collection de Voyages illustrés (format in-16)

Chaque volume : Broché. 4 fr. — Relié en percaline : 5 fr. 50

ABOUT (Edmond) : LA GRÈCE CONTEMPORAINE. — 1 vol. contenant 24 gravures.

ALBERTIS (D') : LA NOUVELLE GUINÉE. — 1 vol. ; 64 gr.

AMICIS (DE) : CONSTANTINOPLE. — 1 vol. ; 24 grav.
— L'ESPAGNE : 1 vol. contenant 24 gravures.
— LA HOLLANDE : 1 vol. contenant 24 gravures.

BELLE (H.) : VOYAGE EN GRÈCE. — 1 vol. contenant 24 gravures et une carte.

CAMERON : NOTRE FUTURE ROUTE DE L'INDE. — 1 vol. contenant 29 gravures.

COTTEAU (Edmond) : DE PARIS AU JAPON A TRAVERS LA SIBÉRIE. — 1 vol. : 28 gravures et 3 cartes.
— UN TOURISTE DANS L'EXTRÊME-ORIENT. — 1 vol. avec 38 gravures.

DAIREAUX (E.) : BUENOS-AYRES, LA PAMPA ET LA PATAGONIE. 1 vol. contenant 16 gravures.

DAVID (L'abbé Armand) : L'EMPIRE CHINOIS. 2 vol. 48 gr.

GARNIER (FRANCIS) : DE PARIS AU TIBET. — 1 vol. contenant 40 gravures et une carte.

HUBNER (Baron de) : PROMENADE AUTOUR DU MONDE. — 2 vol. contenant 48 gravures.

LAMOTTE (DE) : CINQ MOIS CHEZ LES FRANÇAIS D'AMÉRIQUE. Voyage au Canada. 1 vol. ; 24 gr. et 1 carte.

LARGEAU (Victor) : LE PAYS DE RIRHA. — 1 vol. contenant 12 gravures et 1 carte.
— LE SAHARA ALGÉRIEN. — 1 vol. 17 gr. et 3 cartes.

LA SELVE (Edgar) : LE PAYS DES NÈGRES. — 1 vol. contenant 24 gravures et une carte.

MARCHE (Alfred) : TROIS VOYAGES DANS L'AFRIQUE OCCIDENTALE. — vol. contenant 24 gravures.

MARKHAM : LA MER GLACÉE DU PÔLE. — 1 volume contenant 32 gravures et 2 cartes.

MONTÉGUT (E.) : EN BOURBONNAIS ET EN FOREZ. — 1 vol. contenant 24 gravures.
— SOUVENIRS DE BOURGOGNE. : 1 vol. 24 grav.

PFEIFFER (Mme Ida) : VOYAGE D'UNE FEMME AUTOUR DU MONDE. — 1 vol. contenant 32 gravures.
— MON SECOND VOYAGE AUTOUR DU MONDE. — 1 vol. contenant 32 gravures et une carte.
— VOYAGE A MADAGASCAR : 1 vol. ; 24 gr. et une carte.

RECLUS (Armand) : PANAMA ET DARIEN. — 1 vol. contenant 48 gravures et 3 cartes.

RECLUS (Elisée) : VOYAGE A LA SIERRA DE SAINTE-MARTHE. — 1 vol. contenant 18 gravures et 1 carte.

SIMONIN : LE MONDE AMÉRICAIN. — 1 vol. 24 grav.

TAINE (H.) : VOYAGE EN ITALIE. — 2 vol. 48 gravures.
— VOYAGE AUX PYRÉNÉES. — 1 vol. 24 gravures.
— NOTES SUR L'ANGLETERRE : 1 vol. contenant 24 grav.

WEBER (Ernest de) : QUATRE ANNÉES AU PAYS DES BOERS. — 1 vol. contenant 37 gravures et 1 carte.

WEY (Francis) : DICK MOON EN FRANCE. — 1 vol. contenant 24 gravures.

9 782329 413631